普通高等教育汽车类系列教材

汽 车 概 论

主　编　徐晓美　孙　宁

副主编　张永辉　金智林　张冰战

参　编　汤　勇　赵奉奎　李冰林

　　　　张宏侠

机 械 工 业 出 版 社

本书共10章，系统地介绍了汽车发展简史、汽车分类与编号、传统燃油汽车认知、新能源汽车认知、汽车新技术认知、汽车选购与保险、汽车驾驶与维护、汽车的报废与回收再利用、国内外主要汽车公司及车标文化、汽车竞赛与汽车展览等内容。

本书涵盖的汽车知识结构体系完整，内容实用而新颖，科学性与趣味性并重。本书既可作为普通高等院校公共选修课教材，也可作为高等工程专科学校、高等职业技术学院以及职业培训学校的汽车专业教材，还可作为广大汽车爱好者全面了解汽车的参考读物。

图书在版编目（CIP）数据

汽车概论/徐晓美，孙宁主编. —北京：机械工业出版社，2019.1（2022.6重印）

普通高等教育汽车类系列教材

ISBN 978-7-111-61395-4

Ⅰ.①汽… Ⅱ.①徐… ②孙… Ⅲ.①汽车-高等学校-教材 Ⅳ.①U46

中国版本图书馆CIP数据核字（2018）第260999号

机械工业出版社（北京市百万庄大街22号 邮政编码100037）

策划编辑：冯春生 责任编辑：冯春生

责任校对：王 欣 封面设计：张 静

责任印制：李 昂

北京圣夫亚美印刷有限公司印刷

2022年6月第1版第5次印刷

184mm×260mm · 12印张 · 1插页 · 295千字

标准书号：ISBN 978-7-111-61395-4

定价：32.00元

电话服务	网络服务
客服电话：010-88361066	机 工 官 网：www.cmpbook.com
010-88379833	机 工 官 博：weibo.com/cmp1952
010-68326294	金 书 网：www.golden-book.com
封底无防伪标均为盗版	机工教育服务网：www.cmpedu.com

前言

由中国社会科学院社会学研究所、社会科学文献出版社以及梅赛德斯-奔驰（中国）汽车销售有限公司联合发布的2012~2013年度《汽车社会蓝皮书》指出，2012年中国正式进入汽车社会，每百户家庭私人汽车拥有量超过20辆。截至2017年底，全国汽车保有量达2.17亿辆，汽车驾驶人3.42亿人。可见，中国以私家车为主体的汽车社会已然定型。

作为当代大学生，了解汽车的基本知识、掌握汽车的综合使用技术已成为时代的要求。诸多教学实践表明，为非汽车类专业学生开设“汽车概论”公共选修课程，在拓宽学生知识面的同时，有利于提高学生的综合素质；为汽车类专业学生在低年级开设“汽车概论”课程，也有利于培养学生的专业兴趣和学习热情。鉴于此，编者基于多年讲授公共选修课“汽车概论”的经验，并结合相关文献和网站资料编写了本书。

本书共10章，系统地介绍了汽车发展简史、汽车分类与编号、传统燃油汽车认知、新能源汽车认知、汽车新技术认知、汽车选购与保险、汽车驾驶与维护、汽车的报废与回收再利用、国内外主要汽车公司及车标文化、汽车竞赛与汽车展览等内容，以“了解汽车、认识汽车、购车、用车、养车”这根主线贯穿全书。全书内容实用而新颖，科学性与趣味性并重；章节编排遵循学生的学习和认知规律；通过使用大量的立体插图和统计表，本书内容直观明了，通俗易懂。

本书主要由南京林业大学徐晓美、孙宁、张永辉负责编写，全书由徐晓美统稿。编写具体分工为：第1章、第2章、第4章、第5章、第8章、第10章由徐晓美编写；第3章由孙宁编写；第6章和第7章由张永辉编写；第9章由南京航空航天大学金智林、合肥工业大学张冰战和南京林业大学赵奉奎联合编写。此外参加本书部分小节和附录编写工作的成员还有南京林业大学汤勇、李冰林和张宏侠老师。

本书在编写过程中，得到了南京林业大学车辆工程系万茂松老师和郑燕萍老师的大力支持与帮助，在此表示深深的谢意！同时，诚挚感谢南京林业大学汽车与交通工程学院研究生刘凯、葛曹鹏、张磊、彭小伟、杨慧敏、曹陈明等同学在本书图片和文字处理过程中给予的帮助！诚挚感谢本书所参考的汽车网站、相关教材和论文资料的所有作（译）者！

鉴于编者水平有限，书中不足或错漏之处在所难免，恳请广大读者批评指正。

编 者

目 录

第1章 汽车发展简史

内容提要：本章主要介绍汽车的定义、车轮与车的发明史、蒸汽机汽车的发明史、电动汽车的发明史、内燃机汽车的发明史、汽车外形的演变以及汽车工业的发展。

1.1 汽车的定义

汽车的定义因国别而异。有的国家甚至把汽车定义与争夺汽车发明权联系起来。在美国，汽车工程师学会 SAE J687C 文件对汽车的定义是：汽车是由本身携带的动力驱动（不包括人力、畜力和风力），装有驾驶操纵装置的，在固定轨道以外的道路或自然地域上运输客、货或牵引其他车辆的车辆。此定义给出了汽车的用途，但没有指明动力装置的形式，也没有对车轮数目进行限制。在日本，汽车被定义为不依靠架线和轨道、带有动力装置能够在道路上行驶的车辆，这一定义没有指明汽车的用途。在德国，汽车被定义为使用液体燃料、用内燃机驱动、具有 3 个或 3 个以上车轮、用于载运乘员或货物的车辆。这里特别强调了使用液体燃料的内燃机驱动，因为德国人卡尔·本茨在 1886 年获得了用汽油机驱动的三轮汽车的专利。

汽车的英文叫法有多种，如“automobile”“motor”“vehicle”“car”等，但最能反映汽车本质特征的英文叫法是“automobile”，其中“auto”表示“自己”，“mobile”表示“移动”，“automobile”的本意就是“自己移动”，即依靠自身动力装置进行驱动。

我国国家标准 GB/T 3730.1—2001《汽车和挂车类型的术语和定义》定义汽车为：由动力驱动，具有 4 个或 4 个以上车轮的非轨道承载的车辆。主要用于：载运人员和（或）货物；牵引载运人员和（或）货物的车辆；特殊用途。标准明确指出，该术语还包括与电力线相连的车辆（如无轨电车）以及整车整备质量超过 400kg 的三轮车辆。

根据这一定义，我国汽车产品具有以下特征：

1）由动力装置驱动。这里所说的动力装置，可以是各种类型的发动机，如蒸汽机、内燃机等，也可以是电动机，但人力车、畜力车都不能算作汽车。

2）具有 4 个或 4 个以上的车轮。两轮摩托车和三轮车不属于汽车的范畴，但整车整备质量超过 400kg 的三轮车也可作为汽车对待。

3）不依靠轨道承载。有轨电车不属于汽车的范畴。

4）用作载运人员和（或）货物及牵引挂车或特殊用途。有些进行特种作业的轮式机械，如轮式推土机、装载机、叉式起重机（叉车）以及农田作业用的轮式拖拉机等，尽管也具有汽车的基本特征，但由于主要用途不是运输，因此将它们分别划入工程机械和农业机械范畴。

1.2 汽车的发展历程

1.2.1 车轮与车的发明史

1. 车轮与车的发明

在车轮发明前，无论是狩猎、耕种，还是搬运东西，人类都只能靠手拉肩扛、众人搬抬。

大约在公元前3500年，美索不达米亚（Mesopotamia，今叙利亚东部和伊拉克境内）出现了最早的车轮。没有人知道制造早期车轮的工匠姓名，也许他们是从陶工那里得到了启发，因为陶工们用旋转的轮子制造陶器。图1-1所示为考古学家在美索不达米亚挖掘出的木箱上的木制车轮图案。

早期的车轮是从粗圆木上锯下的圆木头，这种实心木轮后来得以不断改进，逐步演变为用辐条支撑轮辋的车轮（图1-2）。

图1-1 最早出现的美索不达米亚车轮图

图1-2 早期的车轮

到了罗马帝国时代，西欧的凯尔特人制造出了第一辆前轴可以旋转的车。后来，罗马的制车匠对凯尔特人的四轮车进行了改进，用旋转式前轴转动方向，用整片的轮辋与轮箍增加强度，用包有金属边的轮毂减少摩擦，使四轮马车的性能大为提高。此后的1000多年时间里，这种用作长途运输的马车成为世界各国主要的运输车辆。

2. 中国古代的车

中华民族是最早使用车辆的民族之一。传说在5000年前黄帝就制造了车辆，所以，黄帝又称为“轩辕黄帝”，“轩”是古代一种有帷幕而前顶较高的车，“辕”是车的纵向构件，即车前驾牲畜的两根直木。不过，黄帝造车的传说迄今尚未找到确凿的史料记载。

图1-3 秦始皇陵出土的铜车马模型

我国关于车辆的最早史料记载是在公元前2000多年夏朝初期的大禹时代，

有一位名叫奚仲的“车正”（掌管车辆的官员）造出了两个轮子的车辆。由此可知，在大禹时代，车辆的数量已有相当的规模，需要设立“车正”来管理车辆。公元前1046年，周武王出兵伐纣。据记载，他出动了300辆兵车。西周时代，中国的车辆制造技术已有较高的水平。春秋和战国时代，马拉的兵车仍是军队的主要作战工具。各国诸侯大量制造兵车，像秦、楚那样的强国，兵车数量超过1000辆，称为“千乘之国”。秦始皇统一中国后，为强化国家对地方控制的应变能力，大力修筑“驰道”，以保证运输畅通，还实施“车同辙”，就是统一车辆的轮距，这可说是世界上最早的车辆标准化法规。在陕西临潼秦始皇陵出土的铜车马模型（图1-3）由3000多个零件组成，反映了我国2000多年前制造车辆的先进技术。

指南车（图1-4）和记里鼓车（图1-5）是我国古代伟大的发明，是世界上最早的带有齿轮的车辆。指南车和记里鼓车都是单辕车辆。指南车上有一个木人，无论车子怎样转弯，木人的手始终指向南方。记里鼓车上有两个木人，每行驶500m，木人就用木槌在鼓上敲一下。据历史记载，三国时代有一位名叫马钧的巧匠，制造出了指南车。可惜，我国制造指南车和记里鼓车的资料未能保存下来。为说明指南车和记里鼓车的原理，宋代有位精通机械的进士燕肃于宋仁宗天圣二年重新制造了这两种车子。现在我们看到的指南车和记里鼓车，基本上是根据燕肃制造的样式重新制造的。

图1-4 指南车

图1-5 记里鼓车

3. 自走式车辆的探索

一直以来，车辆都是由人力或畜力驱动的，能否发明一种机器来代替人力或畜力，让车辆自动行走呢？带着这个问题，人类开始了不断的探索与研究。

1420年，英国人发明了滑轮车（图1-6）。人坐在车内，借用人力使绳子不停地转动滑轮。车虽然走了起来，但由于人力有限，使得这辆车的速度得不到充分发挥，速度甚至比步行还慢。

1600年，荷兰物理学家西蒙·斯蒂芬制造了一辆双桅风力帆车（图1-7）。他将木轮装到船上，凭借风力驱动帆车行进，在海边试车速度达到24km/h。但是没有风，车就不能开动，况且风和道路的方向会不断变化，所以这是一辆“不听话的汽车”。

15世纪，意大利文化巨人达·芬奇设想了一种车，利用发条机构使一个带齿的圆盘进行旋转，旋转的力通过带有齿轮的车轴和车轮连接起来，车就可以前进了。但达·芬奇只是提出了设想，并没有进行实际的研究。

1649 年，德国钟表匠汉斯·赫丘根据达·芬奇的设计图试制成功一辆依靠发条驱动的四轮车（图 1-8）。但是这辆车的行驶速度只有 1.6km/h，而且每前进 230m 就必须把钢制发条卷紧 1 次，工作强度太大，所以发条车也没能得到发展。

图 1-6　滑轮车

图 1-7　双桅风力帆车

图 1-8　发条车

1.2.2　蒸汽机汽车的发明史

1. 蒸汽机的发明

进入 17 世纪，意大利、英国、法国等国都开始了蒸汽机的研究，例如意大利的布兰卡，英国的撒马泽特和赛维利、纽科门和瓦特，法国的巴本，都进行了蒸汽机的研究。

1629 年，意大利工程师布兰卡（Branca）发明了利用蒸汽冲击风轮旋转的机器，这是冲动式汽轮机的雏形。

1663 年，英国大科学家艾萨克·牛顿（Isaac Newton）提出按“蒸汽射流”原理制造蒸汽机汽车。

1712 年，英国工程师托马斯·纽科门（Thomas Newcommen）成功制造了第一台实用的大气式蒸汽机（图 1-9）。蒸汽通入气缸后推动活塞上行，接着在气缸内部喷水使它冷凝，造成气缸内部真空，气缸外的大气压力推动活塞向下，再通过杠杆、链条等机构带动水泵活塞提升做功。这种蒸汽机热效率低，燃料消耗量大，在欧洲流行了 60 年，主要用于矿井排水。

1765 年，英国的詹姆斯·瓦特（James Watt）在修理纽科门蒸汽机时发现，气缸一会儿被加热，一会儿又被冷却，白白浪费了很多热量，于是瓦特研制成功分离冷凝器的单动式蒸汽机，让气缸始终是热的，负责做功，让另一个容器始终是冷的，负责使蒸汽冷凝。这个蒸汽机（图 1-10）比纽科门蒸汽机节约煤 75%，并于 1769 年取得专利。之后，瓦特又研究制造了蒸汽机的曲柄连杆机构、行星齿轮机构、四连杆机构、配气机构、飞轮、离心调速器以及压力表等，历经 20 余年的不懈努力，取得多个专利。1781 年瓦特的双作用式蒸汽机广泛运用于火车、轮船等运输工具以及采矿、冶金等行业，极大地推动了世界各国生产力的发展。为纪念这位伟大的发明家，人们将常用的功率单位定为“瓦特”（W）。

2. 蒸汽机汽车的发明

早在 1668 年，比利时传教士南怀仁（康熙皇帝的数学老师）在北京就成功制造了一辆蒸汽射流式蒸汽机汽车（图 1-11）。这辆车长 60cm，车身中央安装一个煤炉，上置盛水的金属曲颈瓶。它利用一定温度和压力的水蒸气的喷射作用，推动叶轮旋转，从而带动车轴转动，推动汽车前进。从原理上讲，这已称得上是很成功的一种蒸汽汽车，但遗憾的是，由于当时清政府不重视科学技术，使得南怀仁的这项发明没有得到进一步的发展。

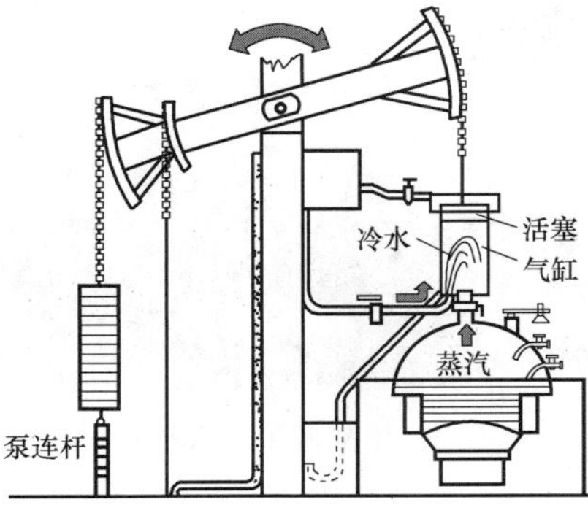

图 1-9　纽科门蒸汽机

图 1-10　瓦特改良的蒸汽机

图 1-11　南怀仁发明的蒸汽机汽车

图 1-12　世界上第一辆蒸汽三轮汽车

1769 年，法国陆军工程师、炮兵大尉尼古拉斯·约瑟夫·古诺（Nicholas Joseph Cugnot）经过 6 年的苦心研究，将一台巴本研制的蒸汽机安装到一辆木制三轮车上，制成世界上第一辆蒸汽三轮汽车（图 1-12）。这辆汽车前面支撑着一个梨形大锅炉，后边有两个气缸，锅炉产生的蒸汽送进气缸，推动气缸里面的活塞上下运动，再通过曲柄将动力传给前轮前进，车速在 4km/h 左右。试车时，由于下坡操纵不灵，撞到兵工厂的墙上，被认为是世界上第一起机动车事故。

古诺的尝试给后来者以极大的启发和激励。18 世纪末在欧美各国出现了一个研究和制造蒸汽机汽车的热潮，各种用途的蒸汽机汽车相继问世。

1801 年，英国工程师理查德·特雷维西克（Richard Trevithick）将他改进设计的高压蒸汽机装在一辆大型三轮车上。该车采用后轮驱动，车轮直径达 2.5m。由于车身高大，开车的人和乘车的人都要费很大的劲才能攀上车去。不幸的是，在一次试车中，由于上坡时发生了故障，手忙脚乱之际，锅炉因缺水而被烧毁。但特雷维西克并没有因此气馁，他又花了两年时间重新制造了一辆蒸汽三轮汽车。这辆汽车可乘坐 8 人、车速为 9.6km/h，是世界上第一辆载客蒸汽汽车（图 1-13）。

1805 年，美国的奥利弗·爱文思（Oliver Evans）制造了水陆两用蒸汽汽车（图 1-14），并申请了专利。该车下面有四个轮子，后面还有一个蹼轮。在陆地靠车轮行走，在水里靠蹼轮驱动，它是现代水陆两用汽车的先驱。

图 1-13　世界上第一辆载客蒸汽汽车

图 1-14　水陆两用蒸汽汽车

1825 年，英国公爵哥尔斯瓦底·嘉内（Goldsworthy Gurney）制成了一辆 18 座、车速为 19km/h 的蒸汽公共汽车（图 1-15）。该车的蒸汽机安装在后部，后轮驱动，前轮转向，且采用了专用转向轴设计，使得前轴不承载，因而转向轻松自如。1826 年，嘉内利用蒸汽机汽车开始了从伦敦到马斯的、世界上最早的公共汽车运营业务。这辆蒸汽机汽车也被认为是世界上最早的公共汽车。

图 1-15　嘉内制造的蒸汽公共汽车

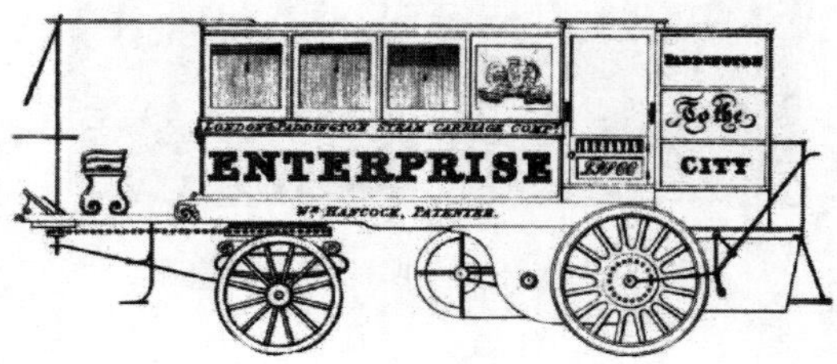

图 1-16　“企业”号蒸汽公共汽车

1833 年，英国人沃尔特·汉考克（Walter Hancock）成立了世界上最早的公共汽车运输公司——苏格兰蒸汽汽车公司，用制造的“企业”号蒸汽公共汽车（图 1-16）开始了世界上第一个固定线路的收费公共汽车运营服务。该车可乘载 14 名乘客，速度可达 32km/h，营运后很受欢迎。

图 1-17　车务员手持红旗开路

随着蒸汽机汽车运输的兴旺，出现了马车与汽车之争。但由于蒸汽机汽车存在的一些缺点，如行驶起来浓烟滚滚、噪声隆隆，吓得鸡飞狗跳等，以及在当时具有强大势力、能左右政府决策的马车商对蒸汽机汽车的反对，政府官员也不支持蒸汽机汽车。以保守著称的英国人最先对蒸汽机汽车发难。1861 年，英国议会针对蒸汽机汽车专门制定出一项《机动车道路法案》，即所谓的“红旗条例”。“红旗条例”不仅规定了蒸汽机汽车在市区、郊区行驶的时速，还规定在蒸汽机汽车前方的 55m 处要有一个车务员手持红旗摇动（图 1-17），以使行人知道将有“危险之物”接近他们；严禁驾驶员鸣笛，以免惊吓马匹；当汽车与马车狭路相逢时，要求汽车应为马车让路。

总体来说，在马车盛行的 19 世纪，蒸汽机汽车还是一个新鲜事物，技术还不成熟，有许多不可避免的缺陷，如制动困难、车太重、惯性大、转向不灵敏、事故多、起动困难（约 30~45min）以及热效率低（10%左右）等。受这些技术的限制以及来自保守势力的严重阻碍，到 19 世纪中叶后，蒸汽机汽车日趋衰落。进入 20 世纪后，随着内燃机汽车、电动汽车的大量涌现和性能的不断提高，蒸汽机汽车渐渐退出历史舞台。

1.2.3 电动汽车的发明史

19 世纪初，在法拉第制出电动机模型后不久，美国的一位机械工人托马斯·达文波特（Thomas Davenport）在 1836 年用电动机带动木工旋床，1840 年又带动报纸印刷机。1842 年达文波特和苏格兰人罗伯特·戴维森（Robert Davidson）一起制造出第一辆具有真正实用价值的电动车，他们首次使用了不可充电电池。

1859 年，法国人格斯通·普兰特（Gaston Plante）发明了可充电的蓄电池。他的同事卡米勒·福尔（Camille Faure）于 1881 年改进提高了这种铅酸电池的充电容量，为电动汽车的繁荣铺平了道路。

1881 年，法国发明家古斯塔夫·特鲁夫（Gustave Trouvé）发明了世界上首台铅酸电池供电的电动三轮车 Coventry。同年，英国人威廉·爱尔顿（William Ayrton）和约翰·佩里（John Perry）制造了一辆由铅酸电池供电、直流电动机驱动的电动三轮车，车上还配备了照明灯。特鲁夫、爱尔顿和佩里这三位电动车的先驱，在燃油汽车尚未问世，马、骡、驴、牛作为动力源的时代，开创了私人电动车的先河，对电动汽车在世界各国的发展起到了极其重要的推动作用。

1891 年，美国爱德华州得梅因的化学家威廉·莫瑞森（William Morrison）制造了一辆能行驶 13h、可乘坐 6 人、车速为 14mile[⊖]/h 的电动汽车（图 1-18）。这辆车使用了转向盘，应用了 24 组他自己发明的铅酸电池。

1895 年，芝加哥时报赞助了一场汽车赛，由亨利·莫瑞斯（Henry Morris）和佩德罗·萨拉姆（Pedro Salom）制造的电动汽车 ElectrobatⅡ参加了比赛。该车前轴安装了 2 台电动机，能以 20mile/h（约 32km/h）的速度行驶 25mile（40km）。

1897 年，美国费城电动汽车公司制造的电动汽车被用作纽约市出租车，这是电动汽车的第一次商业运营。

图 1-18　1891 年威廉·莫瑞森制造的电动汽车

图 1-19　卡米尔·杰纳茨设计的电动汽车

⊖ 1mile = 1.609km。

1899 年，比利时人卡米尔·杰纳茨（Camille Jenatzy）设计的 Jamais Contente 流线型铝制车身电动赛车（图 1-19）创造了车速为 68mile/h（109km/h）的世界纪录。

1899 年，贝克汽车公司（Baker Motor Vehicle Company）在美国成立，生产电动汽车。贝克（Baker）电动汽车曾是美国风靡一时、最受欢迎的电动汽车，也是第一辆座位上装有安全带的乘用车。图 1-20 所示为 1912 年生产的贝克（Baker）电动汽车。

路易斯·安托万·克里格（Louis Antoine Krieger）于 1894 年开始在巴黎制造电动汽车。Krieger 电动敞篷车的每个前轮都有一个驱动电动机，并配有一个配合再生制动用的附加平行绕组（双绕线圈）。图 1-21 所示为 1903 年生产的 Krieger 电动汽车。

图 1-20　1912 年生产的贝克（Baker）电动汽车

图 1-21　1903 年生产的 Krieger 电动汽车

底特律电动汽车公司（Detroit Electric）是美国最著名和历史最悠久的电动汽车制造商之一。在 1912~1920 年，由于第一次世界大战造成的煤气短缺，使其电动汽车产量达到了最大。底特律（Detroit）电动汽车的最大连续行驶里程超过 160km。图 1-22 所示为 1912 年生产的底特律（Detroit）电动汽车。

Woods 自 1899 年开始制造电动汽车，图 1-23 所示为 1917 年生产的 Woods 混合动力车，这是第一辆配置了 12hp[⊖] 内燃机和一个电动机的混合动力车，其最高车速为 56km/h。在这辆车上许多“现代”理念都有史可寻。

图 1-22　1912 年生产的底特律（Detroit）电动汽车

图 1-23　1917 年生产的 Woods 混合动力车

在 19 世纪末和 20 世纪初，电动汽车技术得到了高速发展，相对于蒸汽机汽车和内燃机

⊖　1hp = 745.700W。

汽车的优势逐渐形成。电动汽车无振动、无废气、噪声小，且由于当时只有城市中才拥有良好路面，大部分时候汽车都只能在本地使用，因此电动汽车续驶里程短的问题并没有成为阻碍其发展的原因。相对于汽油机汽车，电动汽车不需要人力起动和频繁的换档，成为大部分人的选择。当时的基本型电动汽车售价在1000美元/辆以下，但由于早期大部分的电动汽车是提供给上流阶层的，都很豪华宽大，而且都采用昂贵的材料，因此到1910年，电动汽车的平均售价达到了3000美元/辆。

电动汽车的销量在1912年达到了顶峰。据统计，1895~1920年，在美国登记的电动汽车数量达到了34000辆，有约50家电动汽车生产厂家。但电动汽车在20世纪初迎来成功后，很快就失去了成长的势头。从20世纪20年代开始，电动汽车逐渐被内燃机汽车替代，究其原因主要有以下4点：

1）美国在城市间建立起良好的公路网络，需要汽车拥有更长的续驶里程。

2）德克萨斯、俄克拉荷马和加利福尼亚等大油田的发现，降低了汽油价格，令普通消费者也能负担得起燃油费用。

3）查尔斯·科特林（Charles Kettering）在1912年发明的电力起动系统使得汽油车不再需要手摇起动，解决了汽油车的起动问题。

4）亨利·福特（Henry Ford）以大批量流水线生产方式生产汽油车，使得汽油车价格低廉（500~1000美元/辆），让许多人都买得起。而电动汽车生产效率低，价格昂贵，一款1912年的电动双座敞篷车售价1750美元（相当于今天的3.9万美元），而汽油车只要650美元。

1.2.4　内燃机汽车的发明史

1. 内燃机的发明

内燃机是将燃料在气缸内部燃烧产生的热能直接转化为机械能的动力机械。人们对内燃机的探索从17世纪就已经开始。

17世纪80年代，荷兰科学家克里斯蒂安·惠更斯（Christiaan Huygens）就尝试用火药爆炸来推动活塞做功，为此他绘制了火药发动机工作原理图（图1-24）。气缸底部放置的火药点燃爆炸后，推动活塞向上运动，当活塞运动到气缸上止点时，高温气体从排气口高速排出，同时让气缸冷却，产生真空，这时活塞在大气压力的作用下向下移动，而重物通过绳索经滑轮连接活塞向上运动，当活塞到达气缸底部时，火药又开始新一轮爆炸做功。这种发动机是基于爆炸冷却后在缸内形成真空，由大气推动活塞做功，因此称之为“大气原理发动机”。用火药作燃料的火药发动机是现代内燃机的雏形。遗憾的是，当时的材料不能承受如此大的热应力，而且很难准确地控制发动机的工作过程。

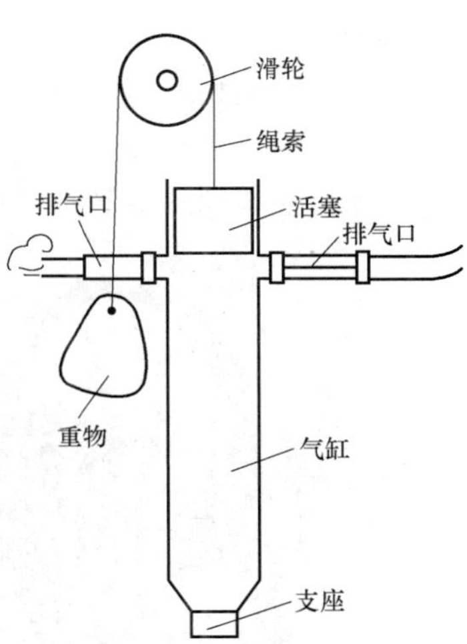

图1-24　火药发动机工作原理图

惠更斯火药发动机存在的问题使科学家们考虑在气缸外燃烧加热。惠更斯的学生丹尼斯·巴本发现，在缸内用蒸汽作介质并冷凝做功效果更好。这一想法被纽科门采用，制作成了他的第一台大气原理蒸汽机。这之后，大气蒸汽机的发展和后来的高压蒸汽机（蒸汽用于膨胀做功）的发展在将近两个世纪的时间里掩盖了内燃机的发展。

从 18 世纪末到 19 世纪初，有不少以煤气为燃料的煤气发动机的发明和专利。

1860 年，法国工程师埃提纳·雷诺尔（Etienne Lenoir）制成了用电火花点燃煤气和空气混合物的煤气机。其结构类似蒸汽机，由水平放置的一个气缸和双侧做功的活塞组成，用滑阀开闭控制进气和排气，没有压缩，热效率只有 3%，产量达 300~400 台。

1861 年，法国工程师罗彻斯（A. E. Rochas）提出了著名的内燃机四冲程理论，即活塞在气缸中上下移动 4 次，完成进气、压缩、膨胀做功和排气一个循环，可以有效提高热效率。100 多年来的往复式发动机都是采用该四冲程原理。

1866 年，德国人尼古拉斯·奥托（Nicolaus Otto）和欧根·朗格（Eugen Lange）合作制造了大气发动机，也称为自由活塞发动机，热效率比雷诺尔煤气机高 30%。1876 年，奥托又制成一台卧式往复活塞式、单缸、3.2kW 的四冲程煤气内燃机（图 1-25），压缩比为 2.66，热效率达到 14%。

奥托四冲程发动机于 1877 年 8 月 4 日获得德国专利。其新型内燃机在 1878 年巴黎万国博览会上赢得了工程技术界的普遍称赞，认为它是“自瓦特以来在动力方面取得的最大成就”。然而，奥托却在 1886 年放弃了自己所获得的四冲程发动机专利，提出任何人都可根据需要随意制作，因为他看到了法国工程师罗彻斯写的一本小册子，在奥托发明四冲程内燃机之前已经比较完整地提出了四冲程内燃机的原理。奥托的高尚品德博得了人们的高度赞誉。由于大家认为第一个研制出这种内燃机的人是奥托，因此后人仍然一直将四冲程循环称为奥托循环。

1883 年 8 月 15 日，德国汽油机发明家戈特利布·威廉·戴姆勒（Gottlieb Wilhelm Daimler）与威廉·迈巴赫（Wilhelm Maybach）合作，成功制造出世界上第一台四冲程往复式汽油机。此发动机上安装了迈巴赫设计的化油器，还用白炽灯管解决了点火问题。该发动机的特点是轻型、高速。当时其他内燃机的转速不超过 200r/min，它却一跃而达到 800~1000r/min。

1885 年，戴姆勒与迈巴赫又研制出世界上第一台风冷立式单缸二冲程汽油机，并于 1885 年 4 月 3 日获得专利。之后，他们将此二冲程汽油机装在两轮自行车上，制成了世界上第一辆摩托车（图 1-26），并于 1885 年 8 月 25 日获得德国专利，成为世界摩托车的鼻祖，

图 1-25　奥托四冲程煤气内燃机

图 1-26　戴姆勒摩托车

而迈巴赫则成为第一位摩托车车手。

1890年，德国工程师鲁道夫·狄塞尔（Rudolf Diesel）受面粉厂粉尘爆炸的启发，设想将吸入气缸的空气高度压缩，使其温度超过燃料的自燃温度，再将燃料喷入气缸，使之燃烧。在题为“转动式热机的原理和结构”一文中，狄塞尔第一个提出压燃式内燃机原理，并于1892年2月27日取得了专利，1894年造出样机，1898年投入商业性生产，热效率达26%，比汽油机高得多，这是一项震惊世界的卓越发明，狄塞尔为此获得了“人类最伟大的发明”金银纪念币奖。为纪念这位伟大的发明者，人们也将柴油机称作“狄塞尔发动机”。

2. 第一辆内燃机汽车

卡尔·本茨（Karl Benz）和戴姆勒（Daimler）是世界公认的以内燃机为动力的现代汽车的发明者，有人将他们誉为“现代汽车之父”。

（1）本茨的第一辆三轮汽车 1886年1月29日，德国工程师卡尔·本茨将其研制的汽油机装在一辆三轮车上，成为世界上第一辆三轮汽车（图1-27），并申请了专利。为此，这一天被后人称为“现代汽车诞生日”，本茨也被誉为“汽车之父”。

本茨的第一辆三轮汽车自身质量为254kg，装有3个实心橡胶轮胎的车轮，用钢管制成车架，发动机为单缸汽油机，最高车速为18km/h。

（2）戴姆勒的第一辆四轮汽车 1886年，在本茨制造第一辆三轮汽车的同时，德国发明家戴姆勒成功制造了第一辆四轮汽车（图1-28），后人将他与本茨同称为“汽车之父”。

戴姆勒的第一辆四轮汽车采用单缸四冲程水冷汽油机，功率为1.1kW，发动机后置，后轮驱动，最高车速可达14.4km/h。

图1-27 本茨的第一辆三轮汽车

图1-28 戴姆勒的第一辆四轮汽车

1.3 汽车外形的演变

汽车外形演变受三个因素影响，即机械工程学、人机工程学和空气动力学。汽车外形的演变是三者协调发展的结果。机械工程学要求汽车动力性好、操纵稳定性好等。人机工程学要求驾乘人员有足够的活动空间，舒适性好。空气动力学则要求汽车行驶时空气阻力小。

汽车诞生100多年来，汽车外形经历了马车型、箱型、甲壳虫型、船型、鱼型、楔型和子弹头型等的演变过程。

1.3.1 马车型汽车

早期的汽车外形基本上沿用了马车的造型。因此，当时人们把汽车称为“无马的马车”。本茨和戴姆勒的第一辆汽车不但是马车型，而且还是无篷马车型。原始的汽车没有车篷也是有原因的。首先，人们感到能有一辆不用马拉的车已经很不错了。其次，早期的发动机功率很小，一般只能乘坐 2~3 人，如果再给它装上一个笨重的车篷和车门，恐怕连自身也无法拉动。正是由于这些原因，汽车无篷阶段持续了很长时间。

不过，作为一种交通工具，人们总是希望汽车越跑越快。所以，车速逐渐成为评价汽车性能的重要指标。车速提高后，马车型汽车所带来的直接问题就是迎面风使乘员难以忍受。于是，改善驾乘人员环境的问题提了出来。

1900 年，德国人费迪南德·波尔舍（Ferdinand Porsche）设计了一辆带球面挡风板的电动汽车，这也是流线型汽车的萌芽造型。

1903 年，美国福特汽车公司生产的 A 型汽车在座位前面设置一块挡风板。这块挡风板虽然很小，但迎面风遇到挡风板后便向上方吹去，从而减弱了吹在驾乘人员面部的风力。

1905 年，福特公司生产的 C 型汽车开始采用风窗玻璃。

图 1-29　1908 年生产的福特 T 型车

1908 年，福特汽车公司生产了著名的 T 型车（图 1-29）。这是一种带布篷的可乘坐 4 人的小车，4 缸发动机，车速约为 80km/h。这种最初推出的福特 T 型车是马车型汽车的典型代表。

马车型时代并没有形成汽车自己的造型风格，所以也可以说马车型时代是汽车造型的史前时代。

1.3.2 箱型汽车

马车型汽车很难抵挡风雨的侵袭。1896 年，法国 P&L 公司生产了世界上首辆封闭式汽车。

1915 年福特汽车公司生产出一种新型 T 型车（图 1-30），这种车的车厢部分很像一个大箱子，并装有门和窗，人们把这类车称为“箱型汽车”。箱型汽车可以说是真正意义上汽车造型的初级阶段。

毫无疑问，人们坐在带有车厢的汽车里，要比坐在敞篷车里舒服得多，避免了风吹、日晒、雨淋。因此，箱型汽车一问世，就受到公众的喜爱。

图 1-30　1915 年的箱型福特 T 型车

箱型汽车重视了人机工程学，内部空间大，乘坐舒适，有“活动房屋”的美称。但是，随着车速的提高，空气阻力大的问题就暴露出来了。箱型汽车的

“大箱子”阻碍了汽车的前进速度，因此人们又开始研究一种新的车型——流线型汽车。

1.3.3　甲壳虫型汽车

为减小汽车的空气阻力，许多厂家开始探索新的汽车外形。1934 年美国克莱斯勒汽车公司生产的气流（airflow）牌小轿车（图 1-31），首先采用了流线型的车身外形。遗憾的是，由于该汽车的造型超越了当时的审美观，在销售时遭到惨败。但该车的诞生宣告了汽车流线型造型时代的开始。

1936 年福特汽车公司在气流牌小轿车的基础上加以改进并采用了迎合顾客口味的商业化设计，成功地研制出了林肯-和风（Lincoln-Zephyr）牌流线型小轿车（图 1-32）。

图 1-31　克莱斯勒气流牌小轿车

图 1-32　福特林肯-和风牌小轿车

流线型车身的大量生产是从德国大众公司的甲壳虫（Beetle）牌汽车开始的。1937 年，德国著名汽车设计师费迪南德·波尔舍最大限度地发挥了甲壳虫外形阻力小的长处，设计了一种甲壳虫型汽车（图 1-33）。

图 1-33　早期的甲壳虫型汽车

1939 年 8 月 15 日，第一批甲壳虫汽车问世。由于第二次世界大战的原因，甲壳虫汽车直到 1949 年才真正大批量生产，并开始畅销世界各地。1981 年第 2000 万辆甲壳虫汽车在墨西哥的大众分厂开下了装配线，打破了福特 T 型车的产量纪录，成为世界上同种车销量最多的汽车。

波尔舍将甲壳虫外形成功地运用到汽车造型上，从而奠定了流线型汽车造型在人们心目中的地位。克莱斯勒气流牌轿车开创的流线型时代也被称为“甲壳虫型时代”。

但是，甲壳虫型汽车也有缺点：一是乘员活动空间明显变得狭小，特别是后排乘员，头顶几乎没有多余空间，产生一种压迫感；二是存在横风不稳定问题。甲壳虫型汽车的发动机后置，汽车重心偏后，并且其侧向风压中心移到汽车重心的前面，侧向风力相对于汽车重心所产生的力矩加剧了汽车侧偏的倾向。

1.3.4　船型汽车

第二次世界大战结束后，福特汽车公司于 1949 年推出了具有历史意义的新型福特 V8 型汽车（图 1-34）。这种车型改变了以往汽车造型的模式，使前翼子板与发动机舱罩，以及后翼子板与行李舱罩融于一体，前照灯和散热器罩也形成整体，车身两侧形成一个平滑的面，减小了侧面的形状阻力。由于车前部为发动机舱，后部为行李舱，乘员舱位于车的中部，整个造型很像一只小船，所以人们把这类车称为船型汽车。

图 1-34　1949 年的船型福特 V8 型汽车

福特 V8 型汽车不仅在外形上有所突破，而且将人机工程学应用在汽车的设计上，强调以人为主的设计思想，让设计师置身于驾驶员及乘员的位置来设计便于操纵、乘坐舒适的汽车。

船型汽车无论在外形上还是在性能上都优于甲壳虫型汽车，并且解决了甲壳虫型汽车的横风不稳定问题。从 20 世纪 50 年代开始一直到现在，无论是美国还是欧洲和日本，不管是大型乘用车还是中小型乘用车，大都采用船型车身，从而使船型汽车成为世界上数量最多的一种车型。

1.3.5　鱼型汽车

船型汽车尾部过分向后伸出形成阶梯状，在高速时会产生较强的空气涡流。为克服这一缺陷，人们把船型汽车的后窗玻璃逐渐加大倾斜度，即成为斜背式汽车。由于斜背式汽车的背部像鱼的脊背，所以这类车称为“鱼型汽车”。

与甲壳虫型汽车相比，鱼型汽车的背部和地面的角度较小，尾部较长，围绕车身的气流也比较平顺，涡流阻力较小。另外鱼型汽车基本上保留了船型汽车的长处，车室宽大，视野开阔，舒适性也好，并增大了行李舱的容积。

最初的鱼型汽车是美国 1952 年生产的别克牌轿车（图 1-35）。1964 年美国的克莱斯勒顺风牌汽车和 1965 年的福特野马牌汽车都采用了鱼型造型。自顺风牌汽车之后，世界各国逐渐生产鱼型汽车。

鱼型汽车并非完美无缺，存在的主要缺点：一是鱼型汽车的后窗过于倾斜，要想保持其视野，玻璃的面积与船型汽车相比扩大了约 1 倍，这样既降低了车身的强度，又由于后窗采光面积增加，使车内温度过高；二是汽车高速行驶时容易产生很大的升力，升力使汽车与地面的附着力减小，降低了汽车的行驶稳定性和操纵稳定性。

鱼型汽车的升力问题使人们开始致力于既减小空气阻力又减小升力的空气动力学研究，如在鱼型汽车设计上将车尾截去一部分，成为鱼型短尾式；还有在鱼型车的尾部安上一只向上翘的“鸭尾”以克服一部分升力，这便是鱼型鸭尾式车型（图 1-36）。但这些做法减小升力的效果都不明显。

图 1-35　早期的别克鱼型汽车

图 1-36　鱼型鸭尾式汽车

1.3.6　楔型汽车

为了较好地解决鱼型汽车的升力问题，人们进行了多次风洞试验，并查明了车身各部行驶中所受风压的情况。研究表明，让车身前部呈尖形且向前下方倾斜，车身后部像刀削般平直的楔型造型可以有效地克服升力问题。

最早按楔型设计的轿车是1963年司蒂倍克-阿凡提（Studebaker-Avanti）轿车（图1-37），尽管它的造型获得了专家们的高度评价，但在市场销售中却一败涂地，公司不得不宣布破产。原因是它生不逢时，在船型汽车盛行的年代，人们无法接受与之形成鲜明对比的楔型汽车。

楔型汽车对一般轿车而言，也只是一种准楔型，绝对的楔型汽车造型会影响车身的实用性（乘坐空间小）。所以，现在除了像法拉利、莲花、兰博基尼等跑车采用楔型外，绝大多数轿车都是采用船型和楔型相结合的方案。其中德国奥迪汽车公司1982年推出的奥迪100型轿车（图1-38）开创了这一造型的先河，是世界上第一种空气阻力系数小于0.3的大批量生产车型。

图1-37　司蒂倍克-阿凡提轿车

图1-38　1982年推出的奥迪100型轿车

以船型汽车为基础的楔型汽车是轿车较为理想的造型，它较好地协调了乘坐空间、空气阻力和升力的关系，使实用性与空气动力学特性较好地结合在一起。

1.3.7　子弹头型汽车

当汽车的升力问题基本解决以后，人们又从改变汽车的功能上做起了文章，于是多用途厢式汽车（Multi-Purpose Vehicle，MPV）问世了。由于其造型酷似子弹头，在我国，人们称之为子弹头型汽车（图1-39）。

最早推出的多用途汽车是法国雷诺汽车公司生产的空间（Space）牌汽车，但未能引起广泛的注意，直到克莱斯勒汽车公司将多用途汽车作为其一代旗舰产品加以推广后才家喻户晓。1984年，克莱斯勒汽车公司道奇分部和顺风分部先后推出了大篷车（Caravan）和航海家（Voyager）（图1-40）两种新型汽车。这是世界汽车工业史上划时代的产品之一，它不

图1-39　子弹头型汽车

图1-40　1984年克莱斯勒生产的多用途汽车

仅使当时处于困境的克莱斯勒汽车公司起死回生，而且宣告了一个以强调实用性、多用途和家庭化、休闲娱乐为特征的汽车消费时代的到来。

1.4 汽车工业的发展

1.4.1 汽车工业史上三次重大变革

100 多年的汽车发展史表明：汽车诞生于德国，成长于法国，成熟于美国，兴旺于欧洲，挑战于日本。在 100 余年的汽车发展史中，世界汽车工业经历了三次重大变革。

1. 第一次变革

第一次变革是美国福特汽车公司推出了 T 型车，发明了汽车装配流水线，使世界汽车工业的发展从欧洲转向美国。

图 1-41 T 型汽车的装配流水线

为了制造理想的大众化汽车，1908 年亨利·福特推出了 T 型车，并在 1913 年建成了世界上第一条汽车装配流水线（图 1-41），每辆汽车装配时间从 12.5h 缩短到 1.5h。到 1955 年，福特公司创造了日产汽车 10877 辆的世界纪录，每辆 T 型车的组装时间缩短为 10s，生产效率提高了 4488 倍，创造了世界汽车生产史上的奇迹。T 型车的售价也从每辆 850 美元，降到 295 美元。高效大批量流水线生产的 T 型车的出现，使汽车成为大众耐用的消费品；同时也为汽车产品市场的拓展提供了可能。从那时起，汽车工业才有条件发展为具有广泛用户群体和宏大产业规模的世界性成熟产业。

2. 第二次变革

第二次变革是欧洲的汽车公司针对美国车型单一、体积庞大、油耗高等弱点，开发了多姿多彩的新车型，实现了汽车产品多样化。欧洲的车型诸如严谨规范的梅塞德斯·奔驰、宝马，轻盈典雅的雪铁龙，雍容华贵的劳斯莱斯、美洲虎，神奇的甲壳虫、法拉利，风靡全球的迷你等。多样化的产品成为最大优势，规模效益也得以实现。

到 1966 年，欧洲汽车产量突破 1000 万辆，比 1955 年产量增长了 5 倍，超过了北美汽车产量，成为世界第二个汽车工业发展中心。到 1973 年，欧洲汽车产量已提高到 1500 万辆。世界汽车工业发展又由美国转回欧洲。

3. 第三次变革

第三次变革是日本通过完善管理体系，形成精益生产方式，全力发展物美价廉的经济型汽车。

进入 20 世纪 60 年代以后，日本经济高速发展，内需强劲增长。日本各汽车公司及时推出物美价廉的汽车，使得日本出现了普及汽车的高潮。1963 年日本汽车国内销量为 100 万辆，1966 年为 200 万辆，1968 年为 300 万辆，1970 年为 400 万辆。同时，以丰田为代表的几家汽车公司，将“全面质量管理”和“及时生产系统”两种新型管理机制应用于汽车生产，推动了日本汽车工业的发展。

1973 年和 1979 年发生了两次世界石油危机，日本生产的小型轿车成为全世界的畅销品。日本汽车出口量持续攀升，1980 年为 597 万辆，超过了国内销售量，1985 年达到了巅峰，出口量达 673 万辆。

日本汽车国内销售量和出口量的双高速增长使得日本迎来了汽车工业的发展，创造了世界汽车工业的发展奇迹。日本成为继美国、欧洲之后的第三个汽车工业发展中心，即世界汽车工业的发展又发生了由欧洲到日本的转移。

1.4.2　世界汽车工业的发展趋势

世界汽车工业经过 100 多年的发展，已步入稳定发展的成熟期，产销量增长平稳，成为世界各国重要的经济支柱之一。世界汽车工业的发展表现为 4 个特点：第一，世界汽车年产量在波动中增长，增长速度趋缓；第二，跨国企业为实现新兴市场的扩张不断调整战略布局，全球化成为必然；第三，世界汽车销售市场的重心逐渐东移；第四，世界汽车技术进步的步伐越来越快，汽车工业正处于科技创新时代。

1. 世界汽车年产量在波动中增长

10 余年来，世界汽车年产量呈现“快速增长—整体下滑—迅速增长—稳定增长”的发展趋势。2005～2016 年全球汽车产量变化趋势如图 1-42 所示。受全球金融危机的影响，2009 年全球汽车产销放缓，汽车产量同比下降 12.68%。为此，各国纷纷采取了相应的振兴和刺激措施，为汽车工业的后续发展提供了有力的政策支撑。2010 年汽车市场趋于回暖，产量总计达 7758 万辆，同比增长 25.62%。2011 年以来，受欧债危机和全球经济增长放缓等因素的影响，2011 年全球汽车市场景气度下降，产量总计为 7988 万辆；2012～2016 年期间，全球汽车产量增速回稳。

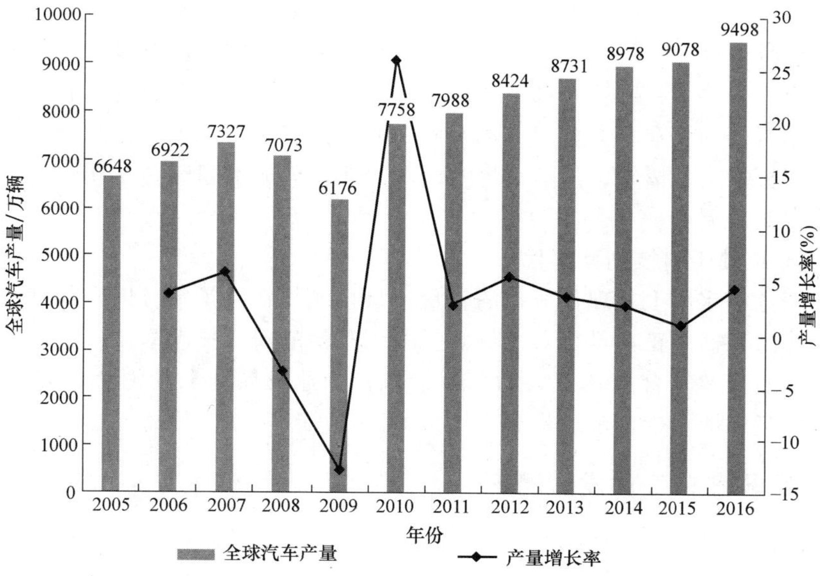

图 1-42　2005～2016 年全球汽车产量变化趋势

2. 汽车工业全球化成为必然

随着经济全球化、新技术革命和产业结构的调整，汽车工业全球化趋势已经越来越明显，主要表现在以下几个方面：

(1) 生产经营全球化 为了绕过贸易壁垒和降低生产经营成本，跨国公司几乎都是从全球的角度来制定经营战略，选择最合适的地点进行生产，以实现生产要素的最佳组合。全球化选择 OEM（Original Entrusted Manufacture）件，在销售市场所在地或靠近市场的地方进行最终装配，利用当地资源，就地销售，这是汽车生产的全球化趋势。

(2) 产品全球化 许多具有共性的产品，为满足国际市场的需求已失去了民族性，追求的是国际性、通用性和竞争能力，“某国制造” 正在被 “某公司制造” 所取代。许多产品通过技术转让或许可证贸易在多国生产，已经司空见惯。

(3) 市场全球化 在国际市场中，汽车是贸易额最大的商品。工业发达国家的汽车进出口量都很大，是世界汽车市场的主体。跨国公司为将市场延伸到世界各地，根据市场开发产品，根据市场组织生产，市场成为组织经营生产活动的源头和核心。

(4) 资本全球化 汽车跨国公司为扩大市场，积极同发展中国家在汽车生产上进行合资、合作或当地设厂生产。另一方面，发达国家的汽车公司相互持股，分别在对方国家设厂，形成了“你中有我，我中有你”的局面。

(5) 技术合作全球化 技术互补和技术转让是表现技术全球化的两个方面。面对激烈竞争的汽车市场，企业若要保持技术竞争优势，就必须加大研究和开发力度，但所需费用十分昂贵，有时独家难以应付，因此往往开展技术联盟，实现优势互补，共享技术成果。据统计，20 世纪 80 年代 95%的联盟都是技术联盟，其中 50%侧重于跨国研究和开发。

此外，大的汽车制造商已经不再将技术保密作为垄断市场的唯一手段，而是让技术直接进入市场进行流动，通过技术转让直接获取利润。

3. 世界汽车销售市场的重心逐渐东移

近 10 多年来，亚太地区一直是世界经济发展最快的地区，加之人口众多，汽车拥有率明显偏低，市场潜力巨大。从长远来看，亚洲将是汽车最大的目标市场，也必然成为众多汽车厂商争夺的焦点。许多跨国公司都把发展和开拓亚洲市场作为自身发展的战略之一，像通用、福特、克莱斯勒和大众等大公司，都开始在亚洲投资建厂，扩大在亚洲市场份额。亚洲本地的一些国家更是摩拳擦掌，纷纷提出把汽车产业发展成本国经济支柱产业，一场群雄逐鹿的大战必将在亚洲上演。

4. 汽车工业正处于科技创新时代

汽车市场的竞争实质上是现代科技的较量，是技术创新的竞争。世界各大汽车公司以环保、安全、节能为目标，正在进行着一场由量变到质变的新的技术革命，表现为：推广现代柴油机轿车；迅速普及复合火花点火新型汽油机；加速发展纯电动汽车、混合动力电动汽车；加紧开发燃料电池，推进电动汽车实用化等。

1.4.3 我国汽车工业发展概况

中华人民共和国成立前，我国没有自己的汽车工业。1901 年，一个叫李恩时的匈牙利人将两辆美国生产的奥兹莫比尔汽车从香港运到上海，从此中国开始出现汽车。中国人拥有的第一辆汽车是 1902 年袁世凯从美国购买送给慈禧的生日礼物（图 1-43）。

1930 年我国汽车保有量为 38484 辆，却没有一辆国产汽车。不少有志之士，如孙中山、张学良等都想制造中国汽车，却没能实现。

我国汽车工业从 1953 年开始建设到现在，已走过 60 多年的历史，经历了艰苦创业、从无到有。我国汽车工业的发展可概括为创建、成长、全面发展和高速增长4个阶段。

图 1-43 袁世凯送给慈禧的汽车

1. 创建阶段（1949~1965年）

在创建阶段，首先建成了中国第一汽车制造厂（简称“一汽”），实现了中国汽车工业零的突破；接着建立了南京汽车制造厂、上海汽车制造厂、济南汽车制造厂、北京汽车制造厂，形成了五个汽车生产基地。

（1）汽车工业的筹划 1950年1月，毛泽东、周恩来在莫斯科同苏联政府会谈，商定由苏联援助中国建设156项重点工程，其中包括建设一座现代化载货汽车厂。同年3月，中央重工业部成立汽车工业筹备组，任命郭力为主任，孟少农、胡云芳为副主任。

1951年4月，政务院财经委员会批准第一汽车制造厂在长春兴建，第一汽车制造厂开始工厂设计，产品为苏联吉斯150型载货汽车，年产3万辆。

1952年8月，中央重工业部撤销，成立第一机械工业部。同年12月，第一机械工业部任命饶斌为第一汽车制造厂厂长，郭力、孟少农、宋敏芝为副厂长。

1953年1月，第一机械工业部将汽车工业筹备组改为汽车工业管理局，任命张逢时为局长，江泽民为副局长。同年6月，中共中央发出关于力争三年建成长春第一汽车制造厂的指示。

（2）第一汽车制造厂的建立 1953年7月15日，在长春举行了隆重的第一汽车制造厂奠基典礼大会。会上李岚清等6名青年优秀共产党员，将毛泽东亲笔题词“第一汽车制造厂奠基纪念”基石碑抬进会场。新中国建设者们在位于吉林长春西南部的这块土地上打下了新中国汽车工业的第一桩。来自祖国四面八方的建设大军，不畏严寒酷暑，仅仅用了3年时间，便在历史空白处开凿出国产汽车的源头。1956年7月13日，第一辆解放CA10型载货汽车下线（图1-44），结束了我国不能生产汽车的历史。1956年7月15日，第一批解放CA10型载货汽车下线。

1958年5月5日，第一汽车制造厂生产出第一辆东风CA71型轿车，东风轿车前端发动机舱罩上装饰了一个金龙腾飞的车标。通过东风轿车的试制，我国终于迈出了自制轿车的第一步。

之后，第一机械工业部决定集中精力研制高级轿车，并定名为红旗牌。1958年7月，第一汽车制造厂自行设计、试制的第一辆红旗牌CA72高级轿车诞生（图1-45）。红旗牌高级轿车是国产高级轿车的先驱。

图 1-44 第一辆解放牌汽车下线

图 1-45 第一汽车制造厂生产的CA72型高级红旗轿车

1963 年 8 月，第一汽车制造厂建成具有批量生产能力的红旗牌轿车生产基地。

(3) 五个汽车生产基地的形成 到 1966 年，我国汽车工业已形成第一汽车制造厂、南京汽车制造厂、上海汽车制造厂、济南汽车制造厂、北京汽车制造厂共五个汽车生产基地，基本填补了汽车类型的空白。截至 1965 年，全国汽车生产累计 17 万辆。

图 1-46 第一辆跃进 NJ130 型载货汽车

1958 年 3 月 10 日，南京汽车制配厂生产出第一辆跃进牌 NJ130 型 2.5t 轻型载货汽车（图 1-46），其原型是苏联的嘎斯 51 型汽车。同年 5 月 10 日，工厂改名为南京汽车制造厂，成为第二家直属中央的汽车企业。同年 6 月试制出第一辆 NJ230 型 1.5t 越野汽车。

1958 年 9 月，上海汽车装配厂试制成功第一辆凤凰牌轿车（图 1-47），在车头的发动机舱盖上有一只栩栩如生、展翅欲飞的凤凰。1960 年 10 月，上海汽车装配厂迁至安亭扩建，更名为上海汽车制造厂。1963 年，凤凰牌轿车改称为上海牌 SH760 型轿车。1964 年 12 月，上海汽车制造厂开始生产上海牌 SH760 型轿车（图 1-48）。自上海牌轿车投产到 20 世纪 80 年代初，上海汽车制造厂是中国唯一一家普通轿车生产基地。

图 1-47 凤凰牌轿车

图 1-48 上海牌 SH760 型轿车

1959 年，济南汽车制造厂参照捷克生产的斯柯达 706 RT 型 8t 载货汽车设计我国的重型载货汽车。1960 年 4 月，济南汽车制造厂试制成功黄河牌 JN150 型 8t 重型载货汽车（图 1-49）。

解放初期，解放军的战术指挥车除去战争期间缴获的美式吉普外，一直依靠苏联提供的嘎斯 69 来装备部队。20 世纪 60 年代初，中苏关系破裂，解放军战术指挥车一下子失去了供应源。于是，中央军委发出指示：一定要尽快开发出部队装备用车，以满足国防建设的需要。中国人民解放军总参谋部呈报李富春副总理，建议以研制成功“东方红”轿车的北京汽车制造厂为基地，生产轻型越野车。1961 年 1 月，国防科委批准了上述建议，确定生产车型型号为 210。同年 6 月，经过广大职工的努力，试制出一辆 BJ210 轻型越野车样车。后经多次比较修改，在 BJ210 的基础上，试制出 BJ211 和 BJ212 两辆样车。1966 年 5 月，国务院军用产品定型委员会批准北京汽车制造厂的北京 BJ212 型越野汽车（图 1-50）的设计定型，并投入批量生产。

图 1-49 第一辆黄河牌 JN150 型 8t 重型载货汽车

图 1-50 北京 BJ212 型轻型越野汽车

2. 成长阶段（1966~1978 年）

成长阶段主要是贯彻中央的精神——建设三线汽车厂，以中、重型载货汽车和越野汽车为主，同时发展矿用自卸车。在此期间，第一汽车制造厂、南京汽车制造厂、上海汽车制造厂等五个老厂投入技术改造，扩大生产能力，并承担包建和支援三线汽车厂的任务；地方发展汽车工业，几乎全部仿制国产车型；改装车生产向多品种、专业化生产方向发展，生产厂点近 200 家。

三线汽车制造厂是指第二汽车制造厂（简称“二汽”）、四川汽车制造厂（简称“川汽”）和陕西汽车制造厂（简称“陕汽”）三个主要生产军用越野汽车的汽车制造厂。

(1) 二汽的建立 1964 年，根据毛泽东的“备战备荒为人民”和“三线建设要抓紧”的指示，二汽建设被列入第三个五年计划。

1965 年 12 月，中汽公司决定成立二汽筹备处，由饶斌、齐抗、李子政、张庆梓、陈祖涛五人组成领导小组，由饶斌、齐抗负责。

1966 年 5 月，建委在北京召开内地厂址平衡会议，确认二汽厂址位于湖北省郧县十堰镇。1967 年 4 月 1 日，二汽正式破土动工并举行开工典礼（图 1-51）。

图 1-51 二汽举行开工典礼

二汽的建设是在特定的历史条件和艰苦的自然环境中动工的。依靠全国人民的支持，各路建设大军在“为民族汽车工业打翻身仗”的宏伟目标指引下，脚踏荒野，风餐露宿，夜以继日，艰苦创业，加速建设。

1975 年 7 月 1 日，二汽基本建成东风 EQ240 型 2.5t 越野汽车的生产基地并投产。1978 年 7 月，二汽东风 EQ140 型 5t 载货汽车生产基地基本建成，并开始投入批量生产。

(2) 川汽和陕汽的建立 1966 年 3 月 11 日，四川汽车制造厂举行开工典礼，厂址选定在四川大足。1966 年 6 月，四川汽车制造厂红岩牌 CQ260 型越野汽车在綦江齿轮厂试制成功，后改型为红岩牌 CQ261 型。1971 年 7 月，四川汽车制造厂批量投产红岩牌 CQ261 型越野汽车。

1968 年 4 月，陕西汽车制造厂厂址定在了陕西省岐山县麦里西沟。1974 年 12 月，陕西汽车制造厂生产的延安牌 SX250 型越野汽车鉴定定型。1978 年 3 月，陕西汽车制造厂和陕西齿轮厂建成，正式投产延安牌 SX250 型越野汽车。

(3) 开发生产矿用自卸汽车和重型载货汽车 1969 年以后，上海、一汽、本溪等地投入矿用自卸汽车试制、生产；安徽、南阳、丹东等地开始生产重型载货汽车。

1969 年 7 月，根据周恩来总理关于国家急需矿用载货汽车的指示，由上海汽车底盘厂试制的上海 SH380 型 32t（图 1-52）和 SH361 型 15t 矿用自卸车试制成功。1971 年 12 月，一汽试制成功 60t 矿用自卸汽车。

图 1-52 我国第一辆 32t 矿用自卸车在上海问世

(4) 地方积极建设汽车制造厂 有了一汽、二汽的经验，全国各地开始积极发展汽车工业，出现了遍地开花的现象。上海、四川、陕西、安徽等地相继建成整车制造厂、零部件厂，生产轻型载货汽车、轻型客车、改装车和专用汽车。

3. 全面发展阶段（1979～2000 年）

1978 年党的十一届三中全会以后，在改革开放方针指引下，汽车工业进入全面发展阶段，主要体现为：老产品（如解放、跃进和黄河车型）升级换代，结束 30 年一贯制的历史；调整商用车产品结构，改变“缺重少轻”的生产格局；建设轿车工业，引进资金和技术，国产轿车形成生产规模；行业管理体制和企业经营机制进行改革，汽车品种、质量和生产能力大幅提高。

(1) 老产品升级换代 在 1987 年和 1988 年两年间，生产时间最长的三种载货汽车产品开始换型，转产新解放、新跃进和新黄河车型。

(2) 改变“缺重少轻”的生产格局 增加重型汽车生产。1983 年 12 月 17 日，为改变当时中国重型汽车制造业比较薄弱的格局，当时的中国重型汽车工业联营公司与奥地利斯太尔-戴姆勒-普赫股份公司在北京签订了《重型汽车制造技术转让合同》，引进总质量 16～40t 的斯太尔 91 系列重型汽车及相关配套产品。1989 年 6 月，第一辆国产斯达-斯太尔重型载货汽车在原济南汽车总厂下线。原二汽在东风 EQ140 型载货汽车的基础上，又生产出东风 EQ1092 型、东风 EQ1118 型等新型载货汽车。

加强轻型（含微型）汽车生产。1985 年，南京汽车制造厂引进意大利菲亚特集团依维柯 S 系列轻型汽车技术；重庆汽车制造厂与江西汽车制造厂引进日本五十铃 N 系列轻型汽车技术；同时一汽、二汽也发展轻型汽车生产；另外，经国家规划批准，形成天津、柳州（柳微）、哈尔滨（哈飞）、吉林、重庆（长安）、江西（昌河）和陕西（汉江）共 7 个微型汽车生产厂，适应了市场需求，提高了轻型汽车（含微型汽车）的生产比例。

(3) 建设轿车工业 1987 年，针对汽车工业“轿车基本空白”的不利局面，我国将轿车工业作为汽车工业发展的重点。从 20 世纪 80 年代中期开始，确定建立“三大”（上海、一汽、二汽）、“三小”（天津、北京、广州）轿车生产基地，并正式将轿车项目列为国家重点支持项目。我国汽车工业开始了战略转移，结束了多年来主要生产载货汽车和越野汽车的历史，进入了“轿车时代”。

1984 年，上海汽车厂与德国大众签署合资协议。1985 年 3 月 21 日，上海大众汽车有限公司成立（图1-53），与德国大众合资生产桑塔纳系列轿车，拉开了大量生产轿车的序幕。其后，一汽-大众（图1-54）、二汽雪铁龙、广州本田等中外合资轿车项目纷纷启动，填补了我国轿车基本空白的局面。

图1-53　上海大众汽车有限公司成立

图1-54　一汽-大众汽车有限公司成立

2000年，我国汽车年产量突破200万辆（206.8万辆）。汽车产品从只能生产货车的单一品种，发展到包括货车、客车、轿车、越野车、自卸车、牵引车共6大类150多个基本车型，以及厢式、罐式、矿用自卸车、特种作业专用汽车1000多个产品，并开始出口汽车，国产品牌汽车市场占有率达到90%以上。

4. 高速增长阶段（2001年至今）

进入21世纪以来，我国轿车工业技术进步的步伐大大加快，新车型层出不穷；新科技步伐加快，整车技术特别是环保指标大幅度提高，电动汽车开发初见进展；与国外汽车巨头的生产与营销合作步伐明显加快，引进国外企业的资金、技术和管理的力度不断加深；企业组织结构调整稳步前进。经过十几年的发展演变，中国汽车工业已经从各自独立的局面改变成现在以大集团为主的规模化、集约化的产业新格局。

2004年，我国发布了新的《汽车产业发展政策》，重申我国汽车产业在2010年前发展成为国民经济的支柱产业的奋斗目标；鼓励汽车企业集团化发展，实现汽车产业结构优化和升级，全面提高汽车产业国际竞争力；鼓励汽车生产企业开展国际合作，坚持引进技术与自主开发相结合。

2005~2016年，我国汽车产量从年产571万辆增长到年产2812万辆，如图1-55所示。

2012年6月，国务院发布了《节能与新能源汽车产业发展规划（2012~2020年）》，为我国节能与新能源汽车产业的发展指明了方向、明确了任务、提供了保障。

2013年1月，工业和信息化部、发改委、财政部等12个部委联合发布《关于加快推进重点行业企业兼并重组的指导意见》（以下简称《意见》），提出了对汽车、水泥等9大行业和领域兼并重组的主要目标和重点任务。《意见》指出，到2015年，前10家汽车整车企业产业集中度达到90%，形成3~5家具有核心竞争力的大型汽车企业集团。推动整车企业横向兼并重组、推动零部件企业兼并重组、支持大型汽车企业通过兼并重组向服务领域延伸。

我国汽车工业已经进入了一个多种经济成分共生存、同竞争的新时代，民营资本与国有资本和外资一起，正成为共同左右未来中国汽车工业的三大支柱力量。由此产生的竞争，将促进中国汽车工业市场结构和产品结构的调整。

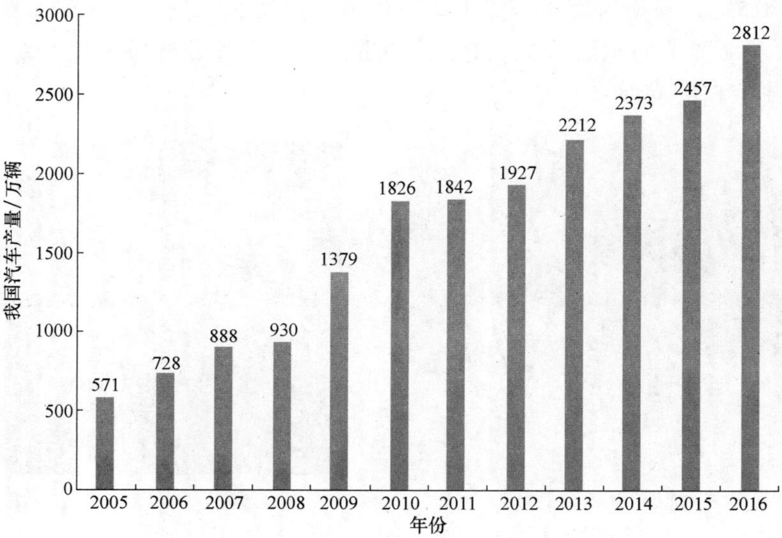

图 1-55　2005~2016 年我国汽车产量跨越式增长

复习思考题

1. 简述汽车的产生和发展历程。
2. 简述汽车外形的演变历程。
3. 简述汽车工业史上的三次重大变革。
4. 简述世界汽车工业的发展趋势。
5. 简述我国汽车工业的发展历程。

第2章

汽车分类与编号

内容提要：本章主要介绍国内汽车的几种分类方法、国外汽车常用的分级方法、车辆识别代号的相关知识以及我国汽车产品型号编制规则。

2.1 国内汽车的分类

2.1.1 按国标 GB/T 3730.1—2001 分类

在过去相当长的时间里，我国根据国标 GB/T 9417—1988《汽车产品型号编制规则》将汽车划分为载货汽车、越野汽车、自卸汽车、牵引车、专用汽车、客车、轿车、半挂车共 8 大类。这种车型分类较模糊，如轿车，原意是一个轿子装上 4 个轮子，形象化但不准确，国际上没有“轿车”这个叫法，而且轿车与轻型越野汽车和微型客车之间概念不清。这些给我国汽车工业的管理和数据统计带来不便。从 2004 年起，我国开始实行国标 GB/T 3730.1—2001《汽车和挂车类型的术语和定义》，对汽车重新分类。此标准与联合国欧洲经济委员会发布的 ECE. R. E3 标准一致。

新的车辆分类标准将汽车按照用途分为两大类，即主要作为私人代步工具的乘用车和以商业运输为目的的商用车。

1. 乘用车

乘用车在其设计和技术特性上主要用于载运乘客及其随身行李和/或临时物品，包括驾驶员座位在内最多不超过 9 个座位。它也可以牵引一辆挂车。乘用车又可以分为如下 11 类，其中（1）~（6）类乘用车俗称轿车。

（1）普通乘用车（图 2-1） 封闭式车身，固定式车顶（顶盖），有的顶盖一部分可开启；4 个或 4 个以上座位，至少两排，后座椅可折叠或移动形成装载空间；2 个或 4 个侧门，可有 1 个后开启门。

（2）活顶乘用车（图 2-2） 具有固定侧围框架可开启式车身，车顶为硬顶或软顶；车顶至少有两个位置：封闭和开启或拆除；可开启式车身可以通过使用 1 个或数个硬顶部件和/或合拢软顶将开启的车身关闭；4 个或 4 个以上座位，至少两排；2 个或 4 个侧门；4 个或 4 个以上侧窗。

（3）高级乘用车（图 2-3） 封闭式车身，前后座之间可以设有隔板，固定式硬车顶，有的顶盖一部分可开启；4 个或 4 个以上座位，至少两排，后排座椅前可安装折叠式座椅；4 个或 6 个侧门，也可有 1 个后开启门；6 个或 6 个以上侧窗。

图 2-1　普通乘用车

图 2-2　活顶乘用车

(4) 小型乘用车（图 2-4）　封闭式车身，通常后部空间较小；固定式硬车顶，有的顶盖一部分可开启；2 个或 2 个以上的座位，至少一排；2 个侧门，也可有 1 个后开启门；2 个或 2 个以上侧窗。

图 2-3　高级乘用车

图 2-4　小型乘用车

(5) 敞篷车（图 2-5）　可开启式车身，车顶可为软顶或硬顶；车顶至少有两个位置，第 1 个位置遮覆车身，第 2 个位置车顶卷收或可拆除；2 个或 2 个以上的座位，至少一排；2 个或 4 个侧门；2 个或 2 个以上侧窗。

(6) 舱背乘用车（图 2-6）　侧窗中柱可有可无；封闭式车身，固定式硬车顶，有的顶盖一部分可以开启；4 个或 4 个以上的座位，至少两排；后座椅可折叠或可移动，以形成一个装载空间；2 个或 4 个侧门，车身后部有一舱门，一般为两厢车。

图 2-5　敞篷车

图 2-6　舱背乘用车

(7) 旅行车（图 2-7）　封闭式车身，车尾外形可提供较大的内部空间，固定式硬车顶，有的顶盖一部分可以开启；4 个或 4 个以上的座位，至少两排，座椅的一排或多排可拆除，或装有向前翻倒的座椅靠背，以提供装载平台；2 个或 4 个侧门，并有 1 个后开启门；4 个或 4 个以上侧窗。

(8) 多用途乘用车（图 2-8）　上述（1）~（7）车辆以外的，只有单一车室载运乘客及其行李或物品的乘用车。但是，如果这种车辆同时具有下列两个条件，则不属于乘用车而属于载货汽车：

① 除驾驶员以外的座位数不超过 6 个，只要车辆具有可使用的座椅安装点，就应算座位存在。

② $P-(M+N\times68)>N\times68$。式中，$P$ 为最大设计总质量；M 为整车装备质量与 1 位驾驶员质量之和；N 为除驾驶员以外的座位数。

图 2-7　旅行车

图 2-8　多用途乘用车

（9）短头乘用车（图 2-9）　一半以上的发动机长度位于车辆前风窗玻璃最前点以后，并且转向盘的中心位于车辆总长的前 1/4 部分内。

（10）越野乘用车（图 2-10）　在其设计上所有车轮同时驱动（也包括一个驱动轴可以脱开的车辆），或其几何特性（接近角、离去角、纵向通过角、最小离地间隙）、技术特性（驱动轴数、差速锁止机构或其他形式机构）和它的性能（爬坡度）允许在非道路上行驶的一种乘用车。

（11）专用乘用车　运载乘员或物品并完成特定功能的乘用车，它具备完成特定功能所需的特殊车身和/或装备，例如旅居车、防弹车、救护车、殡仪车等。

图 2-9　短头乘用车

图 2-10　越野乘用车

2. 商用车

商用车在设计和技术特性上用于运送人员和货物，并且可以牵引挂车。商用车可分为客车、货车、半挂牵引车、挂车和汽车列车共 5 大类。

（1）客车　用于载运乘客及其随身行李的商用车辆，包括驾驶员座位在内，座位数超过 9 座。客车有单层的或双层的，也可牵引一辆挂车。客车又分为小型客车、城市客车、长途客车、旅游客车、铰接客车、无轨电车、越野客车、专用客车共 8 类。

① 小型客车（图 2-11）。用于载运乘客，除驾驶员座位外，座位数不超过 16 座的客车。

② 城市客车（图 2-12）。一种为城市内运输而设计和装备的客车。这种车辆设有座椅及站立乘客的位置，并有足够的空间供频繁停站时乘客上、下车走动用。

③ 长途客车（图 2-13）。一种为城市之间运输而设计和装备的客车。这种车辆没有专供乘客站立的位置，但在其通道内可载运短途站立的乘客。

④ 旅游客车（图 2-14）。一种为旅游而设计和装备的客车。其布置要确保乘客的舒适性，不载运站立的乘客。

图 2-11　小型客车

图 2-12　城市客车

图 2-13　长途客车

图 2-14　旅游客车

⑤ 铰接客车（图 2-15）。一种由两节刚性车厢铰接组成的客车。两节车厢是相通的，乘客可通过铰接部分在两节车厢间自由走动。铰接客车的内部装备可按城市客车、长途客车和旅游客车进行。两节车厢永久联结，只有在工厂车间使用专用设施才能将其拆开。

⑥ 无轨电车（图 2-16）。一种经架线由电力驱动的客车。这种电车可指定用作多种用途，并按城市客车、长途客车和铰接客车进行装备。

图 2-15　铰接客车

图 2-16　无轨电车

⑦ 越野客车（图 2-17）。所有车轮可以同时驱动，可以在非道路上行驶的一种客车。

⑧ 专用客车（图 2-18）。指需经特殊布置安排后才能载运人员的车辆。

图 2-17　越野客车

图 2-18　专用客车

（2）货车　货车是指主要为载运货物而设计和装备的商用车辆，它能不能牵引挂车都可以。货车又分为普通货车、多用途货车、全挂牵引车、越野货车、专用作业车、专用货车等。

① 普通货车（图 2-19）。在敞开（平板式）或封装（厢式）载货空间内载运货物的货车。

② 多用途货车（图 2-20）。主要用于载运货物，但在驾驶员座椅后带有固定或折叠式座椅，可运载 3 个以上的乘客的货车。

图 2-19　普通货车

图 2-20　多用途货车

③ 全挂牵引车（图 2-21）。一种牵引牵引杆挂车的货车。

④ 越野货车（图 2-22）。所有车轮可以同时驱动，可在非道路上行驶的货车。

图 2-21　全挂牵引车

图 2-22　越野货车

⑤ 专用作业车（图 2-23～图 2-25）。用于特殊工作的货车，如消防车、救险车、垃圾车、应急车、街道清洗车、扫雪车等。

图 2-23　消防车

图 2-24　垃圾车

图 2-25　扫雪车

⑥ 专用货车（图 2-26～图 2-28）。用于运输特殊物品的货车，如罐式车、乘用车运输车、集装箱运输车等。

（3）半挂牵引车（图 2-29）　装备有特殊装置用于牵引半挂车的商用车辆。

（4）挂车　需由汽车牵引才能正常使用的一种无动力的道路车辆，用于载运人或物，或用于一些特殊用途。挂车可分为牵引杆挂车、半挂车和中置轴挂车共 3 大类。

图 2-26　油罐车

图 2-27　乘用车运输车

图 2-28　集装箱运输车

图 2-29　半挂牵引车

图 2-30　牵引杆挂车

① 牵引杆挂车（图 2-30）。挂车至少有两根车轴，一根轴可转向，通过角向移动的牵引杆与牵引车联结；牵引杆可垂直移动，联结到底盘上，因此不能承受任何垂直力。具有隐藏支地架的半挂车也称作牵引杆挂车。

② 半挂车（图 2-31）。车轴置于车辆重心（当车辆均匀载荷时）后面，并且装有可将水平或垂直力传递到牵引车的联结装置的挂车。

③ 中置轴挂车。牵引装置不能垂直移动（相对于挂车），车轴位于紧靠挂车重心（当均匀载荷时）的挂车。这种车辆只有较小的垂直静载荷作用于牵引车，不超过相当于挂车最大质量的 10%或 1000N 的载荷（两者取较小者），其中一轴或多轴可由牵引车来驱动。典型代表有旅居挂车（图 2-32）。

图 2-31　半挂车

图 2-32　旅居挂车

(5) 汽车列车（图 2-33）　汽车列车是一辆汽车与一辆或多辆挂车的组合。

图 2-33　汽车列车

2.1.2　按国标 GB/T 15089—2001 分类

按 GB/T 15089—2001《机动车辆及挂车分类》，将道路上使用的汽车、挂车及摩托车等机动车辆分为 L 类、M 类、N 类、O 类和 G 类。我国关于汽车排放污染物限值和测量方法，以及乘用车燃油消耗量限值等国家标准采用此种车辆分类方法。

(1) L 类　L 类为两轮或三轮机动车辆。

(2) M 类　M 类为至少有 4 个车轮且用于载客的机动车辆。

① M_1类。包括驾驶员座位在内，座位数不超过 9 座的载客车辆，即乘用车。

② M_2类。包括驾驶员座位在内，座位数超过 9 个，且最大设计总质量不超过 5000kg 的载客车辆。

③ M_3类。包括驾驶员座位在内，座位数超过 9 个，且最大设计总质量超过 5000kg 的载客车辆。

(3) N 类　N 类为至少有 4 个车轮且用于载货的机动车辆。

① N_1类。最大设计总质量不超过 3500kg 的载货车辆。

② N_2类。最大设计总质量超过 3500kg，但不超过 12000kg 的载货车辆。

③ N_3类。最大设计总质量超过 12000kg 的载货车辆。

(4) O 类　O 类为挂车（包括半挂车）。

(5) G 类　G 类为越野车。

2.1.3　其他分类方法

1. 按车身结构分类（对于乘用车）

(1) 三厢车（图 2-34）　车身结构由 3 个相互封闭、用途各异的舱组成，即前部发动机舱、车身中部的乘员舱和后部的行李舱。三厢车从侧面看，前后对称，造型美观大方，但车身较长，在交通拥挤的大城市行驶和停泊不方便。

(2) 两厢车（图 2-35）　两厢车前部与三厢车没有区别。不同之处是，两厢车将乘员舱近似等高向后延伸，将后行李舱和乘员舱合并为一体，使其减少为发动机舱和乘员舱两厢。两厢车尾部有宽大的后车门，使其具备了使用灵活、用途广泛的特点。放倒（平）后排座位，就可以获得比三厢车大得多的载物空间。两厢车又称为舱背式乘用车。

图 2-34　三厢车

图 2-35　两厢车

图 2-36　单厢车

(3) 单厢车（图 2-36）　单厢车其实是面包车（厢式车）的高级变种。面包车空间较大，既可载客，也可拉货，但这种车没有单独的发动机舱，在发生正面撞击时没有缓冲。由于严格的安全法规，北美和欧洲已禁止生产这种原始形态的单厢车，但受该车型的启发，结合两厢车和面包车的特点，产生出了颇具魅力的新型单厢车。与典型的两厢车相比，这种单厢车的高度更高（一般为 1.6m）。单厢车虽然也有前凸的车鼻，但发动机舱与乘员舱的构架是连贯一体的。单厢车的好处是：内部空间增大，脚部和头部空间更充裕。目前市场比较典型的单厢车有雷诺风景和雪铁龙毕加索等。单厢车有时又称为多用途乘用车（MPV）。

2. 按动力装置类型分类

（1）内燃机汽车 最常见的内燃机汽车是汽油车和柴油车。此外，还有代用燃料内燃机汽车，如液化石油气（LPG）汽车、压缩天然气（CNG）汽车、甲醇车、乙醇车等。

（2）电动汽车 以电能为驱动动力源的汽车，包括蓄电池电动汽车、太阳能电动汽车、燃料电池电动汽车和混合动力电动汽车。

（3）燃气轮机汽车 采用航空发动机或火箭发动机及特殊燃料，用喷气反作用力驱动的汽车，主要用于赛车。

3. 按行驶道路条件分类

（1）道路车辆 行驶在道路和等级公路的汽车。道路用车的长度、宽度、高度、单轴负荷等均受交通法规的限制。

（2）非道路车辆 包括两类，一类是车辆的外廓尺寸、单轴负荷等参数超出了法规限制而不适于公路行驶的车辆，如矿山、机场、工地等专用车；另一类是既能在非公路地区，又能在公路上行驶的越野汽车。

2.2 国外汽车的分类

国际上通常将汽车分为两大类：一类是乘用车，另一类是商用车。乘用车主要是指轿车，一般也将与轿车相似的汽车，如轿车的各种变形车和轻型越野车也包括在乘用车内。乘用车以外的汽车统称为商用车。商用车一般分为3类：载货汽车、载客汽车和特种汽车。这与我国现有的汽车分类标准GB/T 3730.1—2001是一致的。目前，国际上并没有统一的汽车分类标准，各大汽车公司都是按照自己的一套分级体系对汽车进行分类的。以下列举欧洲、美国和日本等国有关乘用车的分类情况。

2.2.1 德国乘用车分类

1. 大众乘用车

德国大众汽车公司将乘用车按轴距、排量、重量等参数划分为A、B、C、D级（见表2-1)，字母顺序越靠后，该级别车的轴距越长，排量和重量越大，豪华程度也不断提高。A级车又可分为A_{00}、A_0和A三级，相当于中国微型、小型和普通型轿车；B级和C级车分别相当于中国的中级轿车和中高级轿车；D级车相当于中国高级轿车。

表2-1 大众汽车公司乘用车分级标准

级别	微型	小型	普通	中级	中高级	高级
	A_{00}	A_0	A	B	C	D
排量/L	<1.0	1.0~1.3	1.3~1.6	1.6~2.0	2.0~2.5	2.5~3.0
总长/m	3.3~3.7	3.7~4.0	4.0~4.2	4.2~4.45	4.45~4.8	4.8~5.2
轴距/m	2.0~2.2	2.2~2.3	2.3~2.45	2.45~2.6	2.6~2.8	2.8~3.0
整备质量/kg	<680	680~800	800~970	970~1150	1150~1380	1380~1620

2. 奥迪乘用车

大部分奥迪汽车的型号是用公司英文名称“Audi”的第一个字母“A”打头，如奥迪

A2、A3、A4、A6、A8 等，后面的数字越大，表示等级越高。A2 和 A3 系列是小型轿车；A4 系列是中级轿车；A6 系列是高级轿车；A8 系列是豪华轿车。此外，奥迪还有 S 系列和 TT 系列：S 系列多是高性能车型，但并非越野车，主要有 S3、S6 及 S8 等；TT 系列则全是跑车。

3. 奔驰乘用车

奔驰乘用车有不同的车系，即车身系列，如 W124、W140、W201 等。每一种车系又有不同的型号，如 300SE、500SEL 等。根据装备的档次和形式不同，又分为 5 种不同的级别：C 级为经济实用小型轿车；E 级是奔驰车最全面的一种系列，共有 13 种样式；S 级为特级豪华车型；SL 级代表敞篷跑车；G 级代表越野车。200、320 等数字表示车的排量，如 200 表示排量为 2.0L，560 表示排量为 5.6L。奔驰车的级别和排量都标在车的左边，而有些车右边还标有 DIESEL 或 TURBO DIESEL 等字样，分别表示柴油发动机和涡轮增压柴油机。在代表排量的数字之前的字母表示不同的级别，而在数字之后的字母则表示装备或结构方面的特色，如 S 为豪华装备，E 为电子燃油喷射，L 为加长轴距，C 为双门型。凡是标有 L 的奔驰轿车，都要比一般车长出 10cm。例如，型号为 W140-500SEC 表示该车为 W140 车身系列，排量 5L，豪华装备，电子燃油喷射，双门型。

4. 宝马乘用车

宝马汽车公司主要有轿车、跑车、越野车三大车种。轿车有 1、3、5、7、8 等系列，轿车型号的第一个数字即系列号，数值越大，表示档次越高。第 2 和第 3 个数字表示排量。最后的字母 i 表示燃油喷射，A 表示自动档，C 表示双座位，S 表示超级豪华。例如，“318iA”表示 3 系列轿车，排量为 1.8L，燃油喷射，自动档；“850Ci”表示 8 系列轿车，排量为 5.0L，双座位，燃油喷射。跑车型号用 Z 打头，主打车型有 Z3、Z4、Z8 等，后面的数字越大，表示级别越高。越野车用 X 打头，代表车型是 X5。

2.2.2 美国乘用车分类

美国乘用车按照乘客舱和货物舱内部容积大小分级（见表 2-2）。对两个座位的乘用车分类不分级；普通乘用车按容积大小分为微型、小型、紧凑型、中型和大型 5 个档次；旅行车只分小型、中型和大型 3 个档次。

表 2-2　美国乘用车分类标准

分级		内部乘客舱和货物舱的容积/$ft^3$①
两座乘用车		任意（设计为两个成年人乘坐）
普通乘用车	微型	<85
	小型	85~99
	紧凑型	100~109
	中型	110~119
	大型	120 或更大
旅行车	小型	<130
	中型	130~159
	大型	160 或更大

① $1ft^3 = 0.0283168m^3$。

2.2.3 日本乘用车分类

日本乘用车分类别具一格，按照日本国情，将乘用车按发动机排量和尺寸分为轻四轮轿车、小型轿车和普通轿车三级（见表 2-3）。

表 2-3 日本乘用车分类标准

级别	排量/mL	车长/mm	车宽/mm
轻四轮轿车	<660	<3300	<1400
小型轿车	660~2000	3300~4700	1400~1700
普通轿车	>2000		

2.3 车辆识别代号

2.3.1 车辆识别代号的意义

车辆识别代号（Vehicle Identification Number，VIN）由一组字母和阿拉伯数字组成，共 17 位，又称为 17 位识别代号编码。17 位代号经过排列组合的结果可以使车型生产在 30 年内不会发生重号现象，故 VIN 又称作汽车身份证。GB 16735—2004《道路车辆——车辆识别代号（VIN）》对车辆识别代号的内容和构成做了详细的规定。

VIN 是识别一辆汽车不可缺少的工具。VIN 的每位代码代表着汽车某一方面的信息参数。按照识别代号编码顺序，从 VIN 中可以识别出该车的生产国别、制造公司或生产厂家、车的类型、品牌名称、车型系列、车身形式、发动机型号、车型年款、安全防护装置型号、检验数字、装配工厂名称和出厂顺序号码等信息参数。

VIN 具有很强的唯一性、通用性、可读性以及最大限度的信息载量和可检索性。VIN 一般以标牌的形式，装贴在汽车发动机舱的相关部位。VIN 可用于：

(1) **车辆管理** 登记注册和信息化管理。

(2) **车辆检测** 汽车年检和排放检测。

(3) **车辆防盗** 识别车辆和零部件，盗抢数据库查询。

(4) **车辆维修** 诊断、电脑匹配、配件订购和客户关系管理。

(5) **二手车交易** 查询车辆历史信息。

(6) **汽车召回** 年代、车型、批次和数量。

(7) **车辆保险** 保险登记、理赔、浮动费率的信息查询。

2.3.2 车辆识别代号的组成

车辆识别代号由世界制造厂识别代号（World Manufacturer Identifier，WMI）、车辆说明部分（Vehicle Descriptor Section，VDS）和车辆指示部分（Vehicle Indicatior Section，VIS）共 3 个部分组成。

如果车辆制造厂生产的完整车辆和（或）非完整车辆年产量≥500 辆，VIN 的第 1 部分为 WMI，第 2 部分为 VDS，第 3 部分为 VIS，如图 2-37a 所示。

如果车辆制造厂生产的完整车辆和（或）非完整车辆年产量<500 辆，VIN 的第 1 部分

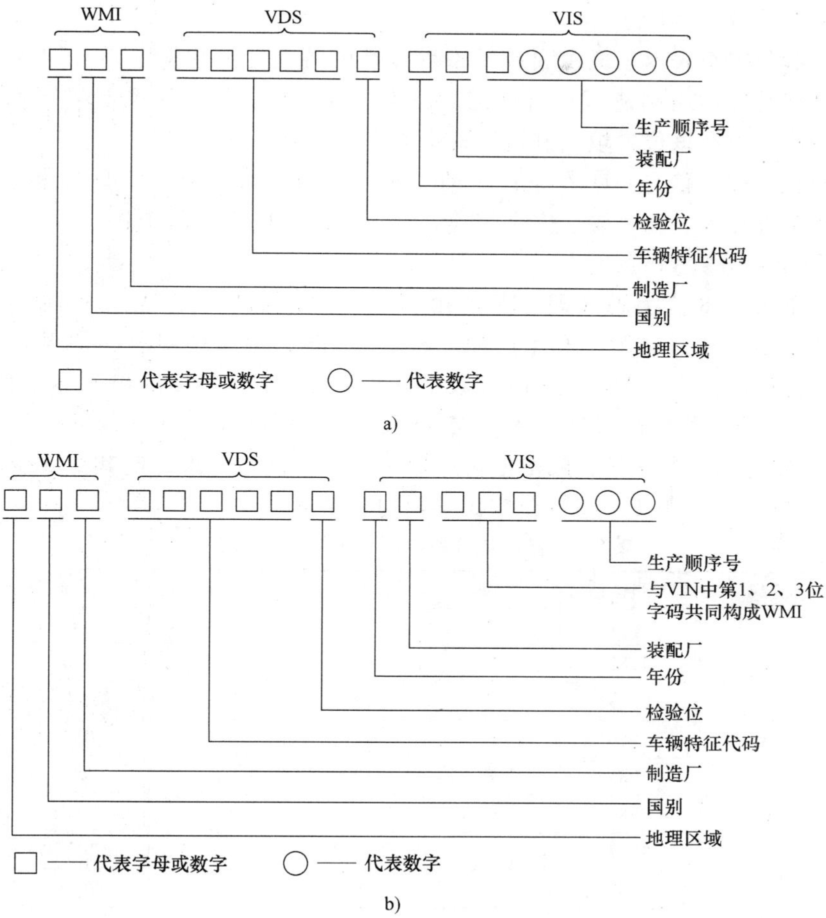

图 2-37　车辆识别代号 VIN 的组成

a）年产量≥500 辆　b）年产量<500 辆

为 WMI，第 2 部分为 VDS，第 3 部分 VIS 的第 3、4、5 位与第 1 部分 WMI 的 3 位字码共同构成世界制造厂识别代号，其余 5 位为车辆指示部分，如图 2-37b 所示。

1. 世界制造厂识别代号（WMI）

国际标准化组织（ISO）按地理区域分配给各个国家世界制造厂识别代号，各国再分配给本国的制造厂。所有的 WMI 代号由美国汽车工程师学会（SAE）保存并核对。中国由中国汽车技术研究中心标准所代理。由 WMI 可识别汽车原产地。其组成含义如下：

第 1 个字码为地理区域字码，如 1~5 代表北美洲，S~Z 代表欧洲，6 和 7 代表大洋洲，A~H 代表非洲，J~R 代表亚洲，8、9 和 0 代表南美洲等。

第 2 个字码为标明一个特定地区内的一个国家的字码。

第 3 个字码为由国家机构指定的、用来标明某个特定的制造厂的字码。

我国实行的车辆识别代号中 WMI 的第 1 位是 L，表示中国，第 2 位和第 3 位表示制造厂。国内常见汽车制造厂家的 WMI 代号为：上汽大众（LSV）、一汽-大众（LFV）、神龙富康（LDC）、北京吉普（LEN）、广州本田（LHG）、上海通用（LSG）、长安汽车（LS5）、哈飞汽车（LKD）、北汽福田（LHB）。

2. 车辆说明部分（VDS）

车辆说明部分用来表示车辆主要技术参数和性能特征，由 6 位字码（即 VIN 的第 4~9 位）组成，其代号顺序由制造厂自行规定，但不允许空位。如果车辆制造厂不使用其中的一位或几位字码，应在该位置填入制造厂选定的字母或数字占位。

VDS 一般包括以下信息：①车系；②动力系统，如发动机型号、变速器形式；③车身形式；④约束系统配置，如气囊、安全带等；⑤第 9 位为检验位，用 0~9 或 X 表示。

3. 车辆指示部分（VIS）

车辆指示部分由 8 位字码（即 VIN 的第 10~17 位）组成，是表示一辆车的具体代码，它表明车辆的车型年份、装配厂和生产顺序号等。VIS 的第 1 位字码（即 VIN 的第 10 位）代表年份。年份代码按表 2-4 规定使用（数字 0 和字母 O、U、Q、I 和 Z 不能使用），30 年循环一次。VIS 的第 2 位字码（即 VIN 的第 11 位）代表装配厂。VIS 的后 6 位（即 VIN 的第 12~17 位）作为生产顺序号，或根据年产量小于 500 辆的要求，使其前 3 位（即 VIN 的第 12~14 位）与 VIN 的第 1、2、3 位字码共同构成 WMI。

表 2-4 标示年份的字码（世界统一规定）

年份	字码	年份	字码	年份	字码	年份	字码
1971	1	1981	B	1991	M	2001	1
1972	2	1982	C	1992	N	2002	2
1973	3	1983	D	1993	P	2003	3
1974	4	1984	E	1994	R	2004	4
1975	5	1985	F	1995	S	2005	5
1976	6	1986	G	1996	T	2006	6
1977	7	1987	H	1997	V	2007	7
1978	8	1988	J	1998	W	2008	8
1979	9	1989	K	1999	X	2009	9
1980	A	1990	L	2000	Y	2010	A

2.4 我国汽车产品型号

国标 GB/T 9417—1988《汽车产品型号编制规则》虽然已废止，但部分企业仍在沿用，故在此阐述其编号规则。根据 GB/T 9417—1988，我国汽车产品型号由企业名称代号、车辆类别代号、主参数代号、产品序号组成，必要时附加企业自定代号，如图 2-38 所示。

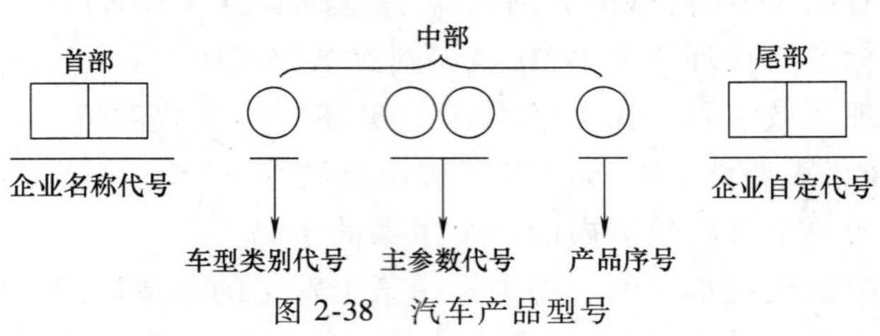

图 2-38 汽车产品型号

1. 首部

首部由 2 个或 3 个汉语拼音字母组成，是识别企业名称的代号。例如，CA 代表一汽，EQ 代表二汽（东风），SH 代表上汽，BJ 代表北京吉普，HG 代表广州本田等。

2. 中部

中部由 4 位阿拉伯数字组成，分为首位、中间两位和末位数字 3 部分，其含义见表 2-5。当主参数不足规定位数时，在主参数前以“0”占位。

表 2-5　汽车产品型号中间 4 位数字的含义

首位数字(1~9)表示车辆类型		中间两位数字表示各类汽车的主要特征参数	末位数字
1	普通载货汽车	数字表示汽车的总质量①(t) 半挂牵引汽车的总质量包括牵引座上的最大质量	表示产品序号，可依次用阿拉伯数字 0、1、2、3…等来表示
2	越野汽车		
3	自卸汽车		
4	半挂牵引汽车		
5	专用汽车		
6	客车	数字×0.1 表示车辆的总长度②(m)	
7	轿车	数字×0.1 表示发动机工作容积(排量)(L)	
8	暂缺		
9	半挂车	数字表示汽车的总质量(t)	

① 汽车总质量大于 100t 时，允许用 3 位数字。
② 汽车总长度大于 10m 时，数字×1m。

3. 尾部

尾部为两部分，前部为专用汽车结构特征代号，用 1 位大写汉语拼音字母表示，现有 6 种代号：X 表示厢式汽车，G 表示罐式汽车，Z 表示专用自卸汽车，T 表示特种结构汽车，J 表示起重举升汽车，C 表示仓栅式汽车。后部为专用汽车用途特征代号，用两位大写汉语拼音字母表示，按 GB/T 17350—2009《专用汽车和专用挂车术语、代号和编制方法》规定。

例如，BJ2020SJ 表示北京汽车集团有限公司（北京汽车制造厂）生产的越野汽车，厂定总质量为 2t，第一代产品，SJ 为企业自定代号。EQ1092 表示东风汽车集团股份有限公司（第二汽车制造厂）生产的第三代载货汽车，总质量在 9~10t 之间（实际总质量为 9310kg）。

复习思考题

1. 我国现行国家标准（GB/T 3730.1—2001）是如何对国产汽车进行分类的？
2. 根据国标 GB/T 15089—2001《机动车辆及挂车分类》，M 类车辆是指哪些车？
3. 简述德国奥迪汽车公司对汽车的分类。
4. 简述美国轿车的分级标准。
5. 简述车辆识别代号（VIN）的意义和作用。
6. 简述车辆识别代号（VIN）的组成。

第3章 传统燃油汽车认知

内容提要：本章主要介绍传统燃油汽车的总体构造与行驶原理、汽车发动机、汽车底盘、汽车车身与电器设备相关知识。

3.1 汽车总体构造与行驶原理

3.1.1 汽车基本组成

汽车主要由发动机、底盘、车身和电器四大部件组成（图 3-1）。这些大的部件通常被称为总成。

1. 发动机总成

发动机是汽车的“心脏”，它负责将燃料燃烧产生的热能转化为机械能，为汽车提供必需的驱动力。现代车用发动机都为内燃机，根据运动机构的不同，内燃机可分为往复活塞式和旋转活塞式。目前绝大部分汽车都采用往复活塞式内燃机作为动力装置。

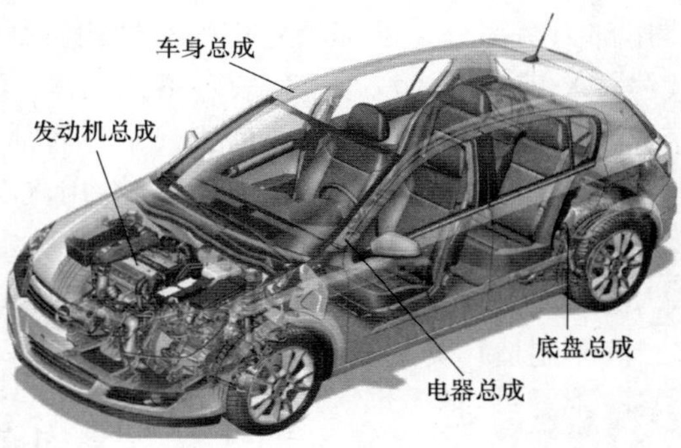

图 3-1 汽车总体构造

2. 底盘总成

底盘是汽车的基础，用来支撑车身和安装汽车其他各部件及总成；底盘接受发动机输出的动力，使汽车产生运动，并保证汽车正常行驶。汽车底盘主要由以下几个系统组成：

（1）传动系统 用于将发动机输出的动力传给驱动车轮，驱动汽车行驶。

（2）行驶系统 用于将汽车各总成及部件连接成一整体，支撑全车载荷，保证汽车正常行驶。

（3）转向系统 用于使汽车在驾驶员操纵下改变或保持汽车行驶方向，减轻驾驶员的劳动强度。

（4）制动系统 用于使汽车减速或停车，并保证驾驶员离开后汽车能可靠地保持原位。

3. 车身总成

汽车车身主要用来覆盖、包装和保护汽车的零部件，它既具有结构性功能，又具有装饰性功能，其外形应能保证汽车在高速行驶时空气阻力小，且造型美观，并能反映当代车身造型的发展趋势。

4. 电器与电子设备

电器与电子设备是对汽车实施动力传递和行驶控制、提供安全显示和方便操作、保证行驶舒适性的装置。汽车电器设备由电源和用电设备两大部分组成。电源包括蓄电池和发电机。用电设备包括发动机的起动系统、汽油机的点火系统和其他用电装置，如照明、信号、仪表、空调、音响、刮水器等。

3.1.2　汽车行驶原理

要使汽车行驶，必须具备两个基本行驶条件，即驱动条件和附着条件。

1. 驱动条件

驱动条件是指汽车必须有足够的驱动力以克服汽车行驶过程中遇到的各种阻力。

汽车的驱动力由发动机提供。发动机发出的转矩经传动系统传至车轮上，该转矩 T_t（图 3-2）力图使车轮旋转，因此在驱动轮与地面接触处向地面施加一个向后的力 F_0。与此同时，地面对车轮施加一个与 F_0大小相等、方向相反的反作用力 F_t，该力即驱动汽车行驶的驱动力。

汽车的行驶总阻力 $\sum F$ 包括滚动阻力 F_f、空气阻力 F_w、坡度阻力 F_i和加速阻力 F_j。滚动阻力 F_f主要是由于车轮滚动时轮胎与路面摩擦而产生的。空气阻力 F_w是由于汽车行驶时汽车与其周围的空气相互作用而产生的。坡度阻力 F_i是汽车重力沿坡道向下的分力。加速阻力 F_j是汽车加速行驶时，需要克服其质量加速运动时的惯性力。

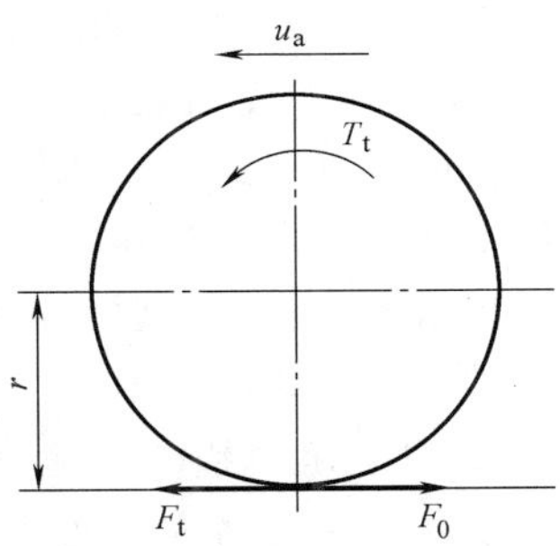

图 3-2　驱动力产生示意图

汽车行驶的过程是驱动力与各种阻力的交替变化过程。当 $F_t=F_f+F_w+F_i$时，汽车匀速行驶；当 $F_t>F_f+F_w+F_i$时，汽车才能起步或加速行驶；当 $F_t<F_f+F_w+F_i$时，汽车无法起步或减速行驶，直至停车。所以，汽车行驶的驱动条件是

$$F_t \geqslant F_f+F_w+F_i \tag{3-1}$$

2. 附着条件

驱动力大，加速能力好，爬坡能力强，动力性能好，但这一切只有在轮胎与路面有足够大的附着力时才可以实现。在附着性能差的、湿滑的路面上，大的驱动力可能引起车轮在路面上急剧加速滑转，地面切向反作用力并不很大，动力性能也未能进一步提高。由此可见，汽车的动力性能不只受驱动力的制约，还受到轮胎与地面附着条件的限制。

地面对轮胎切向反作用力的极限值（最大值）称为附着力 F_φ。地面对轮胎的切向反作用力 F_t不能大于附着力 F_φ，否则将发生驱动轮滑转现象，这就是汽车行驶的附着条件，可表达为

$$F_t \leqslant F_\varphi \tag{3-2}$$

在冰雪或泥泞的地面上，由于附着力很小，汽车的驱动力受到附着力的限制而不能克服较大的阻力，导致汽车减速甚至不能前进，即使增加节气门开度或换入低档，车轮只会滑转而驱动力不会增大。为了增加车轮在冰雪路面的附着力，可采用特殊花纹的轮胎、镶钉轮胎或在普通轮胎上绕装防滑链，以提高对冰雪路面的附着作用。非全轮驱动汽车的附着重力仅为分配到驱动轮上的那一部分总重力，而四轮驱动汽车的附着重力则为全车的总重力，因而

其附着力较前者显著增大。

3.1.3 汽车总体布局

汽车的总体布局是指如何合理安排汽车各组成部分在整车中所处的相对位置。汽车的布局对象包括发动机、传动系统、座舱、行李舱、排气系统、悬架系统、燃油箱、备胎等，其中发动机、传动系统和座舱是决定布局的三要素。一个良好的汽车布局方案应该在使各部件工作良好的基础上满足应有的使用功能，如载人、运货、越野等。

根据发动机、传动系统和座舱在整车上的位置不同，可将汽车总体布局分为发动机前置后轮驱动（Front-engine Rear-drive，FR）、发动机前置前轮驱动（Front-engine Front-drive，FF）、发动机中置后轮驱动（Middle-engine Rear-drive，MR）、发动机后置后轮驱动（Rear-engine Rear-drive，RR）和四轮驱动（4-Wheel Drive，4WD）共5大类型。

1. 发动机前置后轮驱动（FR布局）

发动机一般纵向布置于车头，纵向与变速器相连，经过传动轴驱动后轮（图3-3）。早期的汽车绝大多数都采用FR布局，现在这种布局主要应用于中、高级轿车。

图3-3 FR布局

FR布局的优点是轴重分配均匀，即整车的前后重量比较平衡，因此操纵稳定性比较好。后轮作驱动轮时，轮胎的附着利用率要优于发动机前置前轮驱动的布局，这是中、大型轿车都采用后轮驱动的主要原因。FR布局的缺点是传动部件多，传动系统质量大，贯穿座舱的传动轴占据了座舱的地台空间，影响了脚部空间和乘坐舒适性。

2. 发动机前置前轮驱动（FF布局）

发动机一般横向布置在车头，经过变速器直接驱动前轮（图3-4），这样可以免去传动轴，从而解决了FR布局的座舱地台问题。FF布局是目前绝大多数微型、小型和中型轿车采用的布局方式。

图3-4 FF布局

与FR布局相比，FF布局在操控性方面具有优势。但FF布局的驱动轮附着利用率较低，上坡时驱动轮的附着力会减小；前轮的驱动兼转向结构比较复杂，发动机和传动系统集中在发动机舱内，布局拥挤，限制了采用大型发动机的可能性。这是大型轿车不采用FF布局的主要原因。但近年来出现了纵置发动机的FF布局，从而可以采用较大型的发动机。

3. 发动机中置后轮驱动（MR布局）

发动机放置在前、后轴之间，经变速器直接驱动后轮（图3-5）。该布局最大的优点是轴重均匀，具有很中性的操控特性。缺点是发动机占据了座舱的空间，降低了空间利用率和实用性。因此采用MR布局的汽车大都是追求操控性的跑车。

图3-5 MR布局

4. 发动机后置后轮驱动（RR布局）

发动机放置在汽车后部，经变速器直接驱动后轮（图3-6）。这种布局方式早期被广泛应用在微型车上，如甲壳虫汽车，因为其结构紧凑，既没有沉重的传动轴，又没有复杂的前轮转向兼驱动结构。RR布局的缺点是后轴重较大，在高速转弯时稳定性差，容易侧滑。现在仍采用 RR 布局的轿车不多，保时捷 911 跑车是其中之一，而它极易甩尾的操控特性也是出了名的。

5. 四轮驱动（4WD 布局）

无论是发动机前置、中置还是后置，都可以采用四轮驱动（图 3-7）。由于 4 个车轮均有驱动力，附着利用率最高，但重量大、占空间大是 4WD 布局的缺点。此外，其动力传动损失比单轴驱动汽车的大。四轮驱动过去只用于越野车，近年来越来越多地应用于高性能跑车。

图 3-6　RR 布局

图 3-7　4WD 布局

3.2　汽车发动机

现代车用发动机主要是四冲程往复活塞式内燃机，它具有功率大、热效率高、体积小、重量轻、操作简单，便于移动和起动等优点。本节主要讲述四冲程往复活塞式内燃机。

3.2.1　发动机结构原理与分类

1. 发动机基本结构

四冲程发动机总体构造（多缸）如图 3-8 所示。

图 3-8　四冲程发动机总体构造（多缸）

汽车发动机基本结构都是由多个相同的单缸机（图 3-9）组成。活塞在气缸中做往复运动，并通过连杆推动曲轴转动。气缸上方装有气缸盖，气缸盖上开有进、排气道，并分别由进气门和排气门控制其开闭。对于汽油机，气缸盖上除装有喷油器外，还安装有火花塞。对于柴油机，不需要火花塞，喷油器直接安装在气缸顶部。

2. 发动机工作原理

往复式发动机活塞在气缸内上下运动，活塞所处的最高位置称为上止点，最低位置称为下止点，上、下止点间的距离称为活塞行程。

活塞每走一个行程，曲轴转过 180°。活塞从上止点到下止点所扫过的容积称为气缸的工作容积；各缸工作容积的总和，称为发动机排量。

燃烧室是指活塞在上止点时，由活塞顶、气缸壁和气缸盖所组成的空间。气缸总容积是燃烧室容积与工作容积之和。

压缩比是气缸总容积与燃烧室容积之比。压缩比对发动机性能影响很大。压缩比大，压缩终了时缸内气体的温度、压力高，燃烧速度快，膨胀做功多，发动机功率大、油耗低。汽油机压缩比通常为 7~12，而柴油机压缩比一般为 16~22，这是柴油机比汽油机省油的主要

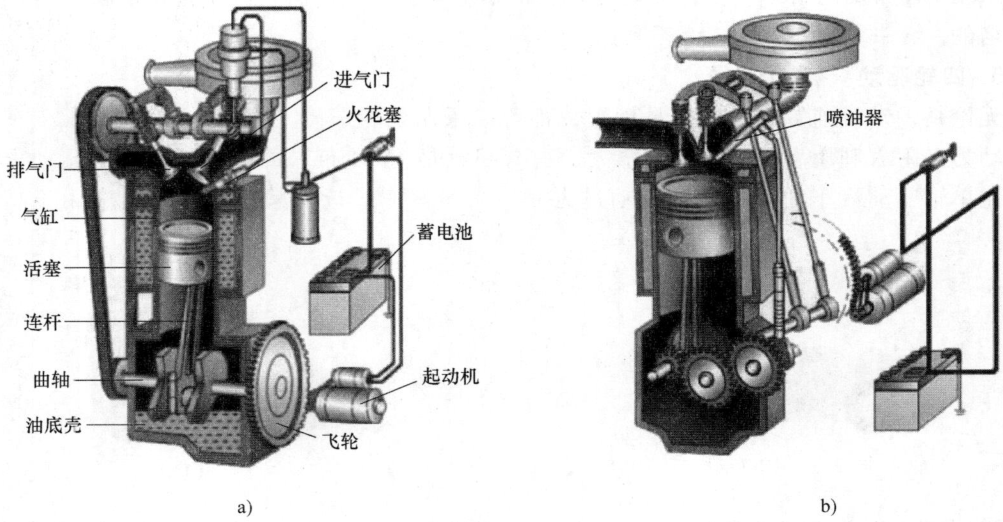

图 3-9　单缸机

a）单缸汽油机　b）单缸柴油机

原因之一。

图 3-10 所示为四冲程汽油机的工作原理示意图。从图中可以看出，四冲程是由进气行程、压缩行程、做功行程和排气行程组成的。

在进气行程，进气门打开，排气门关闭，活塞从上止点往下止点运动，吸入混合气；在压缩行程，进、排气门均关闭，活塞由下止点往上止点运动，压缩混合气；在活塞运动到接近上止点时，火花塞产生火花，点燃混合气，做功行程便开始了，气体燃烧产生的巨大推力将活塞从上止点往下止点推动；在接近下止点处排气门打开，排气行程开始，活塞在连杆带动下从下止点往上止点运动，排出废气。当活塞向上运动到上止点附近时，进气门打开，排气门关闭，排气行程结束，下一循环的进气行程又开始，如此往复循环。

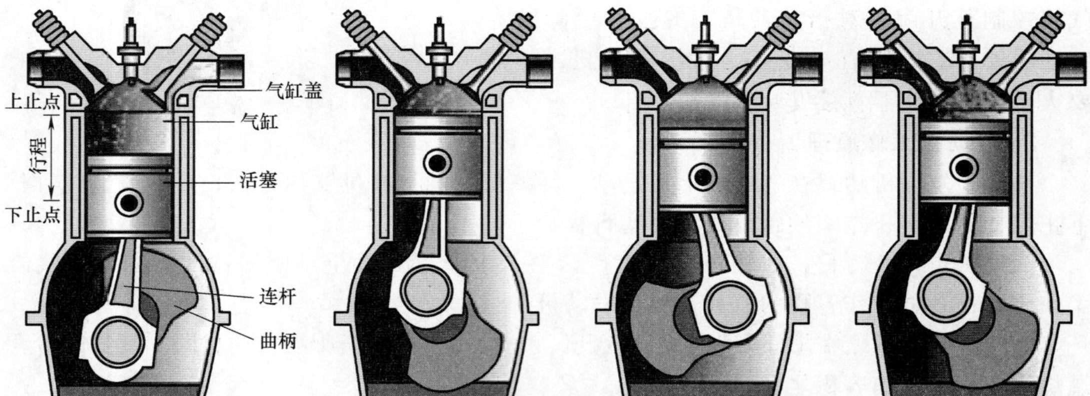

图 3-10　四冲程汽油机的工作原理示意图

四冲程柴油机的工作循环与汽油机类似，所不同的是在进气行程中，柴油机吸入的是新鲜空气，而不是空气与燃料的混合物。由于柴油不易蒸发，柴油是在压缩行程终了时用高压喷入燃烧室的。此外，柴油自燃温度低，加上柴油机压缩比高，因此无须使用火花塞点火。柴油发动机是靠压燃（自燃）着火的。

图 3-11　四缸发动机曲轴

3. 多缸发动机的结构与工作特点

车用发动机都是多缸发动机（简称“多缸机”）。多缸机由多个单缸机组成，但共用一个机体，一根曲轴，且曲轴的曲柄布置应该使各缸做功行程均匀分布在 720°曲轴转角内。

如四缸发动机曲轴（图 3-11）相邻工作缸的曲柄夹角为 180°，曲轴每转 180°便有一个气缸做功，其工作顺序有 1—3—4—2 和 1—2—4—3 两种，前者各缸的工作循环见表 3-1。

表 3-1　四缸发动机工作循环（做功顺序 1—3—4—2）

曲轴转角/(°)	1 缸	2 缸	3 缸	4 缸
0~180	做功	排气	压缩	进气
180~360	排气	进气	做功	压缩
360~540	进气	压缩	排气	做功
540~720	压缩	做功	进气	排气

4. 发动机分类

根据发动机的不同特征，汽车发动机可做表 3-2 所示的分类。

图 3-12　水平对置式发动机

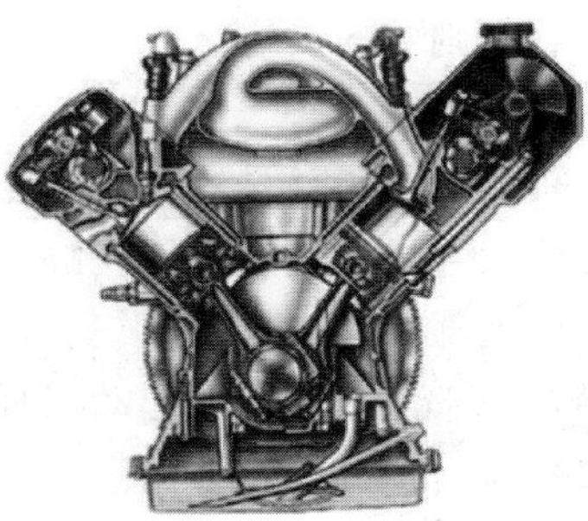

图 3-13　V 形发动机

表 3-2　汽车发动机的分类

分类方法	类　别	定　义
按冲程数分	二冲程发动机	活塞经过两个行程完成一个工作循环的发动机
	四冲程发动机	活塞经过四个行程完成一个工作循环的发动机
按着火方式分	点燃式发动机	需要用火花塞点火燃烧的发动机
	压燃式发动机	利用气缸内气体被压缩产生的高温引燃燃料的发动机

（续）

分类方法	类　别	定　义
按使用燃料分	液体燃料发动机	燃烧液体燃料（汽油、柴油、醇类等）的发动机
	气体燃料发动机	燃烧气体燃料（液化石油气、天然气等）的发动机
	多种燃料发动机	能够使用着火性能差异较大的两种或两种以上燃料的发动机
按进气状态分	非增压发动机	进入气缸前的空气或可燃混合气未经压气机压缩的发动机
	增压发动机	进入气缸前的空气或可燃混合气先经压气机压缩以增大充量密度的发动机
按冷却方式分	水冷式发动机	用水冷却气缸和气缸盖等零件的发动机
	风冷式发动机	用空气冷却气缸和气缸盖等零件的发动机
按气缸数分	单缸发动机	只有一个气缸的发动机
	多缸发动机	具有两个或两个以上气缸的发动机
按气缸中心线与水平面的夹角分	立式发动机	气缸中心线与水平面垂直的发动机
	斜置式发动机	气缸中心线与水平面呈一定角度的发动机
	卧式发动机	气缸中心线与水平面平行的发动机
多缸发动机按气缸间排列方式分	直列式发动机	气缸成一列布置的发动机
	水平对置式发动机	气缸呈两列布置，且两列气缸的中心线间夹角呈180°（图3-12）
	V形发动机	气缸呈两列布置，且两列气缸的中心线夹角呈V形（图3-13）

3.2.2　发动机总体构造

发动机是一部复杂的机器，不同类型或即使相同类型发动机，其具体结构也不尽相同，但其总体构造基本相似。通常汽油机是在机体组上安装1个机构（曲柄连杆机构）和6大系统（起动系统、点火系统、换气系统、燃料供给系统、润滑系统和冷却系统）；柴油机因没有点火系统则为5大系统。

1. 机体组件

发动机的机体组件是发动机的“骨架”，支承发动机的所有零部件。发动机机体组件主要由气缸体、气缸、气缸盖、气缸垫、曲轴箱和油底壳等组成（图3-14）。

气缸体上部加工有气缸，气缸是活塞运动和燃烧做功的场所，如果磨损严重，将导致发动机功率下降、油耗升高、起动困难。气缸体下部有曲轴支撑孔，曲轴运动的空间称为曲轴箱。在气缸体内部铸有许多加强肋、冷却水套和润滑油道等。

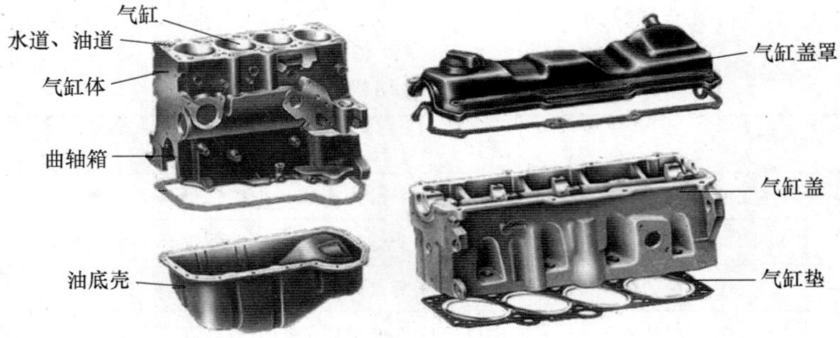

图3-14　发动机机体组件

气缸盖安装在气缸体上面，从上部密封气缸。气缸盖下端与活塞顶部和气缸壁共同构成燃烧室。气缸盖上装有进、排气门座和气门导管，用于安装进、排气门；还有进、排气道等。汽油机的气缸盖上加工有安装火花塞的孔，柴油机的气缸盖上则加工有安装喷油器的孔。顶置凸轮轴式发动机的气缸盖上还加工有凸轮轴轴承孔。

气缸垫安装在气缸盖和气缸体之间，其功用是保证气缸盖与气缸体接触面的密封，防止漏气、漏水和漏油。

2. 曲柄连杆机构

曲柄连杆机构的作用是将活塞顶的燃气压力转变为曲轴的转矩，输出机械能。其主要组成部件有活塞、活塞环、活塞销、连杆、曲轴以及飞轮等，如图 3-15 所示。

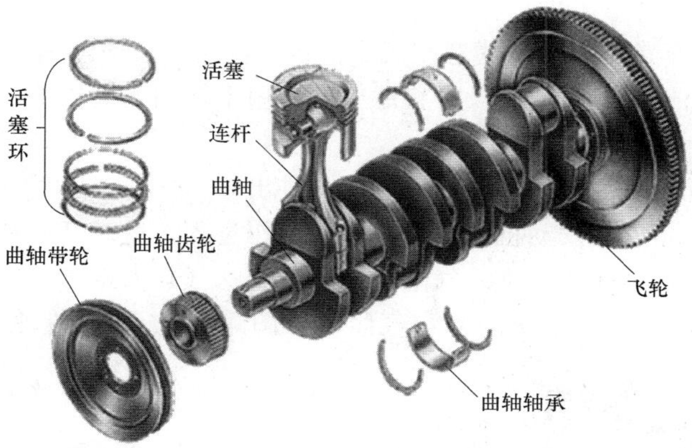

图 3-15 曲柄连杆机构

活塞一般采用高强度铝合金制造。顶部加工成各种形状，以促进可燃混合气形成和燃烧；头部加工有环槽，用以安装活塞环。

活塞环是具有弹性的开口环，有气环和油环之分。气环的作用是保证气缸与活塞间的密封性，防止漏气，并且把活塞顶部吸收的大部分热量传给气缸壁；油环起布油和刮油作用，下行时刮除气缸壁上多余的机油，上行时在气缸壁上铺涂一层均匀的油膜。这样既可以防止机油窜入气缸燃烧，又可以减少活塞、活塞环与气缸壁的摩擦阻力。

连杆用于连接活塞与曲轴，将活塞承受的气体作用力传给曲轴。连杆小头通过活塞销与活塞相连，大头一般都采用分开式，以方便与曲轴相连。

曲轴是发动机最重要的机件之一，它将发动机做功时的动力输出给汽车底盘，同时通过曲轴正时齿轮、带轮及链轮等驱动风扇、水泵、机油泵、发电机和空调压缩机等运转。

飞轮的作用是储存做功行程的能量，用以克服进气、压缩和排气行程的阻力及其他阻力，使曲轴能均匀地旋转。飞轮外缘压有齿圈，用以在起动发动机时与起动机的驱动齿轮啮合。

3. 换气系统

发动机换气系统的作用是按照发动机要求，定时开闭进、排气门，吸入干净空气，排出废气。换气系统主要由空气滤清器、进气管系统、排气管系统、配气机构（气门组件、凸轮轴、驱动机构）、排气消声器等组成，如图 3-16 所示。

空气滤清器的作用是滤除空气中的尘埃和油雾。空气中尘埃的 75% 以上是高硬度的 SiO_2，发动机不装空气滤清器，活塞与活塞环的磨损量将分别增加 3 倍和 9 倍，发动机寿命

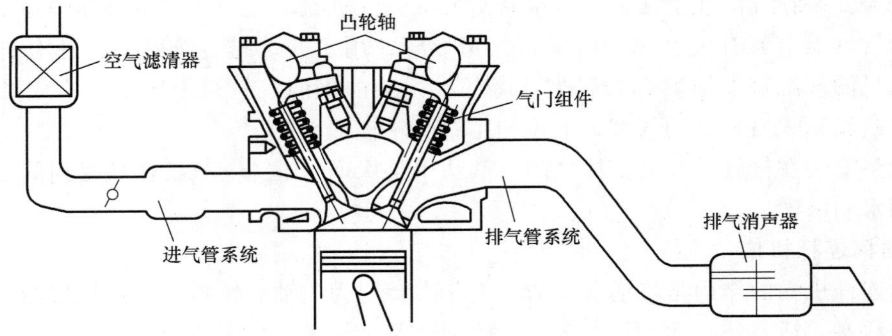

图 3-16 发动机换气系统

将缩短 2/3。现代轿车常用干式纸滤芯空气滤清器，使用一段时间后，滤芯外表面将集聚大量尘埃和杂质，增加进气阻力，应及时将滤芯取出用手轻拍或用压缩空气吹去积尘，若阻塞严重，应及时更换。

进、排气管系统的作用是引导气体的进入与排出。

配气机构的功用是根据发动机的工作顺序和工作过程，适时开启和关闭各气缸的进气门和排气门，使可燃混合气或空气进入气缸，并使废气从气缸内排出，实现换气。配气机构大多采用顶置气门式（图 3-17），其一般由气门组（图 3-18）、气门传动组和气门驱动组组成。

图 3-17 顶置气门式配气机构

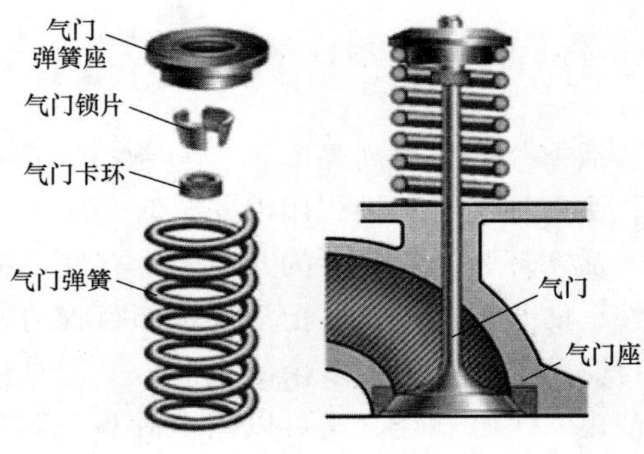

图 3-18 气门组

发动机工作时，通过正时带带动进、排气凸轮轴旋转。当进气凸轮轴某缸的进气凸轮克服气门弹簧力作用压下进气门时，进气门打开、开始进气；当进气凸轮轴转到凸轮的基圆段时，该进气门在气门弹簧作用下回位，关闭进气门，进气停止。排气门的开闭原理与进气门类似。

为使进气充分、排气彻底，进气门应在上止点前打开、下止点后关闭；而排气门应在下止点前打开、上止点后关闭。进、排气门实际开启和关闭的时刻以曲轴转角表示即配气定时，也称为配气相位。用环形图表示的配气相位称为配气相位图，如图 3-19 所示。

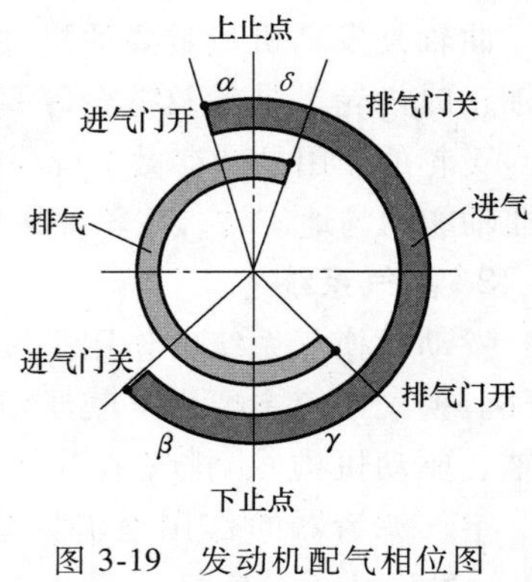

图 3-19 发动机配气相位图

传统的发动机配气相位角是无法改变的，但理想的配气相位角应随着发动机的转速、负荷及其他工况而改变。现代轿车发动机已有采用可变气门控制系统（见本书第 5 章），它可以提高发动机的动力性和经济性。

4. 燃料供给系统

汽油机燃料供给系统的功用是根据发动机运转工况的需要，向发动机供给一定数量的、清洁的、雾化良好的汽油，以便与一定数量的空气混合形成可燃混合气。同时，燃料供给系统还要储存相当数量的汽油，以保证汽车有相当远的续驶里程。

汽油机燃料供给系统主要由燃油箱、燃油泵、输油管、燃油滤清器、油压调节器、喷油器等组成，如图 3-20 所示。

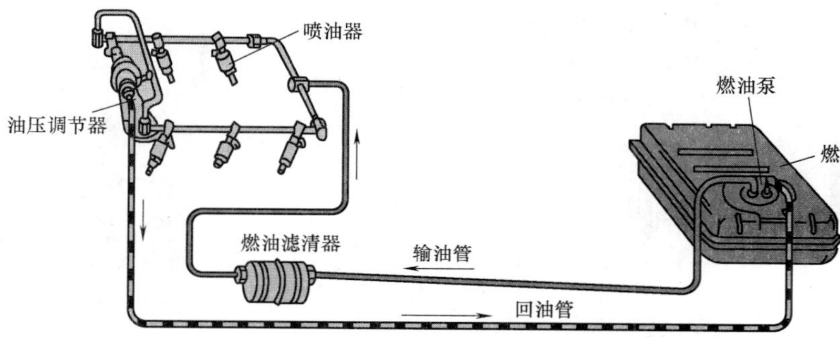

图 3-20　汽油机的燃料供给系统

柴油机燃料供给系统的功用是完成燃料的储存、滤清和输送工作，按柴油机不同工况的要求，定时、定量、定压地将雾化质量良好的柴油以一定的喷油规律喷入燃烧室，使其与空气迅速而良好地混合燃烧。

柴油机燃料供给系统主要由燃油箱、输油泵、燃油滤清器、喷油泵、喷油器等组成，如图 3-21 所示。

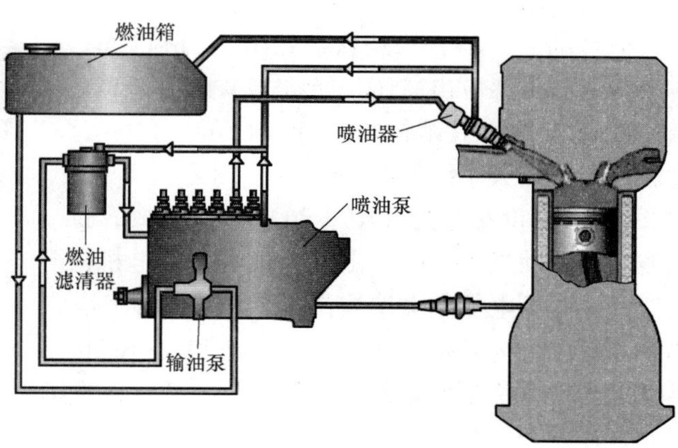

图 3-21　柴油机的燃料供给系统

5. 点火系统

在汽油机中，气缸内的可燃混合气是由电火花点燃的，为此在汽油机的气缸盖上装有火花塞，火花塞头部伸入燃烧室内。能够按时在火花塞电极间产生电火花的全部设备称为点火系统。

点火系统通常由电源、点火开关、点火线圈组件、分电器、火花塞等组成，如图 3-22 所示。

火花塞用来将高压电引入燃烧室，产生电火花，点燃混合气。普通型火花塞如图 3-23 所示，火花塞的下部装有中心电极和侧电极，两者之间的间隙称为火花塞间隙，一般为 0.6~0.8mm。间隙太小，则火花较弱，且容易因积炭产生漏电；间隙过大，所需击穿电压高，起动困难，且高速时易发生“缺火”现象。

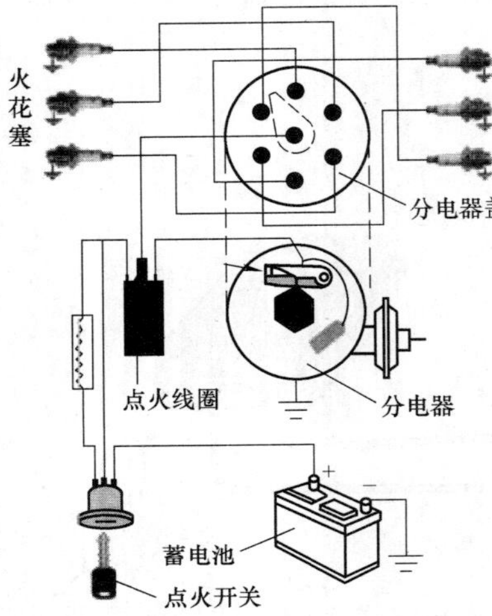

图 3-22　点火系统

图 3-23　普通型火花塞

分电器用来在发动机工作时接通与切断点火系统的一次电路，使点火线圈的二次绕组中产生高压电，并按要求的点火时刻与点火顺序，将点火线圈产生的高压电分配到相应气缸的火花塞上。

图 3-24　点火线圈的结构

点火线圈相当于一个自耦变压器，当一次绕组有电流通过时，通过互感和自感，二次绕组中便感应出高压，能将 12V 的低压直流电变换成 15~20kV 的高压直流电。其结构如图 3-24 所示。

点火开关用来接通和断开点火系统的电源。

电源由蓄电池（图 3-25）和发电机（图 3-26）并联组成，供给点火系统所需的电能。在发动机工作时，由发动机带动发电机向汽车用电设备提供电能，并向蓄电池充电。当汽车上的用电设备耗电量过大，所需功率超过发电机的额定功率时，蓄电池和发电机同时向全部用电设备供电。当发电机不发电或发出的电压很低时，汽车用电设备所需的电能完全由蓄电池供给。因此，在发动机起动时，起动机、点火系统、仪表等主要用电设备所需电能全部由蓄电池供给。

6. 润滑系统

发动机润滑系统（图 3-27）的功用是向做相对运动的零件表面输送定量的清洁润滑油，以实现液体摩擦，减小摩擦阻力，减轻机件的磨损，并对零件表面进行清洗和冷却。

润滑系统通常由油底壳、机油集滤器、机油泵、机油滤清器和润滑油道等组成。

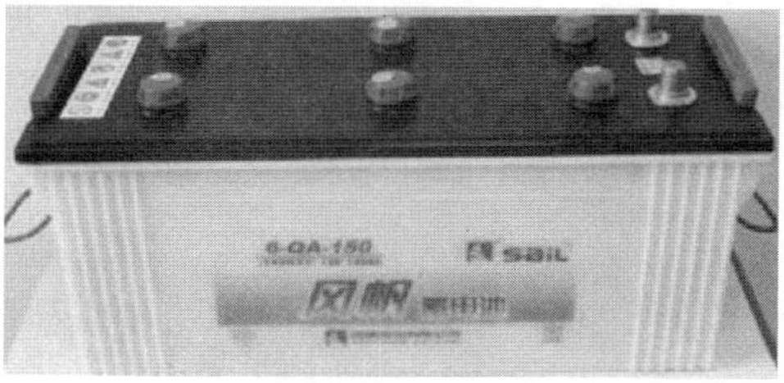

图 3-25　蓄电池

图 3-26　发电机

润滑系统的润滑方式主要有 3 种：压力润滑、飞溅润滑和润滑脂润滑。压力润滑是以一定的压力将润滑油供入摩擦表面的润滑方式，主要用于曲轴主轴承、连杆轴承及凸轮轴轴承等负荷较大的摩擦表面的润滑。飞溅润滑是利用发动机工作时运转零件撞击机油飞溅起来的油滴或油雾润滑摩擦表面的润滑方式，主要用于负荷较轻的气缸壁面和配气机构的凸轮、挺柱、气门杆和摇臂等零件的工作表面的润滑。润滑脂润滑是通过定期加注润滑脂来润滑零件工作表面的方式，如水泵及发电机轴承等。

图 3-28 所示为发动机润滑油路。发动机工作时，润滑油从油底壳经集滤器被机油泵送入机油滤清器，过滤后进入发动机主油道，然后进入各分油道，继而到达各机件表面进行润滑。润滑后的机油再经各种途径回流（落）到油底壳。在这里，集滤器的主要作用是防止较大的机械杂质进入机油泵。粗滤器的作用是进一步滤去机油中粒度较大的杂质，通常串联在机油泵与主油道之间。细滤器用来清除机油中细小的杂质，由于其对机油的流动阻力较大，通常并联于主油道安装。

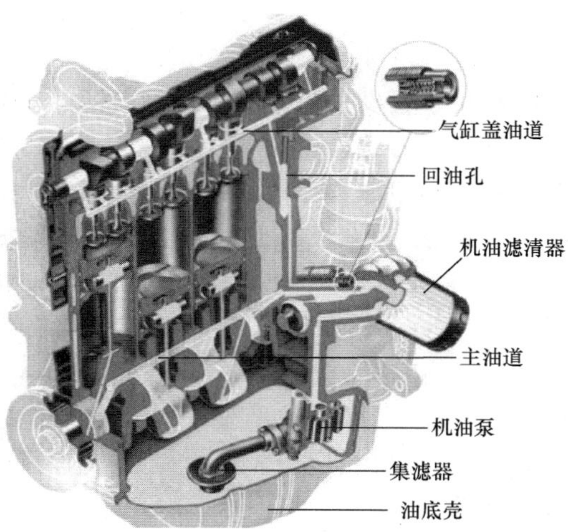

图 3-27　发动机润滑系统

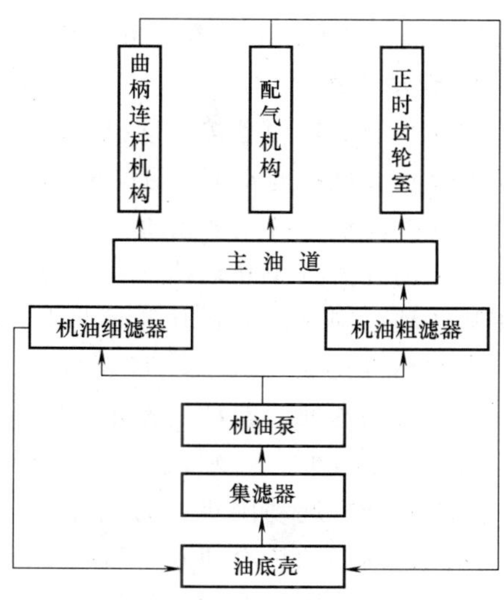

图 3-28　发动机润滑油路

7. 冷却系统

发动机冷却系统的功用是将受热零件吸收的部分热量及时散发出去，保证发动机在最适宜的温度状态下工作。现代汽车发动机采用的冷却系统都是强制循环水冷系统，即利用水泵提高冷却液的压力，强制冷却液在发动机中循环流动。它通常由冷却水泵、风扇、节温器、散热器和冷却水道等组成，如图 3-29 所示。节温器（图 3-30）安装在发动机水套的出水口处，它可自动控制通向散热器和水泵的两个冷却水通路，以调节冷却强度。

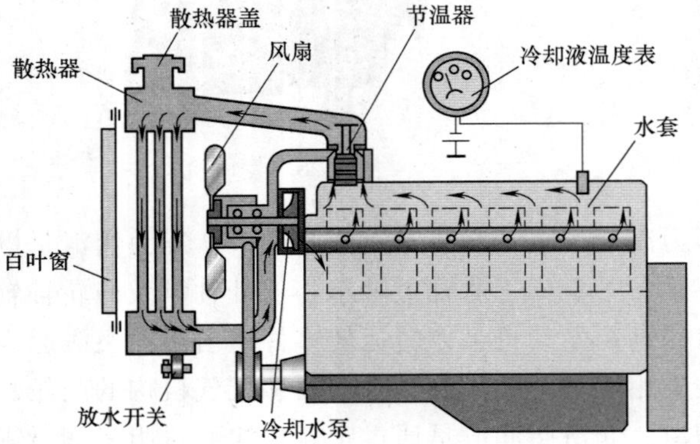

图 3-29　发动机冷却系统

图 3-30　节温器

发动机工作时，动力经曲轴带轮带动风扇和水泵运转。当冷却液温度较低时，节温器主阀门关闭，副阀门打开，冷却液经冷却水泵→发动机水套→节温器副阀门→冷却水泵，形成小循环；当冷却液温度高到一定值时，节温器主阀门打开，冷却液经冷却水泵→发动机水套→节温器主阀门→散热器→冷却水泵，形成大循环，由于冷却液经过散热器冷却，温度下降，防止发动机过热。

现代汽车的冷却液普遍以乙二醇为基料，再根据相关要求增加各种添加剂，一般可使其冰点在-25℃以下，沸点在 106℃以上。

8. 起动系统

起动系统的功用是按发动机要求，提供一定的转矩，使发动机达到规定的转速，顺利完成起动过程。低温起动时，还应进行预热起动。

发动机起动系统主要由蓄电池、起动开关和起动机等组成，如图 3-31 所示。

当起动开关置于起动档“Start”时，首先接通起动控制电路，蓄电池电流流入起动机，并使其转动。同时，电磁开关还将驱动齿轮向外推出与发动机飞轮相啮合，带动发动机转动。当发动机完成点火后，驾驶员及时将起动开关转到点火档“IG”，切断起动机控制电路，驱动齿轮退回，起动机停止运转。

低温严寒气候，燃料汽化及燃烧困难（尤其是柴油），机油黏度变大，蓄电池能量下降，造成发动机起动困难。为确保发动机顺利起动，需采取相应措施，常见措施有预热空气、预热机油、预热冷却液、喷起动液以及减压起动等。

目前普遍使用的发动机预热方法是采用对进入发动机的空气进行预热，也可以采用喷起动液的方法帮助起动。起动液（图 3-32）是由易燃燃料组成的，与压缩氮气一起储存在专用喷射罐内。使用时，取下空气滤清器（有的发动机设有起动液喷嘴），将喷射罐出口对准发动机进气管按压喷射。

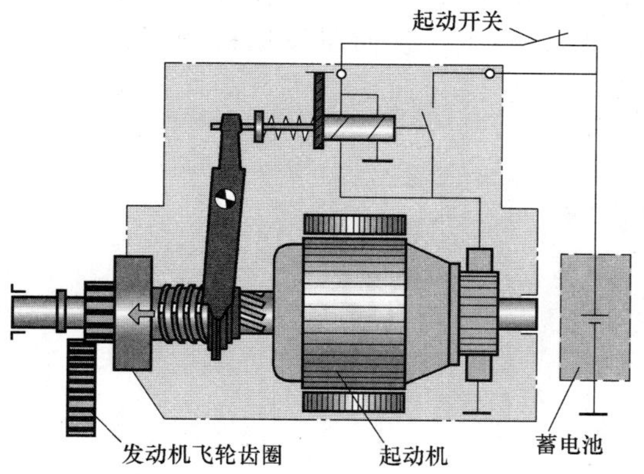

图 3-31　发动机起动系统

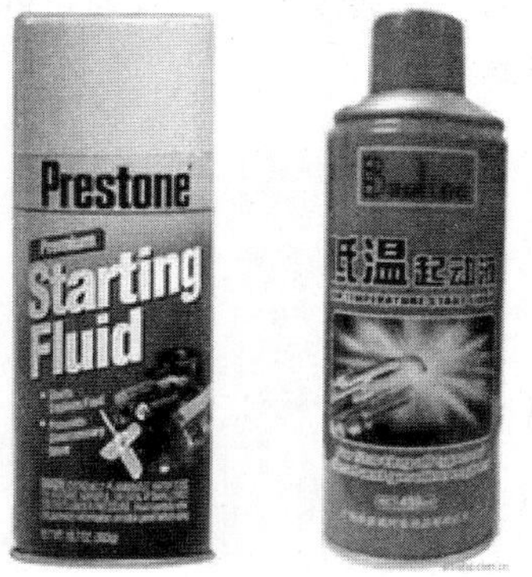

图 3-32　起动液

3.3　汽车底盘

汽车底盘接受发动机的动力，使汽车正常行驶。它一般由传动系统、行驶系统、转向系统和制动系统四大系统组成。

3.3.1　传动系统

传动系统的功用是将发动机发出的动力传给驱动轮，并实现减速增矩等功能。机械式传动系统包括离合器、变速器、万向节、传动轴和驱动桥（包括主减速器、差速器、半轴等），如图 3-33 所示。

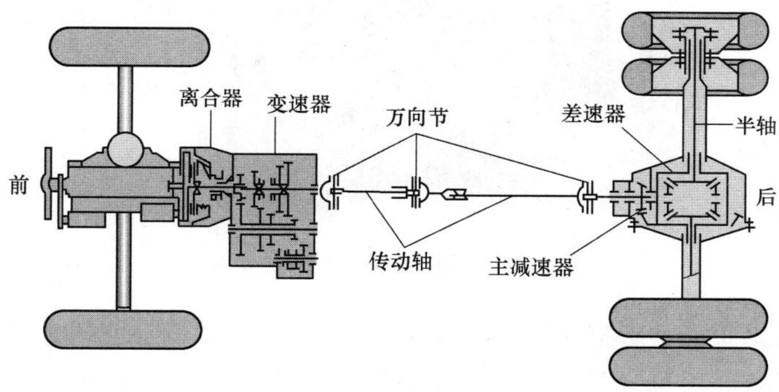

图 3-33　汽车传动系统

1. 离合器

离合器的功用是分离和接合发动机的动力，保证汽车平稳起步，使换档时工作平顺，防止传动系统过载。

汽车上广泛采用的是摩擦式离合器，其基本结构及工作原理如图 3-34 所示，主要由主动部分（飞轮、压盘）、从动部分（从动盘）、压紧机构（压紧弹簧）和分离机构（分离轴承）四部分组成。图 3-34 中的压紧弹簧为膜片弹簧，其结构如图 3-35 所示。

当离合器踏板未踩下时，从动盘在膜片弹簧作用下压紧在飞轮端面。分离轴承与膜片弹簧间有一自由间隙。发动机工作时，依靠从动盘摩擦片与飞轮端面间的摩擦力，将飞轮的动力传给从动盘。从动盘通过花键毂套在变速器的输入轴上，从而将发动机的动力传给了变速器。

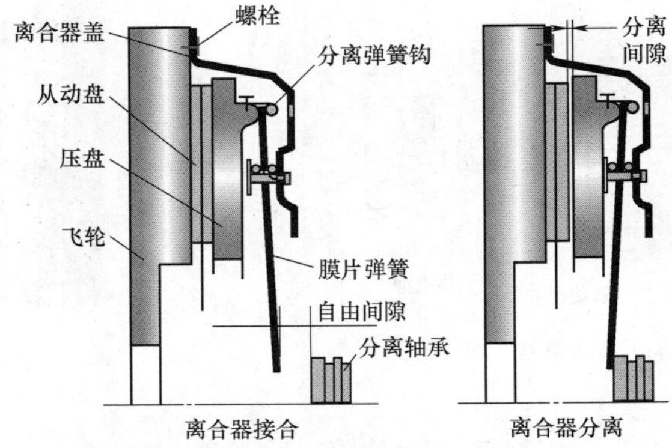

图 3-34　摩擦式离合器的基本结构及工作原理

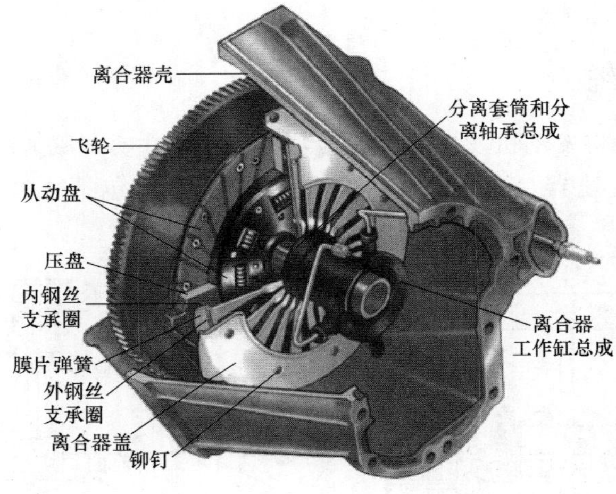

图 3-35　膜片弹簧离合器的结构

当踩下离合器踏板时，分离轴承向左移动按压膜片弹簧，膜片弹簧带着压盘右移，使得从动盘与压盘和飞轮间出现分离间隙，从而切断了发动机向变速器的动力传递。

2. 变速器

变速器的功用是改变汽车的行驶速度，实现倒车和利用空档切断离合器与传动轴之间的动力传递，以便汽车换档、发动机起动及怠速运转。

变速器按操纵方式可分为手动变速器和自动变速器。手动变速器依靠驾驶员操纵变速杆进行换档，换档机构简单，工作可靠，但操作复杂。自动变速器能根据汽车的运行状况自动换档，没有离合器，通过加速踏板控制车速，操作简单，但结构复杂。

图 3-36 所示为齿轮传动原理，即一对齿数不同的齿轮啮合传动时可以变速变矩。主动齿轮转速与从动齿轮转速的比值称为传动比。小齿轮带动大齿轮时实现减速传动，反之实现增速传动。汽车手动变速器通过多对不同齿数和大小的齿轮啮合来实现传动比的变化。变速

器传动比小的档位称为高速档，传动比大的档位称为低速档。图 3-37 所示为手动变速器的结构图。

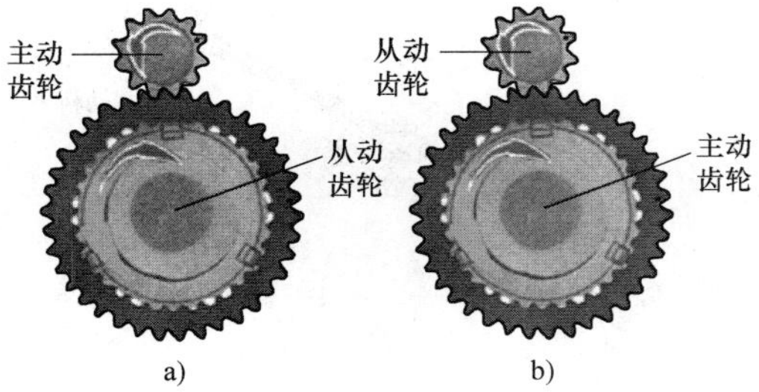

图 3-36　齿轮传动原理

a）减速传动　b）增速传动

图 3-37　手动变速器的结构图

目前多数轿车已采用电子控制自动变速器，它主要由液力变矩器、行星齿轮变速器、液压控制系统、自动变速器 ECU 和各种传感器组成，如图 3-38 所示。工作时，自动变速器 ECU 根据驾驶员踩加速踏板（发动机的节气门位置）、汽车车速等各种传感器发送的信息，发出换档等控制信号，通过各种电磁阀实现自动换档。

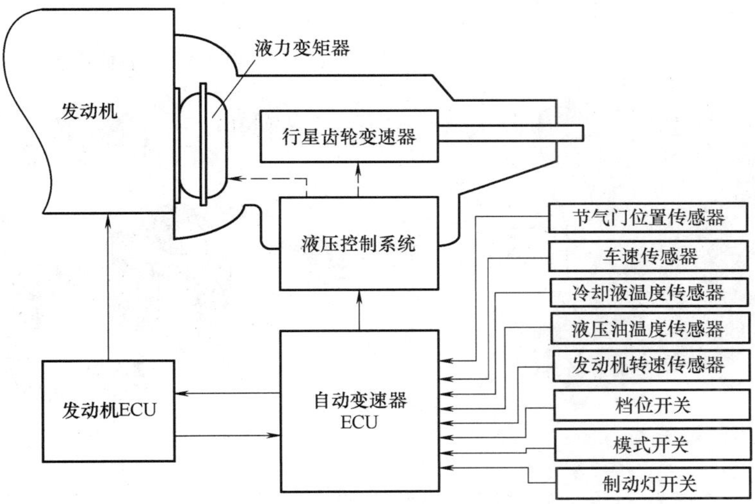

图 3-38　电子控制自动变速器

3. 万向传动装置

万向传动装置的功用是在轴线相交且相对位置经常发生变化的两轴间传递动力。其主要应用于变速器与驱动桥之间（图 3-39），分动器与变速器之间或驱动桥之间（图 3-40），以及在转向驱动桥和某些汽车的转向操纵机构中。

万向传动装置一般由万向节和传动轴组成，当传动距离较远时，还需采用分段式传动轴，在中部加装中间支承。

4. 驱动桥

驱动桥的功用是减速增矩，并协助转向。其主要组成有主减速器、差速器、半轴和驱动桥壳等，如图 3-41 所示。

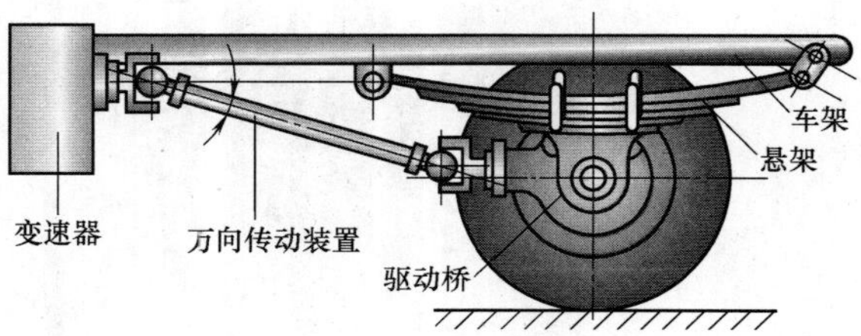

图 3-39　变速器与驱动桥之间的万向传动装置

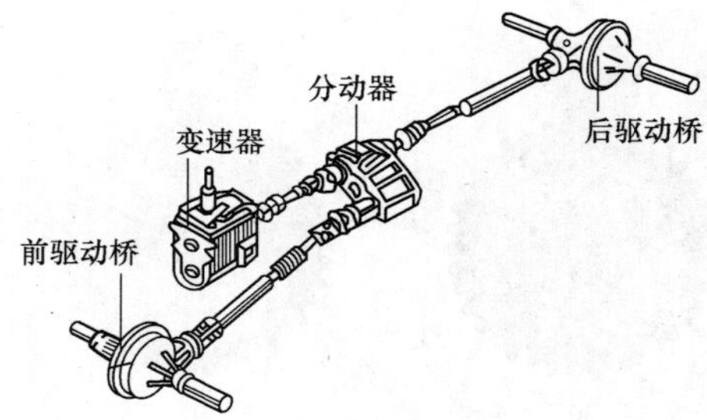

图 3-40　分动器与变速器或驱动桥之间的万向传动装置

主减速器一般由一对传动比较大的准双曲面齿轮组成，其功用是将万向传动装置传来的转矩增大，并降低转速。

汽车转弯行驶时，内外两侧车轮在同一时间内要移动不同的距离，外轮移动的距离比内轮大，这就意味着汽车在转弯时，左右两侧车轮的转速必须不等。差速器就是实现汽车转弯行驶时左、右车轮以不同转速旋转的装置，其结构如图 3-42 所示。

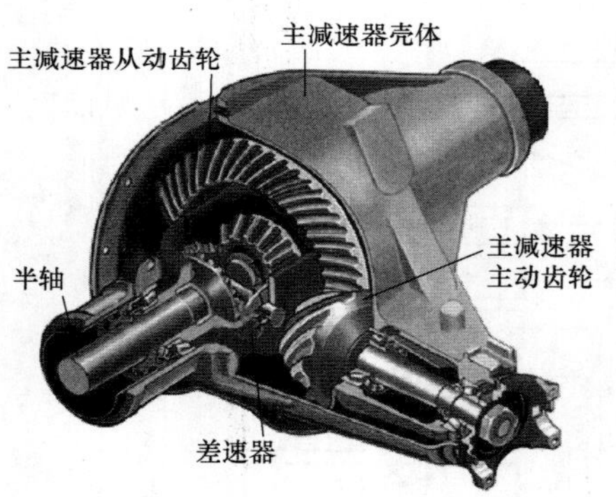

图 3-41　驱动桥

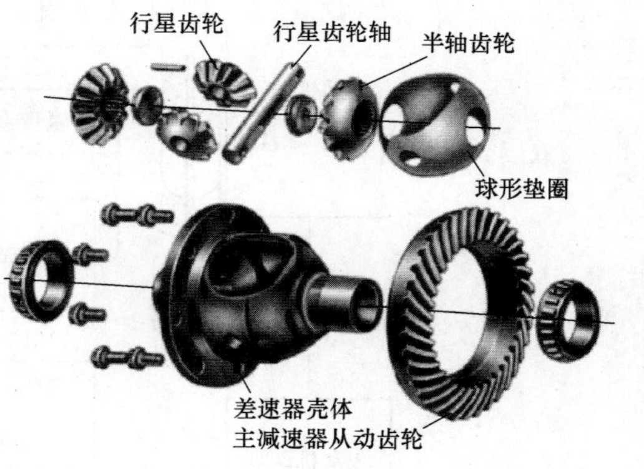

图 3-42　差速器的结构

半轴是一根在差速器和驱动轮之间传递动力的实心轴，其内端一般制有外花键与半轴齿轮连接，外端与驱动轮的轮毂相连。

3.3.2　行驶系统

汽车行驶系统的功用是保证汽车的正常行驶，并对全车起支承作用，它由车轮总成、车桥、悬架和车架等组成，如图 3-43 所示。

1. 车轮总成

车轮与轮胎（图 3-44）组成车轮总成，其功用是支承整车，缓和来自路面的冲击力，产生驱动力、制动力和侧向力，产生回正力矩等。

车轮是介于轮胎和车轴之间承受负荷的旋转组件，主要由轮辋和轮毂组成。轮辋用于安装轮胎，轮毂是介于车轴和轮辋之间的支承部分。车轮可按轮毂的构造不同分为辐板式和辐条式两种，也可按车轴一端安装的轮胎数目不同，分为单式车轮和双式车轮。

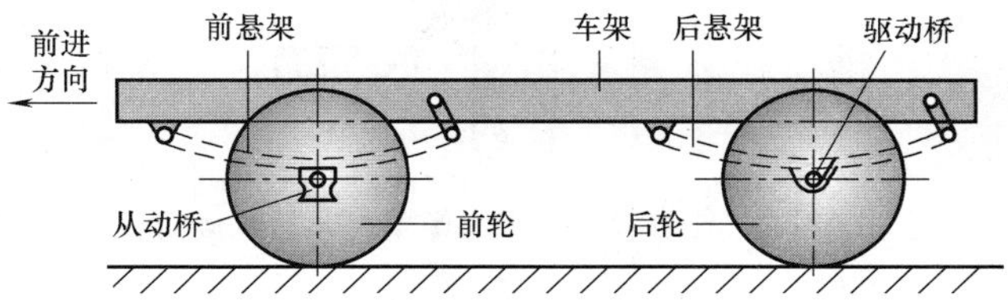

图 3-43　汽车行驶系统

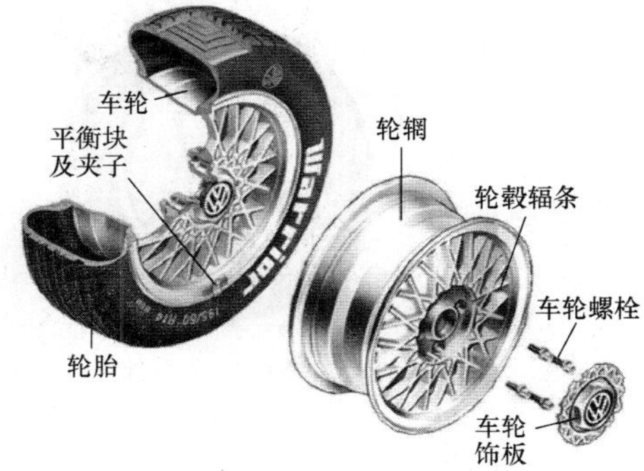

图 3-44　车轮与轮胎

汽车轮胎按胎体结构的不同可分为充气轮胎和实心轮胎。现代汽车绝大多数采用充气轮胎。充气轮胎按组成结构的不同，又分为有内胎轮胎和无内胎轮胎两种。充气轮胎按胎体中帘线排列方向的不同，还可分为普通斜交轮胎和子午线轮胎。

2. 车桥

车桥通过悬架与车架（或承载式车身）相连，两端安装车轮。车桥的功用是传递车架（或承载式车身）与车轮之间各方向的作用力及其力矩。

车桥按悬架结构的不同可分为整体式和断开式两种。当采用非独立悬架时，车桥中部是刚性的实心或空心梁，这种车桥即整体式；断开式车桥为活动关节式结构，与独立悬架配用。根据车桥上车轮的作用，车桥又可分为支持桥、转向桥、驱动桥和转向驱动桥（图 3-45）四种类型。

3. 转向轮定位参数

转向桥在保证汽车转向功能的同时，应使转向轮具有自动回正作用，以保证汽车稳定的直线行驶功能。这种自动回正作用是由转向轮的定位参数来保证实现的。转向轮的定位参数有主销后倾角、主销内倾角、前轮外倾角和前轮前束。

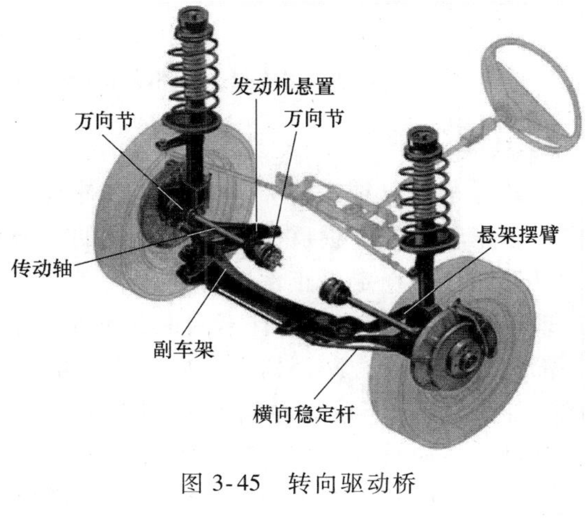

图 3-45　转向驱动桥

在汽车的纵向平面内（汽车的侧面），转向主销上部向后倾斜一个角度 α，该角即主销后倾角（图 3-46）。在汽车的横向平面内（汽车的前后方向），转向主销上部向内倾斜一个角度，主销轴线与铅垂线之间的夹角 β 称为主销内倾角（图 3-47）。在汽车的横向平面内，车轮中心平面向外倾斜一个角度 γ（图 3-47），称为车轮外倾角。俯视车轮，汽车的两前轮并不完全平行，在通过两前轮中心的水平面内，两前轮的前边缘距离 B 小于两前轮后边缘距离 A，AB 之差称为前轮前束（图 3-48）。

对于后轮，有时也设定车轮外倾角和前束值。这些车轮定位参数，在汽车使用过程中，由于车架和悬架的变形而在不断地发生变化，应定期在四轮定位仪上进行检查调整。

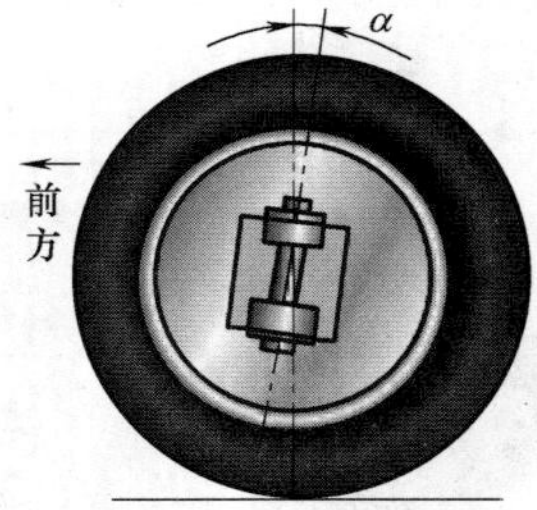

图 3-46 主销后倾角

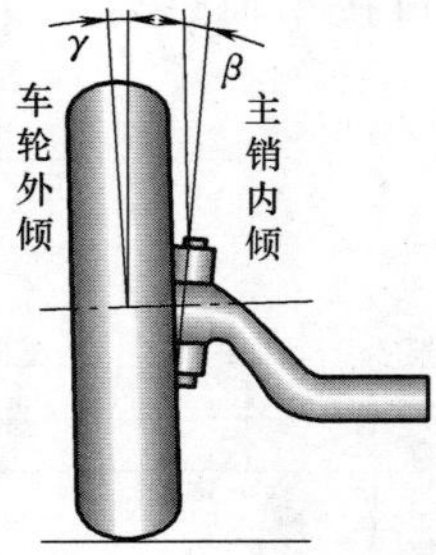

图 3-47 主销内倾角与车轮外倾角

4. 车架

车架的功用主要是支承连接汽车的各零部件，承受来自车内外的各种载荷。现代许多轿车和大客车上没有车架，车架的功能由轿车车身或大客车车身骨架承担，故称其为承载式车身。

车架主要有边梁式车架、中梁式车架（也称为脊骨式车架）和综合式车架三种，如图3-49所示。

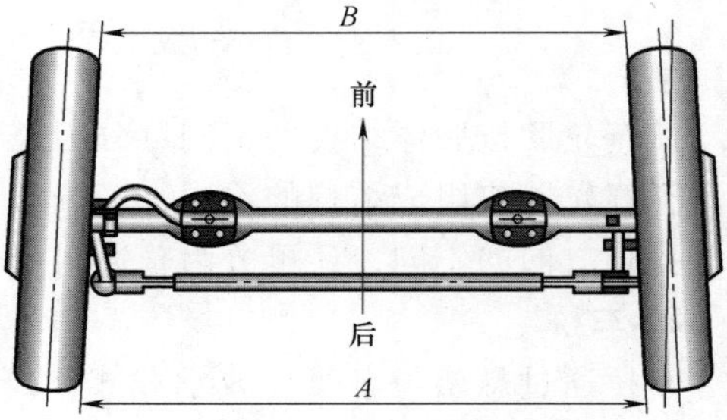

图 3-48 前轮前束

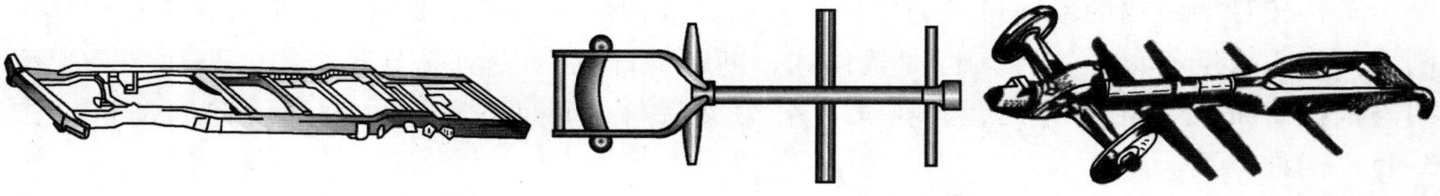

图 3-49 汽车车架类型

a）边梁式车架 b）中梁式车架（也称为脊骨式车架） c）综合式车架

5. 悬架

悬架是车架（或车身）与车桥（或车轮）间所有传力连接装置的总称。其作用是把路面作用于车轮上的各种反力及其所造成的力矩传递到车架（或车身）上，同时减少汽车振动，以保证汽车稳定、正常地行驶。

现代汽车的悬架尽管有不同的结构形式，但是都由弹性元件、减振器和导向机构三部分组成，如图 3-50 所示。在轿车和客车上，为防止车身在转向行驶等情况下发生过大的横向倾斜，在悬架中还设有辅助弹性元件——横向稳定器。

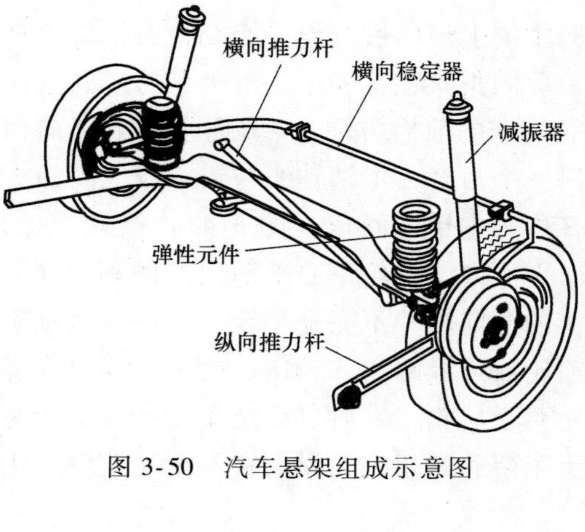

图 3-50 汽车悬架组成示意图

悬架可分为非独立悬架和独立悬架两大类，如图 3-51 所示。非独立悬架的特点是，两侧车轮通过整体式车桥相连，车桥通过悬架与车架或车身相连。如果行驶中路面不平，一侧车轮被抬高，整体式车桥将迫使另一侧车轮产生运动。独立悬架的特点是，车桥是断开的，每一侧车轮单独地通过悬架与车架（或车身）相连，每一侧车轮可以独立跳动。

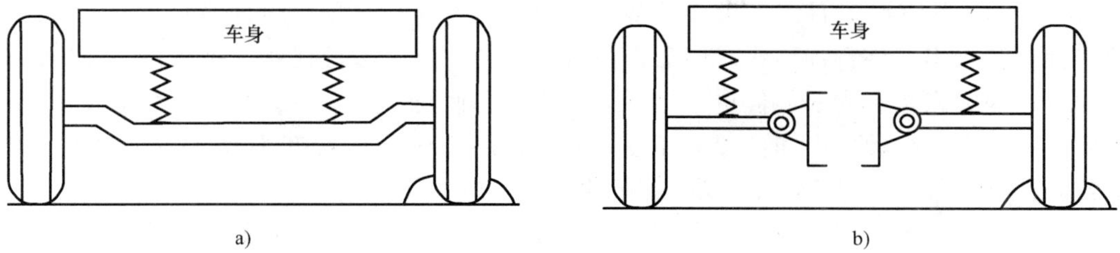

图 3-51　汽车悬架类型

a）非独立悬架　b）独立悬架

3.3.3　转向系统

汽车转向系统的功用是保证汽车能按驾驶员的意愿进行直线或转向行驶。

汽车转向系统按转向能源的不同分为机械转向系统和动力转向系统两大类。机械转向系统以驾驶员的体力作为转向能源，其中所有传力件都是机械的。动力转向系统是兼用驾驶员体力和发动机（或电动机）的动力作为转向能源的转向系统。

1. 汽车转向原理

汽车转向行驶时，为避免车轮相对地面滑动产生附加阻力，以及减轻轮胎磨损，要求转向系统能保证所有车轮均做纯滚动，即所有车轮轴线的延长线都相交于一点 O，如图 3-52 所示。

分析图 3-52 可知，所有刚性车轮做纯滚动的条件是：

$$\cot\alpha=\cot\beta+\frac{B}{L}$$

式中，α、β 分别为外侧和内侧转向轮的偏转角；B 为左右两侧主销轴线与地面相交点之间的距离；L 为汽车轴距。

2. 机械转向系统

机械转向系统主要由转向操纵机构、转向器和转向传动机构组成，如图 3-53 所示。

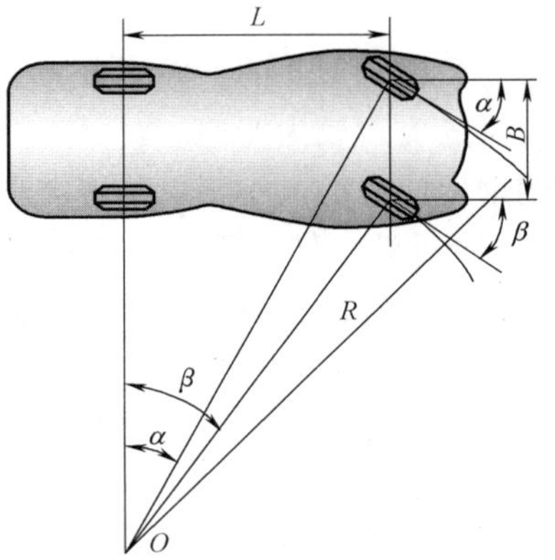

图 3-52　双轴汽车转向分析

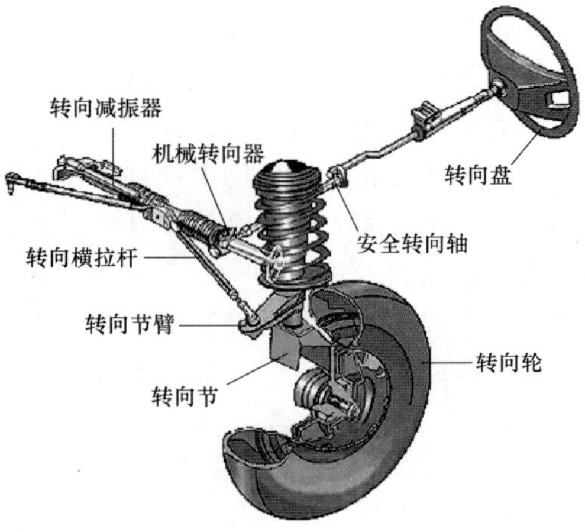

图 3-53　机械转向系统

（1）转向操纵机构 转向盘到转向器之间的所有零部件总称为转向操纵机构，它们将驾驶员的操纵力传给转向器。

由于转向系统各传动件之间存在着装配间隙，所以在转向盘转动过程的开始阶段，有一段转向盘空转行程，该行程称作转向盘自由行程。转向盘自由行程对于缓和路面冲击，避免使驾驶员过度紧张是有利的，但也不宜过大，否则将使转向灵敏性下降。一般来说，转向盘从相应于汽车直线行驶的中间位置向任一方向的自由行程最好不超过 15°。当零件磨损严重到使转向盘自由行程超过 30°时，必须进行调整。

（2）转向器 转向器是转向系统中的减速增矩装置，并改变转向力矩的传动方向。

根据传动副结构形式的不同，转向器可分为很多种，目前在汽车上广泛采用的有齿轮齿条式转向器、循环球式转向器和蜗杆曲柄指销式转向器等几种，其结构示意图如图 3-54 所示。

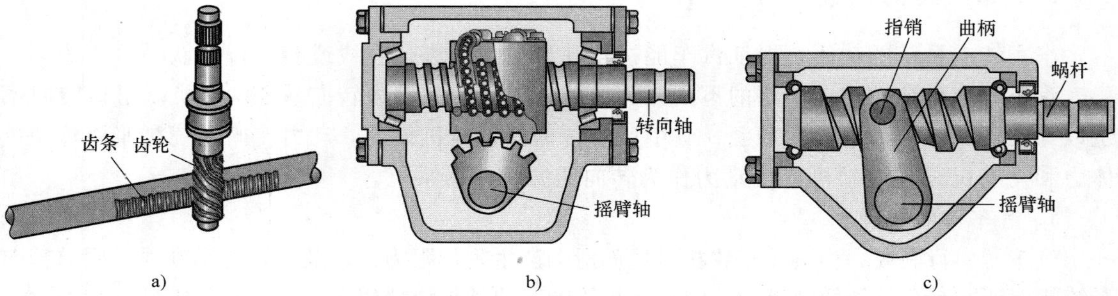

图 3-54 几种转向器的结构示意图

a）齿轮齿条式转向器 b）循环球式转向器 c）蜗杆曲柄指销式转向器

（3）转向传动机构 从转向器到转向轮之间的所有传动杆件总称为转向传动机构。转向传动机构的功用是将转向器输出的力和运动传到转向桥两侧的转向节，使转向轮偏转，并使两转向轮偏转角按一定关系变化，以保证汽车转向时车轮与地面的相对滑动尽可能小。

3. 动力转向系统

动力转向系统是将发动机输出的部分机械能转化为压力能（或电能），并在驾驶员控制下，对转向传动机构或转向器中某一传动件施加辅助作用力，使转向轮偏摆，以实现汽车转向的一系列装置。

动力转向系统由机械转向器和转向加力装置组成。根据助力能源形式的不同可分为液压助力、气压助力和电动机助力三种类型，其中液压助力转向系统应用较为普遍。

在传统液压助力转向系统的基础上加装电控系统，使辅助转向力的大小不仅与转向盘的转角增量（或角速度）有关，还与车速有关，就形成了电控液压助力转向系统。电控液压助力转向系统可使汽车在静止或低速行驶时，转向所需操纵力小，转向轻便；而在中高速行驶时，转向操纵力稍大，增加驾驶员的“路感”，提高操纵稳定性，保证高速行车的安全。

3.3.4 制动系统

驾驶员能根据道路和交通情况，利用装在汽车上的一系列专门装置，迫使路面在汽车车轮上施加一定的与汽车行驶方向相反的外力，对汽车进行一定程度的强制制动。这种可控制的对汽车进行制动的外力称为制动力，用于产生制动力的一系列专门装置称为制动系统。

1. 制动系统基本组成

汽车制动系统由供能装置、控制装置、传动装置和制动器四个基本单元组成，如图 3-55所示。

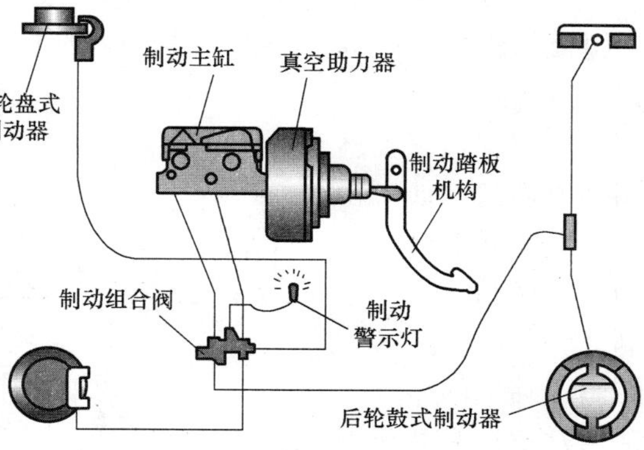

图 3-55　制动系统基本组成

供能装置包括供给、调节制动所需能量以及改善传能介质状态的各种部件。其中产生制动能量的部分称为制动能源。

控制装置包括产生制动动作和控制制动效果的各种部件，如制动踏板、制动阀等。

传动装置包括将制动能量传输到制动器的各个部件，如制动主缸和制动轮缸等。

制动器是产生制动摩擦力矩的部件。目前车用制动器主要有鼓式和盘式两种，其结构如图 3-56 所示。

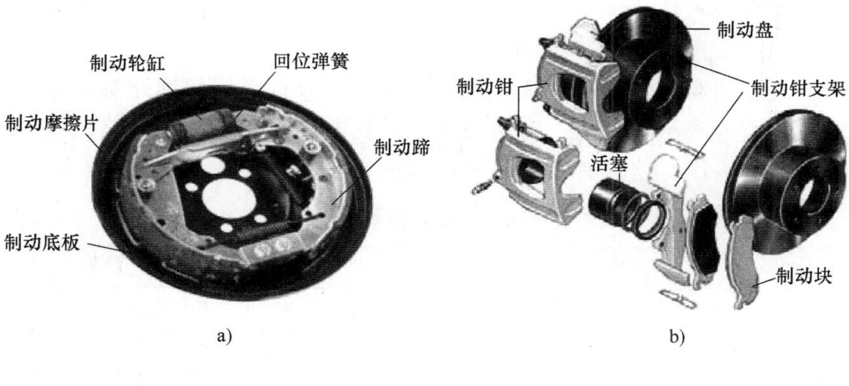

图 3-56　制动器结构

a）鼓式制动器　b）盘式制动器

较为完善的制动系统还具有制动力调节装置、报警装置、压力保护装置等附加装置。

2. 制动系统工作原理

图 3-57 所示为基于鼓式制动器的制动系统工作原理图。制动系统不工作时，制动鼓的内圆面与制动蹄摩擦片的外圆面之间保留有一定的间隙，使制动鼓可以随车轮自由旋转。制动时，驾驶员踩下制动踏板 1，推杆 2 便推动主缸活塞 3，使制动主缸 4 中的油液以一定压力流入制动轮缸 6，通过轮缸活塞 7 使两制动蹄 10 的上端向外张开，从而使摩擦片压紧在制动鼓的内圆面上。这样，不旋转的制动蹄就对旋转着的制动鼓产生一个摩擦力矩 M_{μ}，方向与车轮旋转方向相反，迫使车轮停止转动。当松开制动踏板时，制动蹄回位弹簧 13 将制动蹄拉回原位，制动作用即行解除。

基于盘式制动器的制动系统工作原理与此类似。制动时，制动钳内的制动活塞（图3-56b）在液压力作用下推动制动块压靠到制动盘表面，将制动盘的两侧面压紧，实现车轮制动。

制动器在不工作时，制动蹄上的摩擦片与制动鼓之间的间隙通常被称作制动间隙。制动间隙应合适，如果过小，就不易保证彻底解除制动，造成摩擦片拖磨；如果过大，又将使制动踏板行程太长，同时也会推迟制动器开始起作用的时刻。由于摩擦片与制动鼓间的摩擦磨损，制动器的制动间隙会变大，制动距离将变长，因此应定期对制动间隙进行检查调整。

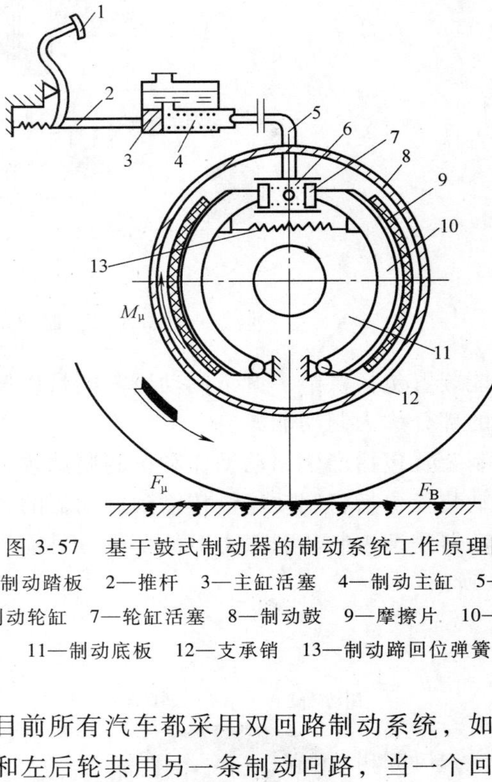

图 3-57 基于鼓式制动器的制动系统工作原理图

1—制动踏板 2—推杆 3—主缸活塞 4—制动主缸 5—油管 6—制动轮缸 7—轮缸活塞 8—制动鼓 9—摩擦片 10—制动蹄 11—制动底板 12—支承销 13—制动蹄回位弹簧

3. 制动系统分类

汽车制动系统通常可按表 3-3 所列方法进行分类。早前还按制动回路将制动系统划分为单回路和双回路制动系统，但目前所有汽车都采用双回路制动系统，如轿车的左前轮和右后轮共用一条制动回路、右前轮和左后轮共用另一条制动回路，当一个回路失效时，另一个回路仍能工作，这样有效提高了汽车的行车安全性。

表 3-3 汽车制动系统分类

分类方法	类　型	特　点
按功用分类	行车制动系统	使行驶中的汽车减速甚至停车
	驻车制动系统	使已停驶的汽车驻留原地不动
	应急制动系统	在行车制动系统失效时保证汽车仍能实现减速或停车
	辅助制动系统	在汽车下长坡或在山区行驶时能够稳定车速
按制动能源分类	人力制动系统	以驾驶员的肌体作为唯一制动能源
	动力制动系统	完全依靠发动机动力转化成的气压或液压进行制动
	伺服制动系统	兼用人力和发动机动力进行制动

（续）

分类方法	类　型	特　点
按制动能量传输方式分类	机械式制动系统	以机械传输制动能量
	液压式制动系统	以液压传输制动能量
	气压式制动系统	以气压传输制动能量
	电磁式制动系统	以电磁力传输制动能量
	组合式制动系统	多种制动能量传输方式的综合，如气顶液制动系统

3.4　汽车车身与电器设备

汽车车身是驾驶员的工作场所，也是容纳乘客和装载货物的场所。车身应为驾驶员提供方便的操作条件，为乘客提供舒适安全的环境，以及保证货物完好无损且装卸方便。轿车、客车的车身一般由整体式外壳和一些附件构成，货车车身一般由驾驶室和货箱两部分组成。

汽车车身结构包括车身壳体、车前板制件、车门、车窗、车身外部装饰件和内部覆盖件、座椅以及通风、暖气、空调装置等。

3.4.1　车身壳体与开启件

1. 车身壳体

车身壳体是一切车身零部件的安装基础，通常指纵、横梁和支柱等主要承力元件以及与它们相连的板制件共同组成的刚性空间结构。

车身壳体按受力情况可分为非承载式车身、半承载式车身和承载式车身三种。

非承载式车身的特点是保留车架，车身与车架通过弹簧或橡胶柔性连接。车架的刚度大，它承受发动机及底盘各部件的重力以及它们工作时通过支架传递的力、汽车行驶时由路面通过悬架传来的力。车身只承受本身重力、所装载的客货重力以及汽车行驶时所引起的惯性力和空气阻力。

半承载式车身的特点是保留车架，车身与车架刚性连接，车身除承受非承载式中所述各载荷外，还分担车架的部分载荷。车身对车架有加固作用。

承载式车身的特点是无车架，车身作为发动机和底盘各总成的安装基础，上述各种载荷均由车身承受。

为了省去笨重的车架而使汽车轻量化，绝大多数轿车车身都采用承载式结构(图3-58)。其特点是车身没有明显的骨架，车身是由外部覆盖件和内部板件焊合而成的空间结构。

2. 车门和车窗

车门的功能是供乘员进出汽车。按其开启方式，可分为逆开式、顺开式、水平滑移式、折叠式、上掀式、外摆式等。顺开式车门在汽车行驶时可借气流的压力关上，且在气流的作用下不易向外推开，比较安全，因而被广泛采用。逆开式车门在汽车行驶时车门的开启方向与气流相同，易将闭合不严的车门冲开，因而用得较少。水平滑移式车门的优点

图3-58　轿车承载式车身

是开闭车门时所用的空间较小。折叠式车门结构简单，广泛应用于大、中型客车上。外摆式车门常用于豪华大客车和公交车，与折叠式车门相比，其对车身外表面的随形性好。上掀式车门广泛用于轿车和轻型客车的背门。

大型客车还应有安全门，以便在发生事故时，供乘员撤离事故现场以及方便救援人员进入车内。

汽车的前、后风窗通常采用有利于视野而又美观的曲面玻璃，轿车的前、后风窗又称为前、后风窗玻璃。前风窗玻璃一般采用夹层玻璃，而其他部位玻璃都用钢化玻璃。现代轿车普遍使用电动车窗。

客车的侧窗可设计成上下开启式或水平移动式。侧窗玻璃采用茶色或带有隔热层，可使室内保温并有安闲宁静的舒适感。具有完善的冷气、暖气、通风及空调设备的高级客车常常将侧窗设计成不可开启式，以提高车身的密封性。

3.4.2 车身安全防护装置

汽车的安全防护装置包括车外防护装置和车内防护装置两部分。

1. 车外防护装置

车外防护装置主要有保险杠和护条，其作用是在撞车时使汽车和被撞体间产生一定的缓冲作用，保护被撞体和车辆。车外防护装置除满足本身的功能和安全性要求外，还要求能起装饰作用。

保险杠装在汽车的最前端和最后端，护条装在车身左右两侧。保险杠和护条的安装高度应符合法规要求，保证汽车相撞时保险杠或护条首先接触被撞体。保险杠由金属构架和包在其外面的弹性较大的泡沫塑料制成，能吸收部分撞击能量。车身侧面的护条撞到行人的可能性较小，一般由半硬质塑料或橡胶制成。在车辆侧面发生刮擦时主要由护条承受。

除了保险杠外，经常使行人受伤的构件主要有前翼子板、前照灯、发动机舱罩、车轮、风窗玻璃等。这些构件不应尖锐和坚硬，最好是平整、光滑而富有弹性的。有些轿车的整个正面都用大块聚氨酯泡沫塑料制成，并将发动机舱罩顶面用软材料包垫，以提高安全性。

2. 车内防护装置

汽车碰撞时，其速度迅速下降，而车内成员的身体由于惯性的作用仍以较大的速度向前冲，有可能撞到转向盘、仪表板、风窗玻璃上引起伤亡。安全带和安全气囊是避免人体与上述构件相撞的两种常用的车内防护装置。除此之外，车内防护装置还包括头枕、安全玻璃、门锁和门铰链等。

（1）安全带 汽车上最常用的是三点式安全带。带子由结实的合成纤维织成，包括斜跨前胸的肩带和绕过人体胯部的腰带两部分。在座椅外侧和内侧的地板上各有 1 个固定点，第 3 个固定点位于座椅外侧支柱上方，如图 3-59 所示。

（2）安全气囊 安全气囊俗称辅助约束系统（SRS），其功能是在汽车发生碰撞时，避免或减缓乘员二次碰撞以保护乘员。统计表明，交通事故中，头部受伤占 66%左右，使用安全气囊，头部受伤率可减少 30%～50%，面部受伤率可减少 70%～80%。

根据安全气囊安装位置的不同，安全气囊有正面、侧面和顶部安全气囊之分。正面安全气囊安装在驾驶员和乘客的正面，对汽车正面碰撞起安全保护作用，有较高的装车率。正面安全气囊一般安装在转向盘中央的衬盖内，前排乘客侧的气囊则安装在仪表板上，有的车辆还在仪表板下方安置了膝部免受伤害的安全气囊。侧面和顶部安全气囊分别安装在驾驶员、乘客的侧面和头顶部，以防汽车侧面碰撞和汽车翻倾。

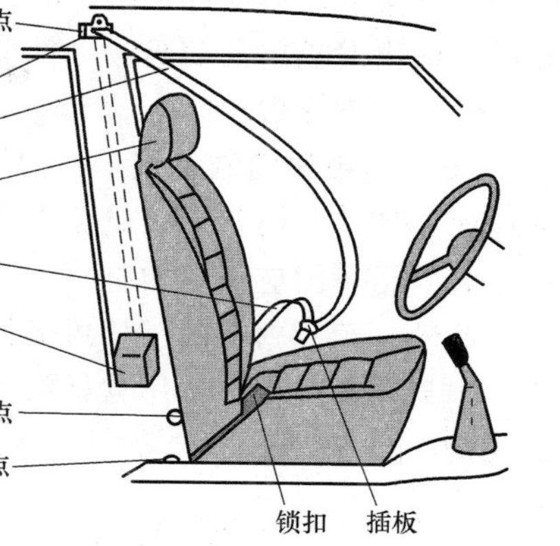

图 3-59　三点式安全带与头枕

安全气囊主要由碰撞传感器、电子控制器、气囊组件、警告与诊断系统等部分组成。碰撞传感器装在汽车的前部，前左、右挡泥板各一个。为检测侧向碰撞，有的车在汽车的左、右侧还装有碰撞传感器。气囊组件主要由气体发生器、气囊、衬垫和螺旋导线四部分组成。气囊一般由尼龙制成，其上有一些小的排气孔。当因碰撞而使气囊充气、保护了乘员后，气囊上的小孔应在充气后立即开始排气，使气囊逐渐变软，加强缓冲作用并不至于影响人员活动。

图 3-60 所示为安全气囊工作过程。当汽车发生碰撞时，碰撞强度通过传感器转化为电信号，被电控装置接收、分析并发出相应的指令。轻度碰撞时，电控装置指令执行器收紧安全带，保护乘员；碰撞达到一定程度，电控装置指令引爆气体发生器，安全气囊急速膨胀，支撑住驾驶员或乘员的身体。之后安全气囊小孔排气，使气囊逐渐变软，加强缓冲作用。

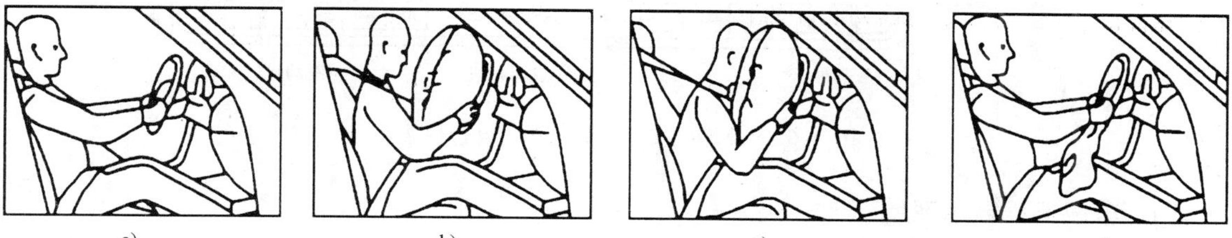

a)　b)　c)　d)

图 3-60　安全气囊工作过程

a）触发前　b）充气膨胀　c）头部陷入　d）气囊压扁

安全气囊应注意与安全带同时使用，才能发挥更好的作用。同时注意平时保养维修时，不要重度碰撞安全气囊的各传感器，以免引起误触发，造成不必要的损失。

（3）头枕　头枕（图 3-59）是重要的座椅配件，头枕安装在座椅靠背的上部，做成固定式或高度可调式。头枕是在汽车尾部受碰撞或加速度过大时，限制人的头部向后运动的安全装置，它可避免或减轻乘员颈椎受伤。

（4）安全玻璃　汽车正面或侧面碰撞时，乘员头部往往因撞击风窗玻璃或侧窗玻璃而受伤，并且玻璃碎片还会使脸部和眼睛受伤。目前在汽车上广泛应用的安全玻璃有钢化玻璃和夹层玻璃两种。钢化玻璃受冲击损坏时，整块玻璃出现网状裂纹，脱落后分成许多无锐边的碎片。夹层玻璃受冲击损坏时，内、外层玻璃碎片仍黏附在中间层上。中间层韧性较好，在承受撞击时拱起从而吸收一部分冲击能量，起缓冲作用。大量事故调查表明，夹层玻璃的安全性优于钢化玻璃。

（5）门锁和门铰 汽车的门锁和门铰都应有足够的强度，能同时承受纵横两个方向的载荷而不致使车门开启，避免乘员被甩出车外而遭受重伤或死亡的危险。事故发生后，门锁不应失效，车门应仍能被打开。

此外，车身内部的一切可能受人体撞击的构件都不应有尖角、凸棱或小圆弧过渡的形状，车身内饰应广泛采用软材料包垫，这除了为满足舒适性的要求外，更重要的还是为了满足安全性要求。

3.4.3 汽车仪表

为使驾驶员能够掌握汽车及各系统的工作情况，在汽车驾驶室内的仪表板上装有各种指示仪表、指示灯及各种报警信号装置。汽车上常用的仪表有车速里程表、发动机转速表、机油压力表、燃油表、冷却液温度表等，它们通常与各种信号灯一起安装在仪表板上，称为组合仪表，如图 3-61 所示。

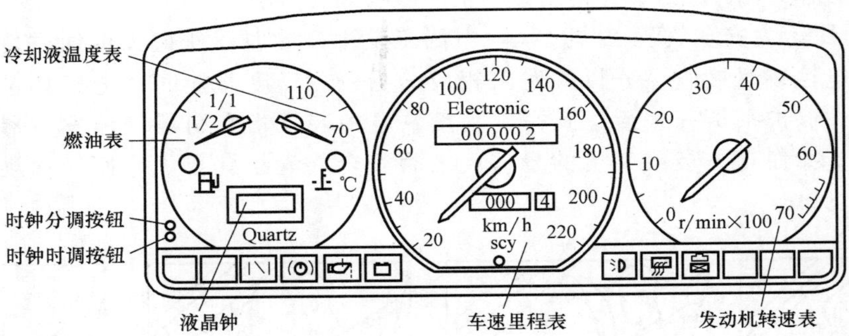

图 3-61 桑塔纳 2000 系列轿车组合仪表板

1. 车速里程显示系统

（1）车速里程表 由车速表和里程表两部分组成，车速表用来指示汽车瞬时行驶速度，里程表可记录汽车行驶总里程和短程里程。

（2）车速报警装置 为保证行车安全，一些车型的车速表电路中装有速度音响报警装置。当汽车行驶速度达到或超过某一限定车速时车速表内的速度开关接通蜂鸣器的电路，蜂鸣器发出声响提醒驾驶员，车速已超过限定值。

（3）发动机转速表 发动机转速表可直观指示发动机的转速，是发动机工况信息的指示装置，便于驾驶员选择发动机的最佳速度范围，把握好换档时机，以及充分利用经济车速等。

2. 机油压力显示系统

（1）机油压力表 机油压力表指示发动机工作时润滑系统主油道中机油压力的大小。

（2）油压报警装置 当机油压力低于正常值时，警告灯点亮，向驾驶员发出报警信号。

（3）油压指示系统　有些车型的仪表板上没有机油压力表，而是采用油压指示系统监视润滑系统的机油压力。当油压过低或过高时，通过油压警告灯和蜂鸣器报警。

3. 燃油量显示系统

（1）燃油表　燃油表用来指示汽车燃油箱内的存油量。

（2）燃油过低油面报警装置　该装置在燃油箱内的燃油量少于某一规定值时，发出报警信号，以引起驾驶员的注意。

4. 冷却液温度显示系统

（1）冷却液温度表　俗称水温表，用来指示发动机冷却水套中冷却液的温度。

（2）冷却液温度警告灯　冷却液温度警告灯在冷却液温度超过一定值时点亮，发出报警信号，以引起驾驶员的注意。冷却液温度警告灯一般安装在冷却液温度表内。

（3）冷却液不足报警器　当冷却液液面高度过低时，发出报警信号以引起驾驶员注意。

5. 充放电显示系统

（1）电流表　电流表串联在蓄电池的电路中，用来指示发电机向蓄电池充电时的充电电流，或蓄电池向主要用电设备供电时放电电流的大小。

（2）充电指示灯　目前国内外大部分汽车的电流表已被充电指示灯所取代。充电指示灯虽不如电流表可直接显示充、放电电流的大小，但其结构简单、成本低，而且可通过充电指示灯由亮到熄灭的信号变化判断发电机及调节器的工作是否正常。汽车正常运行时若充电指示灯点亮，表明充电系统出现故障，提醒驾驶员应及时检查并排除充电系统的故障。

3.4.4　汽车照明与信号装置

为保证汽车行驶安全和工作可靠，在汽车上装有各种照明装置和信号装置，用以照明道路、表示车辆宽度和车辆所处的位置、照明车厢内部、指示仪表以及夜间车辆检修等。此外，在转弯、制动、会车、停车、倒车等工况下，还应发出光亮或音响信号，以警示行人和其他车辆。

1. 照明装置

汽车上所采用的照明装置包括车外照明装置和车内照明装置两部分。

车外照明装置包括前照灯、雾灯、尾灯、牌照灯等。车上使用的照明装置的数量、结构形式以及安装位置因车型而异。轿车常将示廓灯、前照灯和前雾灯组装在一起，称为组合前灯；将后转向灯、制动灯、尾灯、后雾灯和倒车灯等组装在一起，称为组合后灯。

车内照明装置包括顶灯、仪表灯、车门灯、阅读灯和工作灯。顶灯主要用于车内照明。有的车辆顶灯还具有门灯作用，当车门关闭不严时灯亮，提醒驾驶员注意。

2. 信号装置

汽车信号装置的作用是通过声、光信号向其他车辆的驾驶员和行人发送有关车辆运行状况或状态的信息，以引起有关人员注意，确保车辆行驶安全。

（1）转向信号装置　汽车转向信号装置由转向信号灯、转向信号闪光器和转向信号灯开关等组成。转向信号灯简称转向灯，它分装在车身前端和后端的左右两侧。由驾驶员在转向之前，开亮左侧或右侧的转向信号灯，以通知交警、行人和其他驾驶员。为了在白天能引人注目，转向信号灯的亮度很强，在转向信号灯电路中装有转向信号闪光器，使转向信号灯光发生闪烁。

(2) 制动信号装置 制动信号装置主要由制动信号灯和制动信号灯开关组成。制动信号灯安装在汽车的尾部，在驾驶员踩下制动踏板时立即点亮，发出强烈的红色光亮，即使在白天也十分明显。

(3) 倒车信号装置 倒车信号装置由倒车信号灯、倒车信号灯开关以及倒车报警器等组成。倒车信号灯点亮的同时，倒车报警器的喇叭也发出断续的声响或语言报警，以警告后车的驾驶员和行人。

(4) 故障停车信号装置 在汽车运行中如果出现故障而停驻，故障停车灯点亮，以引起其他车辆和行人的注意。故障停车灯常与转向灯共用一组灯泡，分别由转向灯开关和故障停车灯开关控制。

(5) 汽车喇叭 汽车喇叭是用来在汽车运行中警示行人和其他车辆注意交通安全的声响信号装置。

3.4.5 其他车身电器设备

1. 汽车空调

汽车空调系统是对车厢内空气实现制冷、加热、换气和空气净化的装置。它可以为驾乘人员提供舒适的乘车环境，降低驾驶员的疲劳强度，提高行车安全。

空调系统主要由制冷系统、供暖系统、通风和空气净化装置及控制系统组成，如图3-62所示。

(1) 制冷系统 汽车空调制冷系统由压缩机、冷凝器、膨胀阀、储液干燥器及蒸发器等组成，如图 3-63 所示。

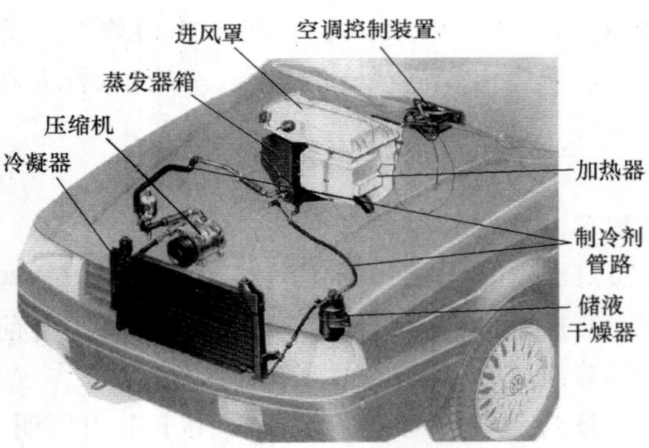

图 3-62 汽车空调系统

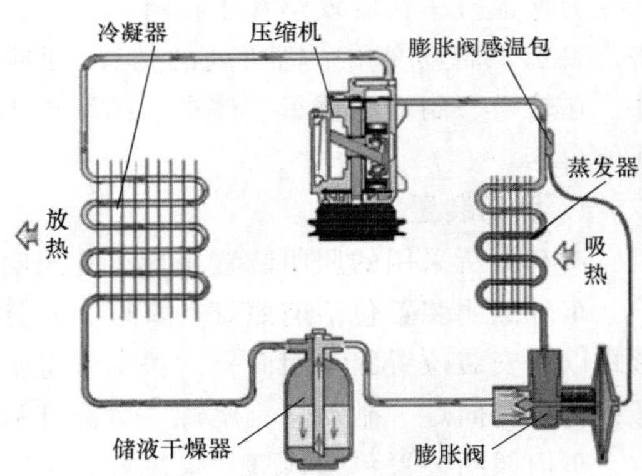

图 3-63 空调制冷系统

制冷系统工作时，压缩机由发动机带轮带动，将蒸发器中因吸热而汽化的低压制冷剂蒸气吸入后，压缩成高温高压制冷剂气体，经高压管送入冷凝器，经冷凝器冷却使高温高压的制冷剂气体冷凝成中温高压制冷剂液体，送入储液干燥器中去除水分和杂质，然后送入膨胀阀，经膨胀阀节流降压，变为低温低压液态制冷剂后进入蒸发器。当鼓风机将热的空气吹过蒸发器表面时，液态制冷剂汽化吸热，从而降低车内空气温度。汽化后的制冷剂再次被压缩机吸入，重复上述过程。

(2) 其他系统与装置 大多数汽车装有暖风系统。暖风机是一个热交换器，也可称作第二散热器。在装有暖风机的水冷系统中，热的冷却液从气缸盖或机体水套经暖风机进水软管流入暖风机芯，然后经暖风机出水软管流回冷却水泵。吹过暖风机芯的空气被冷却液加热后，一部分送到风窗玻璃除霜器，另一部分送入驾驶室或车厢。

通风装置的通风方式分自然通风和强制通风两种。自然通风利用汽车行驶时车内外的空气压力差，通过进、出风口进行自然换气；强制通风利用鼓风机对车内空气进行置换。

常用的空气净化装置有灰尘滤清器、电子集尘器及负离子发生器等，安装在空调总成内。

2. 风窗玻璃清洁装置

为保证在各种使用条件下，驾驶室的风窗玻璃表面干净、清洁，汽车上都装有风窗玻璃刮水器和风窗玻璃洗涤器，有些汽车还装有风窗玻璃除霜装置。

（1）风窗玻璃刮水器　用于清除玻璃外表面的雨水、雪及灰尘的装置，以保证驾驶员在雨雪天行驶有良好的视野。

现代汽车都采用电动机驱动的电动刮水器，其基本结构如图3-64所示，电动机通过蜗杆、蜗轮、拉杆和摆杆，带动刮水器刷架，刮水片便可以刮除玻璃表面的雨水、雪及灰尘。

（2）风窗玻璃洗涤器　风窗玻璃洗涤器的功用是将清洁的水或洗涤液喷射到风窗玻璃上，在刮水器的作用下，清除风窗玻璃上的尘土和污物，使驾驶员有良好的视野。它主要由洗涤器电动机、洗涤器水泵、储液罐、喷嘴、水管等组成。

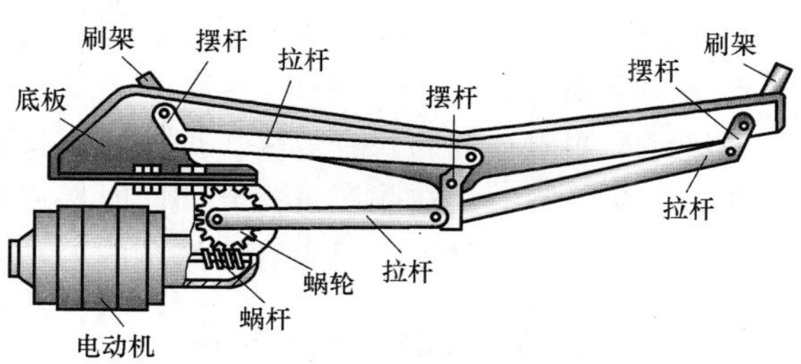

图3-64　电动刮水器的基本结构

轿车风窗刮水器和洗涤器的工作都由刮水器洗涤器组合开关控制，组合开关有5个档位，分别是刮水器高速工作、低速工作、点动工作、间歇刮水、清洗玻璃。

（3）风窗玻璃除霜装置　在较冷的季节，有雨、雪、雾的天气，风窗玻璃上易结霜，另外由于车厢内外温差较大，车厢内的水蒸气也易凝结在风窗玻璃上而结霜，从而严重影响驾驶员的视线，因此，汽车上应安装风窗玻璃除霜装置。

前、侧风窗玻璃上的霜层通常是在汽车空调系统的风道中，加设除霜器风门，利用空调系统中产生的暖气，达到除霜的目的。对后风窗玻璃的结霜，常采用除霜热线。除霜热线是把数条电热线均匀地粘在后风窗玻璃内部，各线两端相接形成并联电路，当两端加上电压后，各电热线即会升温而加热玻璃，从而达到防止或清除结霜的目的。

3. 汽车中央控制电动门锁和防盗装置

（1）汽车中央控制电动门锁　汽车中央控制电动门锁具有中央控制、速度控制和单独控制三项功能。

中央控制是指驾驶员可通过门锁开关同时打开各个车门，也可单独打开某个车门，当驾驶员车门锁住时，其他三个车门也同时锁住。

速度控制是指当行车速度达到一定值时，各个车门能自行锁定，防止乘员误操作车内门把手而导致车门打开。

单独控制是指驾驶员车门以外的三个车门设置有单独的弹簧锁开关，可以独立地控制一个车门的打开和锁住。

(2) 汽车防盗装置 为防止驾驶员离开汽车后汽车被盗，汽车上都装有安全防盗装置。常用的防盗装置由以下几部分组成：转向锁、燃油切断装置、蓄电池接线柱断路装置、点火系统关断装置、各种电子报警器、各种外用机械防盗锁以及电子控制防盗系统等。

转向锁一般安装在转向柱上，由点火开关控制。当驾驶员从点火开关上拔下钥匙时转向柱即被锁死，即便盗车者在不用钥匙起动发动机后，汽车也不能行驶。

电子报警器通过电路控制喇叭鸣叫报警，可以更有效地防止他人私自进入车内，拆卸零件，起动发动机甚至盗走车辆。

电子控制防盗系统一般与门锁采用一个微机控制单元。防盗系统设定后，防盗指示灯将不停地闪烁。当微机控制单元检测到有人不用钥匙强行打开车门或行李舱盖或发动机舱盖时，它将使防盗喇叭电路接通而鸣叫，前灯和尾灯闪亮，同时控制门锁电机转动，使所有车门均锁住。

4. 电动后视镜

为方便驾驶员调整后视镜的角度，许多轿车安装了电动后视镜。驾驶员坐在座椅上直接操纵旋钮式开关，通过电动机就可以方便地对左、右后视镜的角度进行随意调节。

5. 电动天线

为保证车厢内良好的收音效果，许多轿车安装了电动天线。多数汽车的电动天线是由收音机开关联动控制的，在收音机打开的同时接通电动天线的控制电路，使天线升起；在关闭收音机时天线又同时降下。但也有些汽车的电动天线采用单独的开关进行控制。

3.4.6 汽车电器设备总线路

汽车电器设备总线路就是将汽车的电源、起动系统、点火系统、照明、信号、仪表和辅助电器装置等，按照它们各自的工作特性及相互间的内在联系，用导线连接起来构成的整体。

1. 汽车电器设备总线路的组成

(1) 电源电路 由发电机、电压调节器及蓄电池等组成。

(2) 起动电路 由起动机、蓄电池及起动继电器组成。

(3) 点火电路 包括点火开关、点火线圈、分电器、蓄电池、火花塞及附加电阻等。

(4) 照明电路 用于为汽车外部和内部照明灯具供电。

(5) 仪表电路 包括汽车的各种指示、警告仪表及其传感器，电子仪表系统还包括其电控单元。

(6) 其他辅助电路 如暖风、洗涤、喇叭等电器的供电电路。

2. 汽车电器设备总线路的特点

(1) 低电压 汽车目前普遍采用 12V 电压，部分重型大功率柴油车采用 24V。采用低电压是基于安全性考虑的，但电功率较小，越来越不能满足汽车用电设备日益增多的要求。酝酿中的汽车电力系统电压标准是 42V/14V 电压体系。

(2) 单线制 由于电压低，汽车采用车体作为电流的一条公共回路，所以从电源到用电设备一般只用一条导线，称为单线制。部分要求比较高的线路也有采用双线制的。

(3) 并联制 所有低压用电设备均采用并联制，电压相同。

(4) 负极搭铁 现代汽车都采用负极搭铁，即蓄电池的负极直接与车身连接。

复习思考题

1. 根据发动机、传动系统和座舱在整车上的位置不同，可将汽车总体布局分为哪几种？
2. 简述汽车发动机的基本结构及工作原理。
3. 简述汽车传动系统的基本组成及功用。
4. 简述汽车转向系统的基本组成及功用。
5. 简述汽车制动系统的基本组成及功用。
6. 简述汽车行驶系统的基本组成及功用。
7. 简述安全气囊的工作过程。
8. 简述汽车电器设备总线路的特点。

第4章 新能源汽车认知

内容提要： 新能源汽车是指采用非常规的车用燃料（即除汽油、柴油之外）作为动力来源（或使用常规的车用燃料，采用新型车载动力装置），综合车辆的动力控制和驱动方面的先进技术，形成的技术原理先进，具有新技术、新结构的汽车。本章主要介绍纯电动汽车、混合动力电动汽车、燃料电池电动汽车和代用燃料汽车。

4.1 纯电动汽车

4.1.1 纯电动汽车的组成与原理

纯电动汽车（Battery Electric Vehicle，BEV 或 EV），是指以单一动力电池作为储能动力源，用电动机驱动汽车行驶，符合道路交通、安全法规各项要求的车辆。从外形上看，纯电动汽车与传统的燃油汽车并没有什么区别，区别主要在于动力源和驱动系统。纯电动汽车的电动机相当于传统汽车的内燃机，动力电池相当于原来的燃油箱，动力电池容量越大，汽车的续驶能力越强。

纯电动汽车主要由电力驱动系统、电源系统和辅助系统三部分组成，如图 4-1 所示。

（1）电力驱动系统 电力驱动系统主要包括电子控制器、功率转换器、驱动电动机、机械传动装置和车轮等。它的功用是将储存在动力电池中的电能高效地转化为车轮的动能，并能够在汽车减速制动时，将车轮的动能转化为电能充入电池中。电动汽车的控制系统控制汽车在各类工况下的行驶速度、加速度和能源转换情况。电动汽车用的驱动电动机主要有无刷直流电动机、异步电动机（又称为交流感应电动机）、永磁同步电动机三种。电动汽车上使用的异步电动机主要为笼型异步电动机，它具有结构简单、坚固耐用、价格便宜、工作可靠、效率高和免维护等优点。永磁同步电动机结构简单，且低转速时输出转矩大，适合电动汽车的起动加速，因此，其已在日本生产的电动汽车中得到了普遍应用，日本新研制的电动汽车大都采用永磁同步电动机驱动。

（2）电源系统 电源系统主要包括动力电池、能量管理系统和动力电池充电器等。它的功用是向电动机提供驱动电能、监测电源使用情况以及控制充电器向动力电池充电。纯电动汽车的能量管理系统主要是指电池管理系统，它是电动汽车的关键组成模块，动力电池要配备电池管理系统才能正常工作，电池管理系统的功能主要包括：

① 实时采集电池系统运行状态参数。实时采集电动汽车动力电池组中的每块电池的端电压和温度、充放电电流以及电池组总电压等。由于电池组中的每块电池在使用中的性能和

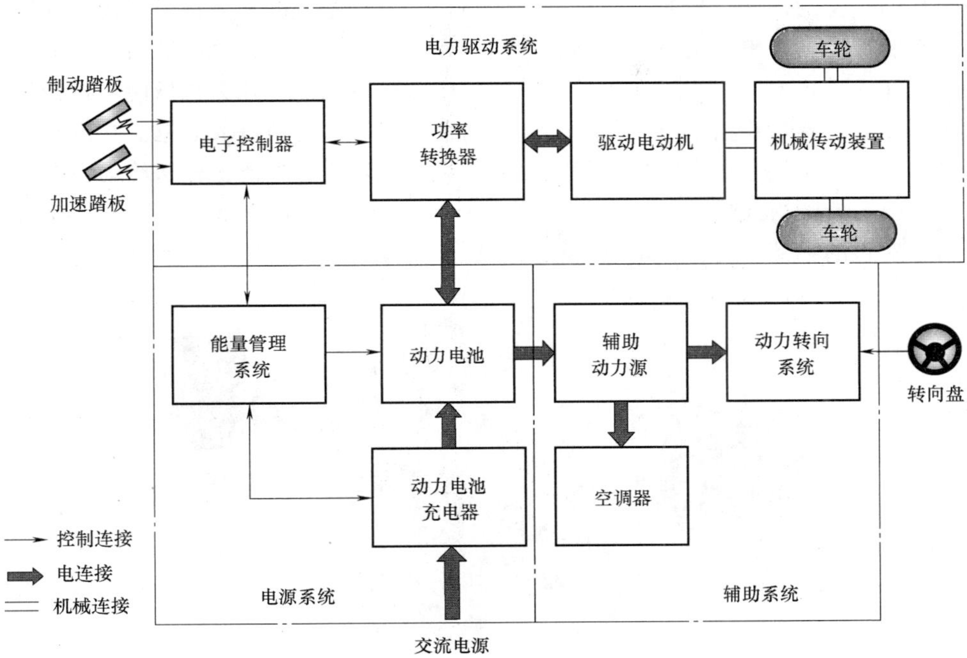

图 4-1　纯电动汽车的结构组成

状态不一致，因而对每块电池的电压、电流和温度数据都要进行监测。

② 确定动力电池的荷电状态（SOC）。SOC 是电池在一定放电倍率下，剩余电量与相同条件下电池额定容量的比值，反映电池容量的变化。SOC = 1 即表示电池充满状态。随着电池的放电，电池的电荷逐渐减少，此时电池的荷电状态可以用 SOC 的百分数来表示。电池管理系统必须能准确估测动力电池组的 SOC，从而随时预报电动汽车储能电池还剩余多少能量，使电池的 SOC 值控制在 30%~70%的工作范围。

③ 故障诊断与报警。当动力电池电量过低需要充电时，及时报警，以防止电池过放电而损害电池的使用寿命；当电池组温度过高，非正常工作时，及时报警，以保证动力电池正常工作。

④ 电池组的热平衡管理。通过风扇等冷却系统和热电阻加热装置使电池温度处于正常工作温度范围内。

⑤ 一致性补偿。当电池之间有差异时，有一定的措施进行补偿，保证电池组表现能力更强，并有一定的手段来显示性能不良的电池位置，以便修理替换。

⑥ 通过总线实现各检测模块和中央处理单元的通信。电动汽车的常用动力电池有新型铅酸电池、镍氢电池、锂离子电池等。目前锂离子电池因各方面性能相比其他动力电池较优，因此在电动汽车上得到了较广泛的应用。

（3）辅助系统　辅助系统主要包括辅助动力源、空调器、动力转向系统、导航系统、刮水器、收音机以及照明和除霜装置等。辅助系统除辅助动力源外，依据不同车型而不同。辅助动力源一般为 12V 或 24V 的直流低压电源，它的功用是给动力转向系统、制动力调节控制、照明、空调、电动窗门等各种辅助装置提供所需的能源。

纯电动汽车的工作原理如下：当汽车行驶时，电力驱动系统将储存在动力电池中的电能高效地转化为车轮的动能，控制单元根据加速踏板和制动踏板的输入信号，向驱动控制器发出相应的控制指令，对电动机进行起动、加速、减速、制动控制，并能够将汽车车轮的动能转化为电能充入动力电池。车辆在正常行驶时，电动机将电能转化为机械能，机械传动装置将电动机的驱动转矩传输给汽车的驱动轴，从而带动汽车车轮前进或后退。在汽车减速和下坡滑行时，电动机又被用作发电机，将车轮的惯性动能转化为电能，输送给动力电池储存。

图 4-2 所示为捷豹首款纯电动 SUV 概念车——I-PACE 的底盘布置。锂离子动力电池组安装在汽车底盘的中部，两台驱动电动机分别位于汽车的前、后轴，可实现全时四驱。

图 4-2 捷豹首款纯电动 SUV 概念车——I-PACE 的底盘布置

4.1.2 纯电动汽车的特点

与传统燃油汽车相比，纯电动汽车的特点如下：

(1) 环境污染小 纯电动汽车使用电动机驱动汽车，在行驶中无废气直接排出，不污染环境。此外，因为没有内燃机产生的噪声，电动机的噪声又比较小，所以纯电动汽车的噪声污染也很小。

(2) 结构简单且维修方便 与燃油汽车相比，纯电动汽车结构简单，运转、传动部件少，维修保养工作量小。当采用交流感应电动机时，电动机无须保养维护。

(3) 能量转换效率高 纯电动汽车的能源效率已超过汽油机汽车，尤其适用于在城市走走停停、行驶速度不高的情况。此外，纯电动汽车可回收制动、下坡时的能量，提高能量的利用效率。

(4) 动力电池使用成本高，续驶里程短 纯电动汽车的电池寿命短，导致其使用成本增高。由于受自重和动力电池容量的限制，纯电动汽车一次充电后续驶里程还不够理想。

为增加纯电动汽车的续驶里程，近年来出现了一种增程式电动汽车，它是一种配有地面充电和车载供电功能的纯电驱动的电动汽车。增程式电动汽车是在纯电动汽车上增加一台增程器。这台增程器可以是燃油发动机，也可以是天然气、醇燃料、氢燃料发动机。在电池电量不足的时候，增程器驱动一台发电机发电，发电机发出的电力可以输送给电池储存起来，也可以直接供给电动机用于驱动车轮，从而使车辆继续行驶。

图 4-3 所示为奥迪 A1 e-tron 增程式电动汽车。车辆由位于发动机舱的电动机驱动，为电动机提供电力的锂离子电池组布置在汽车底板中后位置。所谓增程就是在汽车的后轴位置

增加了一台0.254L排量的汽油发动机，驱动15kW的发电机为电池组充电。

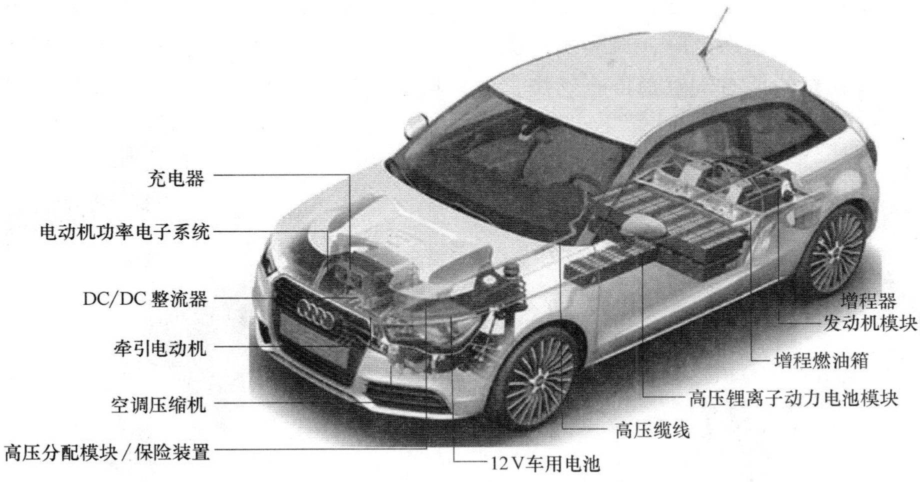

图4-3　奥迪A1 e-tron增程式电动汽车

4.2　混合动力电动汽车

混合动力电动汽车（Hybrid Electric Vehicle，HEV）是指由两种或两种以上的储能器、能源或转换器作为驱动能源，其中至少有一种能提供电能的车辆。混合动力汽车一般采用能够满足汽车日常驾驶需求的小排量发动机，通过电动机获得加速与爬坡所需的附加动力，其结果是在不牺牲性能的前提下，大大降低了燃油消耗和废气排放。

混合动力电动汽车的分类方式有三种：一种是根据结构形式分类；另一种是根据混合度的不同分类；还有一种是根据能否外接充电电源分类。

4.2.1　根据结构形式分类

混合动力电动汽车根据动力系统结构形式的不同可分为三类，即串联式混合动力系统、并联式混合动力系统和混联式混合动力系统。

（1）串联式混合动力系统　串联式混合动力系统（图4-4）是最早期的系统，发动机的作用不是驱动车辆，而是带动发电机给动力电池充电。电能被储存于动力电池或传给电动机以驱动车轮。负荷小时，由动力电池驱动电动机带动车轮转动；负荷大时，由发动机带动发电机发电驱动电动机；车辆制动或减速时，电动机将驱动轮的动能转化为电能，并通过逆变器给动力电池充电。

由于串联式混合动力传动系统中的发动机与汽车驱动轮之间无机械连接，具有独立于汽车行驶工况对发动机进行控制的优点，适用于市内常见的频繁起步、加速和低速运行工况，可使发动机稳定于高效区或低排放区附近工作。但串联式混合动力系统经过了由机械能到电能，再由电能到机械能的两次能量转换，能量损耗较大，综合效率较低，因而一般只用在一些大型公交车上。

（2）并联式混合动力系统　并联式混合动力汽车是指车辆的驱动力由电动机和发动机同时或单独供给的混合动力汽车。其特点是可以单独使用发动机或电动机作为动力源，也可以同时使用电动机和发动机作为动力源驱动汽车行驶，其动力系统结构图如图4-5所示。当车辆怠速时，发动机自动停止运转；在车辆起步或加速行驶或急加速时，电动机辅助发动机一起工作；在缓加速或高速巡航时，只靠发动机工作；在低速巡航时，仅靠电动机工作；在车辆减速行驶时，发动机的所有气缸都停止燃烧，电动机最大限度地利用减速能量给动力电池充电。

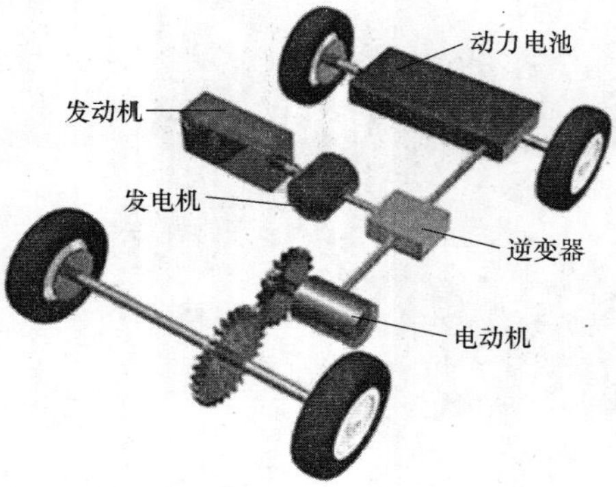

图4-4　串联式混合动力系统结构图

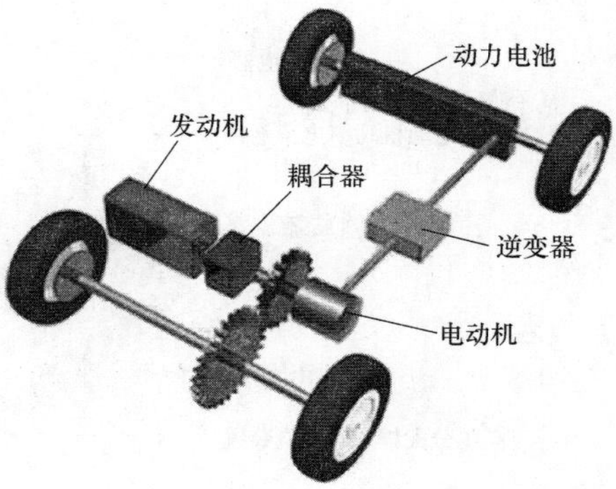

图4-5　并联式混合动力系统结构图

总之，并联式混合动力系统在传动系统组成及控制方面更接近于传统汽车传动系统，并且所需的电动机功率较小，电池组数量少，整车的价位也较低。并联式混合动力系统的机械效率与普通燃油汽车相当。由于其在发动机与驱动轮之间存在直接的机械连接，发动机运行工况不可避免地要受到汽车具体行驶工况的影响，很难在最佳工作区工作，因而燃油经济性和排放性能均较串联式差。

图4-6　混联式混合动力系统结构图

(3) 混联式混合动力系统　混联式混合动力汽车是指具备串联式和并联式两种结构的混合动力汽车，是现在使用比较广泛的混合动力系统。与并联式混合动力系统相比，混联式多了一套动力分离装置（行星齿轮机构）（图4-6），使其既可以在串联混合模式下工作，也可以在并联混合模式下工作。

与并联式混合动力系统相比，混联式动力系统可以更加灵活地根据车辆行驶状况来调节发动机和电动机的输出功率，所以效率更高，节油效果更明显。但混联式混合动力系统结构比较复杂，成本相对较高。

丰田普锐斯混合动力电动汽车是典型的混联式混合动力系统，其驱动系统的控制策略是：在汽车低速行驶时，驱动系统主要以串联方式工作；在汽车高速稳定行驶时，则以并联工作方式为主。

4.2.2　根据混合度的不同分类

根据在混合动力系统中，电动机的输出功率在整个系统输出功率中占的比重，也就是常说的混合度的不同，混合动力系统还可以分为四类，即微混合型混合动力汽车（混合度在10%以下）、轻度混合（弱混合）型混合动力汽车（混合度在20%以下）、中度混合型混合动力汽车（混合度可达30%）和重度（完全）混合型混合动力汽车（混合度可达到甚至超过50%）。

4.2.3 根据能否外接充电电源分类

混合动力电动汽车可分为插电式混合动力汽车和非插电式混合动力汽车两种。

插电式混合动力汽车（Plug-in Hybrid Electric Vehicle，PHEV）既有传统燃油车的发动机、变速器、传动系统、油路、燃油箱，也有电动车的高压动力电池、电动机、控制电路，并且有充电接口，既可充电，也可加油，使用方便。插电式混合动力汽车的动力电池容量较大，可以支持行驶的里程更长。在日常使用时，只要单次使用不超过电池可提供的续航里程，插电式混合动力汽车就被当作纯电动车来使用。当电池电量耗尽后再以混合动力模式（以发动机动力为主）行驶，并适时向电池充电。图 4-7 所示为奥迪 A3 e-tron 插电式混合动力电动汽车。图 4-8 所示为奥迪 A3 e-tron 插电式混合动力电动汽车的底盘布置。

图 4-7 奥迪 A3 e-tron 插电式混合动力电动汽车

非插电式混合动力汽车既有传统汽车的发动机、变速器、传动系统、油路、燃油箱，也有电动车的高压动力电池、电动机、控制电路，但动力电池容量比较小，没有充电接口，只能加燃油。非插电式混合动力汽车通过发动机驱动发电机来给高压动力电池充电，通过发动机直接驱动车轮行驶，或是电动机与发动机两者共同驱动车轮。

图 4-8 奥迪 A3 e-tron 插电式混合动力电动汽车的底盘布置

4.3 燃料电池电动汽车

1839 年英国物理学家廉·格拉夫爵士成功地实现了电解水的逆反应，即由氢气和氧气结合而产生电流，这种装置称为燃料电池（Fuel Cell）。燃料电池是通过电化学反应将燃料的化学能直接转变为电能的高效率发电装置。燃料电池汽车是利用燃料电池作为发电装置的汽车，只要不断地向燃料电池提供燃料，燃料电池就能不断地把燃料的化学能转换为电能，可解决蓄电池一次充电行驶里程短的问题。图 4-9 所示为燃料电池电动汽车。

4.3.1 燃料电池的工作原理

燃料电池是一种能量转换装置，在工作时必须有能量（燃料）输入，才能产出电能。普通蓄电池是一种能量储存装置，必须先将电能储存到电池中，在工作时才能输出电能，这是燃料电池与普通蓄电池的本质区别。

图 4-9 燃料电池电动汽车

燃料电池的种类很多，但目前公认最适合汽车使用的是质子交换膜燃料电池，其工作原理图如图 4-10 所示。燃料电池的单体电池由阳极、阴极和电解质膜构成，阳极为氢燃料发生氧化的场所，阴极为氧化剂还原的场所，两极都含有加速电极电化学反应的催化剂。其基本工作原理是，气体燃料被连续不断地供入阳极，空气（氧气）被连续不断地供入阴极，并在阴、阳极处发生电化学反应，从而产生电能。只要不断给阳极供应氢气，并及时将水蒸气带走，燃料电池就可以不断地提供电能。

4.3.2 燃料电池电动汽车的结构原理

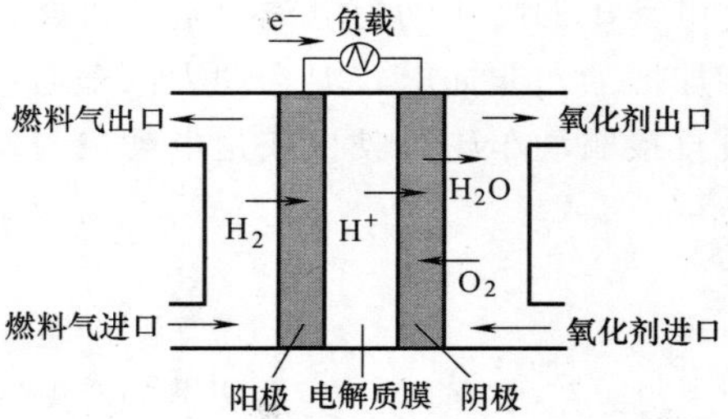

图 4-10 质子交换膜燃料电池工作原理图

除动力电池的工作原理不同外，燃料电池电动汽车在车身、动力传动系统、控制系统等方面与纯电动汽车基本相同。按照驱动形式的不同，燃料电池汽车可分为纯燃料电池驱动和混合驱动两种类型。图 4-11 所示为纯燃料电池驱动的电动汽车结构原理图。从汽车通风口进入的空气中的氧气与从高压储氢罐输送来的氢气在燃料电池堆栈中发生化学反应，产生电流和水蒸气。水蒸气被排出车体。燃料电池输出的电流经过专用的大功率动力 DC/DC 转换器，将直流电转换为稳压的直流电流，再经过 DC/AC 逆变器转换为交流电输送给驱动电动机，驱动电动机再驱动车辆前进。

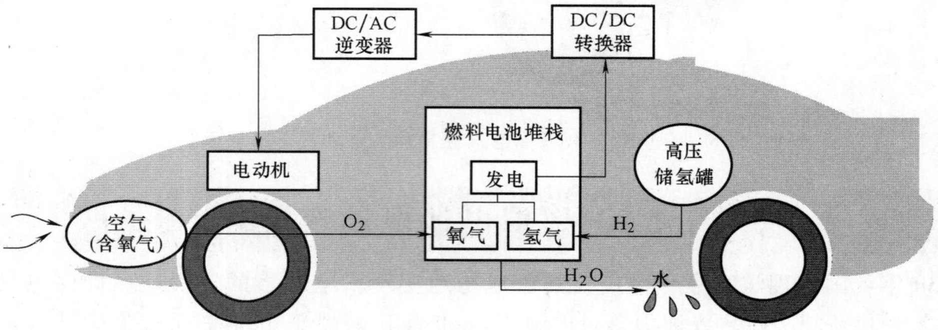

图 4-11 纯燃料电池驱动的电动汽车结构原理图

由于纯燃料电池驱动的燃料电池电动汽车只有燃料电池一个动力源，汽车的所有功率负荷都由燃料电池承担，因此其要求燃料电池具有较大的功率，燃料电池系统应具有较高的动态性能和可靠性。此外，单一动力源燃料电池电动汽车不能进行制动能量回收。基于这些不利因素，目前的燃料电池汽车主要采用混合驱动形式，即在燃料电池基础上，增加一组蓄电池或超级电容作为另一个动力源。根据混合驱动式燃料电池电动汽车中燃料电池和蓄电池的关系，可将燃料电池电动汽车的动力系统归纳为并联式和串联式两种，如图 4-12 所示。

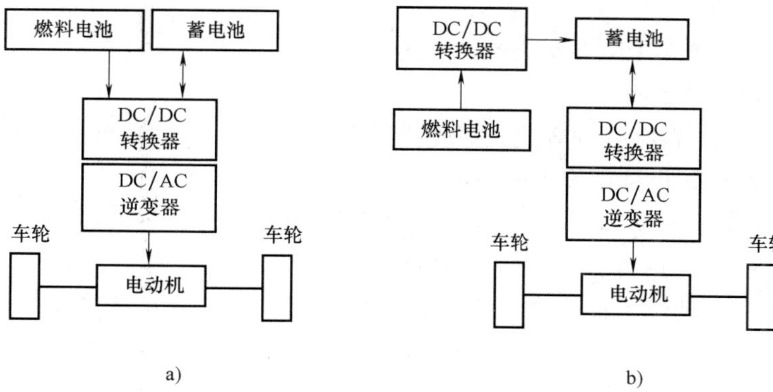

图 4-12　燃料电池电动汽车动力系统示意图
a）并联式　b）串联式

燃料电池的燃料主要有氢气、甲醇、汽油和其他类型的碳氢化合物。氢气是燃料电池的最佳燃料，直接使用氢气可以使燃料电池辅助系统大大简化，效率提高，无污染物排放。但目前氢气的制取工艺复杂，成本也较高。若将氢气储存在车载压缩罐内，则压缩罐的体积大，汽车续驶里程短；若将氢气低温液化，采用液态储存携带，则难度大、成本高。研究表明，用甲醇或汽油作为燃料电池的燃料，通过重整器将其中的氢转化出来，再送入燃料电池转换成电能，这比直接携带氢气更为方便和经济。

4.3.3　燃料电池电动汽车的特点

与传统燃油汽车及纯电动汽车相比，燃料电池电动汽车具有以下特点：

（1）能量转化效率高　燃料电池将化学能转化为电能，不受卡诺循环的限制，能量转化效率高，可高达 60%～80%，而汽油机和柴油机汽车整车效率分别为 16%～18%和 22%～24%。

（2）低排放　燃料电池没有燃烧过程，以纯氢作为燃料，生成物只有水，属于零排放。采用其他富氢有机化合物用车载重整器制氢作为燃料，生成物除水之外还可能有少量的 CO_2，接近零排放。

（3）续驶里程长　采用燃料电池系统作为能量源，克服了纯电动汽车续驶里程短的缺点，其长途行驶能力及动力性已经接近于传统燃油汽车。

（4）成本高，辅助设备复杂　燃料电池汽车的制造成本和使用成本较高，以甲醇或汽油为燃料重整制氢的辅助设备复杂，质量和体积较大。

目前，燃料电池在汽车上的应用已取得了重大进展，但要开展大面积的商业运营，还必须解决燃料电池汽车的成本、可靠性、加氢基础设施建设以及氢气的来源等问题。

4.4 代用燃料汽车

代用燃料汽车（Alternative Fuel Vehicle，AFV）所用的代用燃料分液体和气体两大类，气体代用燃料主要有氢气、二甲醚、液化石油气和天然气；液体代用燃料主要有甲醇、乙醇、生物柴油等。

4.4.1 氢燃料汽车

氢燃料汽车是指以氢气作为发动机燃料的汽车。

1. 氢燃料发动机的类型

氢气作为发动机燃料有三种方式：一种是以纯氢作为发动机燃料；一种是氢/汽油双燃料发动机；另一种是氢-汽油混合燃料发动机。

纯氢发动机只产生 NO_x 排放，但中、高负荷时存在爆燃和 NO_x 生成量远大于汽油机、发动机功率受限且氢气消耗量大、续驶里程短等问题。

氢/汽油双燃料发动机可根据燃料的储存状况灵活选择汽油和氢进入纯汽油或纯氢发动机模式。

氢-汽油混合燃料发动机将少量氢气作为汽油添加剂混入空气中，氢气扩散速率大，能够促进汽油的蒸发、雾化以及与空气的混合；氢燃烧过程中产生活性自由基，能使汽油火焰传播速度明显加快，得到较大的热效率，并产生较低的排放。

2. 氢燃料汽车的特点

燃料来源多样性和接近零排放是氢燃料汽车突出的优点。氢是宇宙中最丰富的物质之一，它的储量无穷无尽，制取途径多种多样。氢燃料燃烧产物只有水和氮氧化物，不会产生颗粒、积炭等，可以说氢是发动机最清洁的燃料，氢燃料汽车是一种绿色交通工具。

氢燃料的缺点是燃烧效率低，只有约38%，且由于氢燃料热值高、火焰传播速度快以及着火范围宽等，氢燃料发动机容易出现早燃、回火、敲缸、负荷高以及 NO_x 排放偏高等情况。

3. 氢燃料汽车研发现状

由于氢发动机和汽油发动机工作原理基本相同，人们常常通过改造后者来制造氢发动机汽车，从而节省研发时间和费用。在过去的几十年里，宝马和马自达公司都研发过多款氢燃料汽车。

(1) 宝马氢燃料汽车 早在20世纪70年代，宝马就开始了氢燃料的研究。第一代氢动力车是宝马在1979年推出的520汽车，装备了可使用氢气和汽油的双燃料发动机，从此拉开了宝马液氢动力车的序幕。

1984~1995年间，宝马又研制了第三代氢动力车，虽然有过大量的路试，但也仅限于试验用途。

1999年，宝马推出了由15辆750hL组成的氢动力车队。这15辆750hL在德国汉诺威2000年世博会上作为贵宾接待车，为宝马的氢动力市场化迈出了坚实的一步。同年，世界上第一个液氢加气站也在慕尼黑机场投入使用。

在2001年9月的法兰克福车展上，宝马又推出了以全新7系为基础的第六代氢动力车745h。

在 2004 年的巴黎车展上，宝马展出了一台仅用氢气作为燃料的打破 9 项记录的氢动力赛车 H_2R（图 4-13）。

2006 年，宝马 Hydrogen7（图 4-14）诞生了，该车一共生产了 100 辆，主要用于准商业运行、宣传和道路试验。Hydrogen7 依然是一台使用汽油燃料和氢燃料的双燃料汽车，它拥有一个 8kg 的液态氢储氢罐和一个 74L 的燃油箱。采用液态氢的好处是在相同体积的储存空间里，低温状态下储存的液态氢，比加压储存的气态氢所包含的能量要大 75% 左右。8kg（约为 114L）的液态氢可行驶 200km；74L 的燃油箱可行驶 500km。

图 4-13　宝马氢动力赛车 H_2R

图 4-14　宝马 Hydrogen7

（2）马自达氢燃料汽车　与宝马一样，马自达是第二个十分热衷于研究氢燃料发动机的汽车生产商，不过更独特的是，马自达将氢气用于其最有魅力的转子发动机上。

早在 1991 年的东京车展上，马自达就推出了旗下第一款氢转子发动机概念车 HR-X。

1993 年，马自达发布了第二款氢转子发动机概念车 HR-X2。

1995 年，马自达的两辆以氢转子发动机为动力的 Capella Cargo 车型正式上路测试。马自达与新日铁公司合作，4 年时间内共进行了超过 40000km 的测试。

2003 年，马自达将氢转子发动机运用到目前唯一量产的转子发动机车型 RX-8 上。

2004 年 10 月，采用氢燃料和汽油双燃料系的马自达 RX-8 Hydrogen RE 车型（图 4-15）获得了日本国土交通省的认可，开始进行公路测试。

图 4-15　马自达 RX-8 Hydrogen RE 车型

2006 年，马自达正式将氢转子发动机车型进行准商业运用——对外租赁，位于东京及大阪的两家日本企业获得了首批 2 台的租赁权。此后，马自达总公司所在地广岛县的政府机关及民间能源企业等相继引进了该车型，并在各种活动及业务中进行了使用。

然而，2012 年 6 月，马自达转子发动机被宣告停产，这也意味着氢转子发动机的进一步发展被暂时画上了句号。

4.4.2　天然气汽车

天然气汽车是指以天然气作为燃料的汽车。

1. 天然气汽车的分类

按照所使用天然气燃料状态的不同，天然气汽车可分为以下两类：

（1）压缩天然气汽车　压缩天然气（Compressed Natural Gas，CNG）一般是指经加压到

20MPa 左右，可供车辆发动机作为燃料使用的气态天然气（主要成分为甲烷）。将天然气以高压状态储存在车载高压储气瓶中作为燃料的汽车称为压缩天然气汽车（又称为 CNG 汽车）。

CNG 汽车目前在国内外应用研究较多，如大众途安 TSI EcoFuel（图 4-16）、奥迪 A5 2.0T-CNG、欧宝赛飞利 1.6CNG Turbo、新爱丽舍 CNG（图 4-17）、力帆 620 CNG、比亚迪 F3 CNG 等。

图 4-16　大众途安 TSI EcoFuel

图 4-17　新爱丽舍 CNG

（2）液化天然气汽车　液化天然气（Liquefied Natural Gas，LNG）是指经低温液化后，可供车辆发动机作为燃料使用的液态天然气。一般以 1～2MPa 的低压，-125～-162℃ 的低温将天然气以液态储存在储气罐内。将天然气低温液化并储存在车载绝热储气罐中作为燃料的汽车称为液化天然气汽车（又称为 LNG 汽车）。

液化天然气汽车就全球范围讲都还在起步阶段，由于配套设施不完善及其他原因制约，LNG 目前更多的是用在商用车领域，如重型卡车或公交车，乘用车方面应用较少。图 4-18 所示为在镇江市投入使用的液化天然气客车。

按照燃料使用状况的不同，天然气汽车还可分为以下三类：

① 单燃料天然气汽车。单燃料天然气汽车仅使用天然气作为发动机的燃料。

② 两用燃料天然气汽车。两用燃料天然气汽车具有两套相对独立的燃料供给系统，一套供给天然气，另一套供给天然气以外的燃料，两套燃料供给系统可分别但不可共同向气缸供给燃料。

图 4-18　液化天然气客车

③ 双燃料天然气汽车。双燃料天然气汽车具有两套燃料供给系统，一套供给天然气，另一套供给天然气以外的燃料，两套燃料供给系统按预定的配比向气缸供给燃料，如柴油/CNG，CNG 为主燃料，柴油起引燃作用。发动机工作时，天然气与空气的混合气由进气道吸入，在压缩行程接近上止点时，将少量柴油喷入缸内，柴油在高温高压下自燃，并引燃缸内的混合气，无须火花塞点火。

2. 天然气汽车的优点

与燃油汽车相比，天然气汽车具有以下优点：

（1）经济性好　天然气的辛烷值比汽油高，燃烧时的许用压缩比高，因此热效率高；天然气与空气的可燃混合气质量比汽油与空气的好，燃烧更完全，因而热效率高。此外，全球天然气储量丰富，因此，天然气价格比汽油和柴油便宜，汽车使用成本低。

(2) 排放污染小　天然气在常温下为气态，以气态进入发动机，混合气均匀，燃烧比较完全，从而可大大降低CO、HC和NO_x的排放，同时也改善了颗粒排放。

(3) 噪声低　天然气辛烷值较高（一般可达120以上），抗爆能力强，发动机运转平稳，噪声低。

(4) 发动机使用寿命长　天然气对汽车润滑油的稀释作用小，采用高压缩比，燃烧性能好，气缸积炭少，无须经常更换润滑油和火花塞，可延长发动机的使用寿命。

3. 天然气汽车存在的问题

与燃油汽车相比，天然气汽车主要存在以下问题：

① 汽车动力性下降。天然气与空气的混合气热值比汽油与空气混合气热值低，且进气（空气）量少，发动机的动力性下降15%~20%。

② 续驶里程短。由于天然气的能量密度低，压缩天然气汽车携带的燃料量较少，一般续驶距离较汽油车短。在城市行驶的出租车，白天需加气2~3次。

③ 供气系统建设成本高、难度大。天然气汽车在国内大城市推广使用，必须建立相应的加气站以及为加气站输送天然气的管网，这将涉及城市建设规划、经费投入和环境安全等诸多因素。

④ 储气瓶占用空间较大。气态天然气的能量密度比汽油小得多。$1m^3$常压天然气装入20MPa的储气瓶中，约占5L容积。而与之等热量的汽油只占1.1L容积。要保证相同的续驶里程，天然气汽车储气瓶的体积就要比汽车燃油箱大许多。由于高压储气瓶本身的质量较大，使汽车的整备质量增加，因而使汽车的有效载质量减少。这些问题在轿车上显得更为突出。

4.4.3　液化石油气汽车

液化石油气（Liquefied Petroleum Gas，LPG）是一种在大气温度条件下，只要稍加压力（1.6MPa左右）便成为液态的碳氢化合物的混合物（主要成分为丙烷和丁烷）。将石油气在低压状态以液态储存在车载储气瓶中作为燃料的汽车称为液化石油气汽车。

1. 液化石油气汽车的优点

(1) 排放污染小　液化石油气几乎不含有不可燃烧成分，因而燃烧完全，CO、HC、NO_x和微粒的排放极低。

(2) 使用性能好　以液化石油气为燃料的发动机，冷起动性能好，运转平稳，不含汽、柴油中存在的胶质，因而在燃烧中不会产生积炭。由于其硫含量和机械杂质均远低于汽、柴油，对气缸、活塞、活塞环、气门等零部件的危害较小。

(3) 经济性好　液化石油气的热值比汽油高4%~5%，加上LPG燃烧完全，因而LPG比汽油燃料少消耗约6%，具有较好的经济性。

(4) 安全性好　液化石油气燃点高（539℃以上），着火界限为6%~15%，不易形成可燃性混合气，所以汽车用液化石油气不易产生火灾事故，比使用汽油更加安全。

2. 液化石油气汽车的缺点

与燃油汽车相比，改装后的液化石油气汽车动力性有所下降。相同气缸容量的汽车，液化石油气汽车可续驶里程较汽油车短 14%。

由于我国液化石油气加气站较少，因而 LPG 在车辆方面的运用仅仅是有政府扶持的公交车。而在国外，尤其在欧洲，除了商用车外，LPG 在乘用车方面的应用也很多。欧洲的 LPG 之所以可以在乘用车中展开，因为有广泛的 LPG 加气站支持。图 4-19 所示为由德国著名车辆改装厂 Hartge 打造的液化石油气驱动的 LPG 宝马 1 系车。

图 4-19　由德国著名车辆改装厂 Hartge 打造的液化石油气驱动的 LPG 宝马 1 系车

4.4.4　生物燃料汽车

生物燃料（Bio-fuel）就是由生物原料生产的燃料，这些生物原料包括农林产品或其副产品、工业废弃物、生活垃圾等。农业和林业生产的碳水化合物是目前主要的生物原料。当前所讲的生物燃料一般是指生物液体燃料，应用最广泛的是燃料乙醇（Bio-ethanol）和生物柴油（Biodiesel）。燃料乙醇可以替代由石油制取的汽油，而生物柴油则可替代由石油制取的柴油，因此，生物燃料是可再生能源开发利用的重要方向。

1. 生物燃料的优点

（1）可再生性　依靠生物原料的再生性，这种燃料可谓用之不竭，取之不尽。

（2）原料来源丰富　无论在何处，也无论当时当地的气候状况如何，都可以获得生产生物燃料所需的原料。

（3）推广方便　生物燃料不同于燃气燃料，它不需要新建补给设备或专用的运输设备，它完全可以利用现有的加油站进行燃料补给。欧洲、北美等许多地区在加油站都有燃料乙醇和生物柴油销售。

（4）环保性　生物燃料不会有过多的有害物质排放，不会造成环境污染。

2. 乙醇汽车

乙醇（Ethanol）俗称酒精，它以玉米、小麦、薯类、糖或植物等为原料，经发酵、蒸馏而制成。将乙醇进一步脱水再经过不同形式的变性处理后成为燃料乙醇。燃料乙醇也就是用粮食或植物生产的可加入汽油中的品质改善剂，它不是一般的酒精，而是它的深加工产品。燃料乙醇可以有效改善油品的性能和质量，降低 CO、HC 等主要污染物排放，而不会影响汽车的行驶性能。

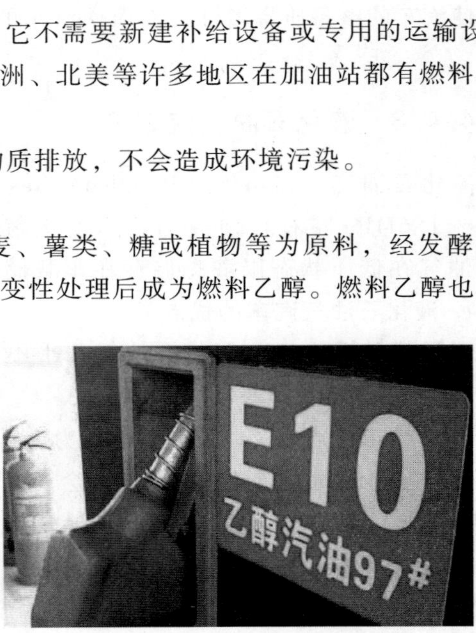

图 4-20　乙醇汽油 E10

乙醇汽车的燃料应用方式主要有四种。第一种是掺烧，指乙醇和汽油掺和应用。在混合燃料中，乙醇和容积比例以“E＊”表示，如 E10 表示用 90% 的普通汽油与10%的燃料乙醇调和而成的乙醇汽油，如图4-20所示。目前，掺烧在乙醇汽车中占主要地位。第二种是纯烧，即单烧乙醇，可用E100表示，目前应用并不多，属于试行阶段。第三种是变性燃料乙醇，指乙醇脱水后，再添加变性剂而生成的乙醇，这目前也处于试验应用阶段。第四种是灵活燃料，指燃料既可用汽油，又可以使用乙醇与汽油比例混合的燃料，并随时可以切换，如福特、丰田汽车均在试验灵活燃料汽车。

替代燃料E85是按85%的燃料乙醇和15%的汽油混合而成的新型生物燃料。E85拥有与传统汽油相同的性能和价格，但是有害物质排放却远远低于普通汽油，因此在发达国家得以迅速推广。

3. 生物柴油

生物柴油是指以油料作物、野生油料植物和工程微藻等水生植物油脂及动物油脂、餐饮垃圾油等为原料油通过酯交换工艺制成的可替代石化柴油的再生性柴油燃料。

作为一种可再生燃料，生物柴油具有以下特点：首先，它以可再生的动物及植物脂肪酸单酯为原料，可降低对石化燃料的依赖，包括自产和进口；其次，生物柴油非常环保，使用生物柴油的汽车所排放的有害物质仅为传统柴油汽车的10%，颗粒物为普通柴油的20%；最后，生物柴油可用于现在普通的柴油发动机，可按任意比例与普通柴油掺用，在普通的加油站就可以获得。

美国是研究和推广生物柴油最早的国家，欧盟是生物柴油推广和发展最快的地区，我国对于生物柴油的研发和推广较晚，但发展迅速。研究显示，2015年，生物柴油产量较高的国家依次是美国、巴西和德国等，欧洲地区占所有生物柴油产量的43%左右，中国的产量约为4亿L（约合33.6万t）。

图4-21　云南盈鼎生物柴油示范车

目前，我国还没有适用于高寒、高海拔、低气压地区的特殊油品。相关研究指出，在石化柴油中添加一定比例的生物柴油，不仅有助于提高燃烧效率，还可提高柴油的抗磨性、润滑性和十六烷值。因此生物柴油特别适用于青海、四川、新疆、西藏等高寒、高海拔、低气压地区以及温度剧烈变化的工况。图4-21所示为云南盈鼎生物柴油示范车。

4. 太阳柴油

太阳柴油（Sundiesel）是德国Choren公司的一个注册商标，是该公司将生物质转化为液体燃料的一种技术。与美国的Coskata使用垃圾等废弃物生产乙醇一样，Choren公司通过边角木料、秸秆或稻草为原料来生产生物燃料。从生物质和纤维素中提取的SunFuel属于第二代生物燃料。在现有的柴油发动机中使用这种品质极高的SunFuel燃油，可进一步降低约30%的颗粒和氮氧化物排放，即便是在老旧车辆上使用，也能取得明显的减排效果。

太阳柴油具有以下优点：具有高十六烷值；没有芳香类化合物，不含硫，因此有害物排放明显降低；可用于现有基本设施和发动机；CO_2循环回收率高。

复习思考题

1. 简述纯电动汽车的组成和工作原理。
2. 简述电动汽车电池管理系统的主要功能。
3. 简述燃料电池电动汽车的工作原理和特点。
4. 简述混合动力电动汽车的三种分类方法。
5. 混合动力电动汽车根据动力系统的结构形式不同，可分为哪几类？试比较其优缺点。
6. 何为代用燃料汽车？代用燃料包括哪些燃料？
7. 简述氢燃料发动机的类型和优、缺点。

第5章 汽车新技术认知

内容提要：本章主要从发动机技术、底盘几大系统技术、车身附件、汽车信息与通信系统技术、无人驾驶技术等方面介绍汽车上的相关新技术。

5.1 发动机新技术

汽车发动机新技术的主要目的是节能环保，在保证发动机动力性的前提下，提高燃油经济性，降低燃油消耗率，减少尾气排放。

5.1.1 高压共轨电控燃油喷射系统

传统柴油机在喷油过程中高压油管各处的压力是随时间和位置的不同而变化的。喷油压力的变化会引起燃油喷射不稳定，尤其在低转速区，严重时会发生间歇喷油现象。为解决此问题，现代柴油机采用了“高压共轨技术”。

高压共轨电控燃油喷射系统是建立在直喷技术、预喷射技术和电控技术基础之上的一种全新概念的燃油喷射系统。它是在高压油泵、压力传感器和电子控制单元（ECU）组成的闭环系统中，将喷射压力的产生和喷射过程彼此完全分开的一种供油方式。

高压共轨电控燃油喷射系统主要由电控单元、油泵、共轨管、电控喷油器以及各种传感器等组成，如图 5-1 所示。低压燃油泵将燃油输入高压供油泵，高压供油泵将燃油加压送入高压共轨管。高压共轨管中的压力由电控单元根据燃油压力传感器测量的共轨管油压及实际需要进行调节。根据柴油机的运行状态，电控单元从预设的发动机在各种工况下所需的点火控制曲线图（MAP 图）中确定合适的喷油定时和喷油持续期，控制电控喷油器将共轨管内的燃油喷入气缸。

高压共轨电控燃油喷射系统不仅可以精确地控制喷油量和喷油定时，还能实现对喷油规律和喷油压力的独立控制，从而可保证柴油机获得最佳的燃烧速率和良好的柴油雾化，以及最佳的着火时间、足够的着火能量和最少的污染排放。

5.1.2 可变气门技术

传统发动机的气门正时（Valve Timing）和气门升程（Valve Lift）是按照发动机性能要求，通过试验确定的某一确定参数。显然，它只在特定转速和负荷条件下最合适。而车用发动机的转速和负荷变化频繁，理论上要求随发动机工况的变化应能调节气门正时和气门升程。

可变气门技术的设计思路就是根据发动机的运行工况，调整进、排气门开闭时刻和（或）气门开启程度，使进入气缸的空气量达到最佳，从而提高燃烧效率，改善燃油经济

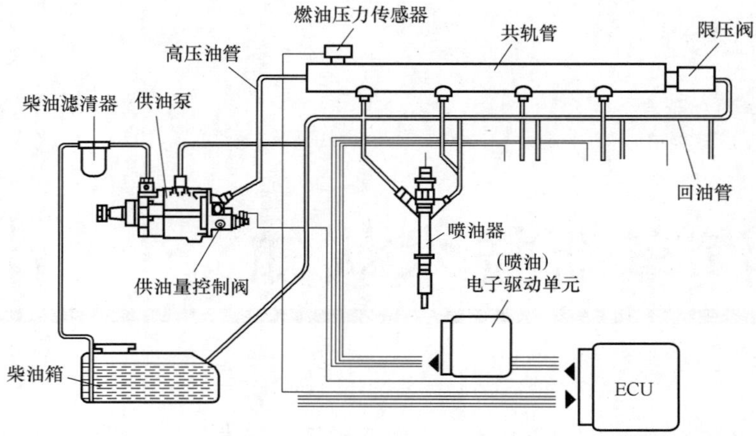

图 5-1　高压共轨电控燃油喷射系统的组成

性，降低排放。

可变气门技术包括可变气门正时技术、可变气门升程技术以及可变气门正时和升程技术三种。可变气门技术已在许多汽车上得到了应用，虽然技术名称和具体实现方式略有不同，但技术原理基本相同。

知名汽车品牌的可变气门技术名称如下：本田的 VTEC 和 i-VTEC；丰田的 VVT-i 和双 VVT-i；三菱的 MiVEC；马自达的 S-VT；现代的 CVVT；雷诺/日产的 VTC、C-VTC；宝马的 Valvetronic 和双-VANOS；保时捷的 Variocam；奥迪的 AVS 等。

图 5-2 所示为本田 VTEC 系统的变气门升程原理。它利用第三根摇臂和第三个凸轮来实现气门升程变化。在中、低转速时，三根摇臂处于分离状态，普通凸轮推动主摇臂和副摇臂来控制两个进气门的开闭，气门升程较小。此时虽然中间凸轮也推动中间摇臂，但由于摇臂之间是分离的，所以两边的摇臂不受它控制。当发动机达到某一设定转速时，ECU 即指令电磁阀起动液压系统，推动摇臂内的小活塞，使三根摇臂锁成一体，一起由高角度凸轮驱动，这时气门的升程和开启时间都相应地增大了。当发动机转速降到某一转速时，摇臂内的液压也随之降低，活塞在回位弹簧作用下退回原位，三根摇臂分开。

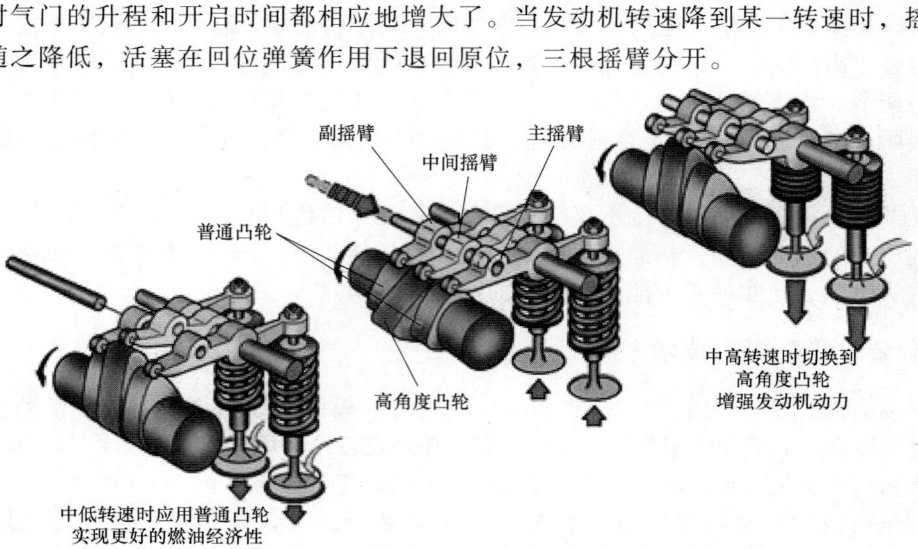

图 5-2　本田 VTEC 系统的变气门升程原理

5.1.3　增压技术

对新鲜空气进行预压缩的过程称为增压。增压后使得单位时间内进入气缸的空气量增多，这意味着可以燃烧更多的燃料，从而可以提高发动机功率。

增压是发动机提高功率最有效的方法之一。发动机增压方式主要有机械增压、涡轮增压和气波增压三种基本类型。目前，在汽车上应用的主要有机械增压和涡轮增压两种方式。

1. 机械增压

图 5-3 所示为机械增压示意图。机械增压器由发动机曲轴经齿轮增速器驱动，或由带轮经齿形传动带及电磁离合器驱动。机械增压能有效地提高发动机功率，与涡轮增压相比，其低速增压效果更好。另外，机械增压器与发动机容易匹配，结构也比较紧凑。但是，由于驱动增压器需消耗发动机功率，因此燃油消耗比非增压发动机略高。

2. 涡轮增压

涡轮增压（Turbo-Charger）是目前在汽车发动机上应用最广泛的一种增压方式。一般来说，如果在汽车尾部看到 Turbo 或者 T，即表明该车采用的发动机是涡轮增压发动机。

涡轮增压的主要作用就是提高发动机进气量，从而提高发动机的功率和转矩。现在最常见的 1.8L 排量发动机，经过增压后，输出功率可以与 2.4L 排量发动机水平相当，但油耗却比 1.8L 排量非增压发动机高不了多少。

涡轮增压有多种类型，最常见的车用涡轮增压装置是废气涡轮增压装置（图 5-4）。废气涡轮增压利用发动机排出的废气惯性冲力来推动涡轮机的涡轮，涡轮又带动同轴的压气机的叶轮，叶轮压缩由空气滤清器管道送来的空气，使之增压进入进气歧管。当发动机转速增快，废气排出速度与涡轮转速也同步增快，叶轮就压缩更多的空气进入进气歧管，空气的压力和密度增大可让更多的空气进入燃烧室，相应地增加燃料量和调整发动机的转速，就可以增加发动机的输出功率。

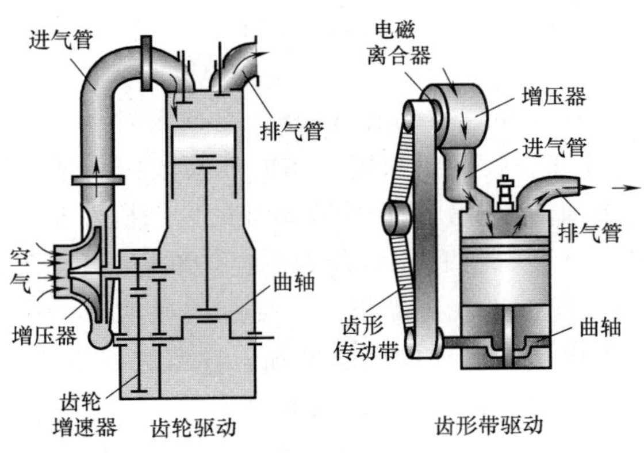

图 5-3　机械增压示意图

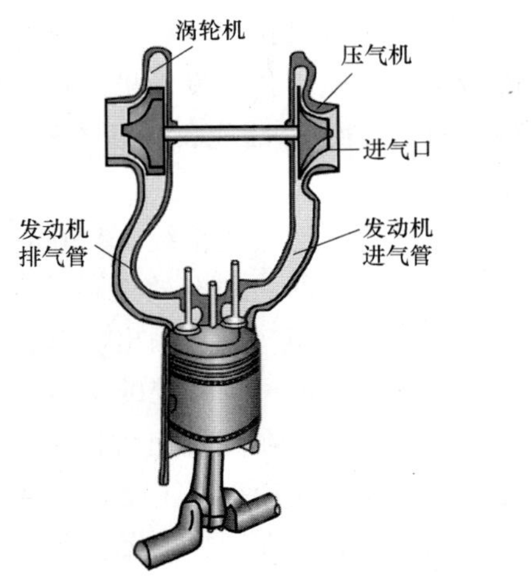

图 5-4　废气涡轮增压装置

涡轮增压的优点是经济性比机械增压和非增压发动机都好，并可大幅度地降低有害气体的排放和噪声水平。涡轮增压的缺点是低速时转矩增加不多，而且在发动机工况发生变化时，瞬态响应差，致使汽车加速性，特别是低速加速性较差。

5.1.4 汽油机缸内直喷技术

目前，一般汽油机所用的汽油电控喷射系统是将汽油喷入进气门前方的进气道内，与空气混合成混合气后，再进入气缸被点燃做功。而汽油机缸内直喷（Gasoline Direct-Injection，GDI）技术就是将汽油直接喷入气缸内，空气通过进气门进入气缸，在缸内与汽油混合成混合气后被点燃做功。

采用缸内直喷技术，发动机在部分负荷时可以实现稀薄、分层混合气燃烧，可以提高燃料利用率，降低油耗。当空燃比达到22以上时，油耗可降低8%~10%。

目前，很多汽车生产商都有自己的直喷技术，比如三菱的GDI、大众/奥迪的FSI（图5-5）、通用的SIDI、奔驰的CGI、保时捷的DFI、菲亚特的JTS、福特的EcoBoost等。

图5-5 大众/奥迪的FSI发动机

5.1.5 进气管长度可变系统

换气过程直接影响着发动机各项性能指标，而进气管长度的大小对发动机的充气效率具有较大的影响。传统发动机的进气歧管的进气通道长度是不变的，只能保证发动机在某一工况下具有良好的性能，无法在运行过程中进行调节，使发动机在两种极端的工况下性能下降。

进气管长度可变系统（Variable Geometry Induction System，VGIS）是改善发动机性能和减少有害排放的一种有效途径。采用可变的进气管长度，利用气体的波动效应来增大进气量，可增加扭矩，提高输出功率，同时降低燃油消耗率，从而实现最佳的发动机性能。

进气管长度可变系统的基本工作原理是，电控单元根据发动机转速和负荷的变化改变进气通道的长短。在高转速时使进气通道变短，减少进气流动损失，提高高速功率；在低转速、低负荷及起动工况下使进气通道变长，管内空气流动的动能增加，导致进气流速加快，充气效率提高，在同样的燃烧条件下会获得更大的输出功率，增加扭矩。

图5-6所示为日产汽车公司采用的进气控制系统，由控制阀控制副进气歧管的开闭。

5.1.6 可变气缸技术

不难发现，豪华汽车通常都采用V6、V8、V10甚至V12的多气缸大排量发动机，但日

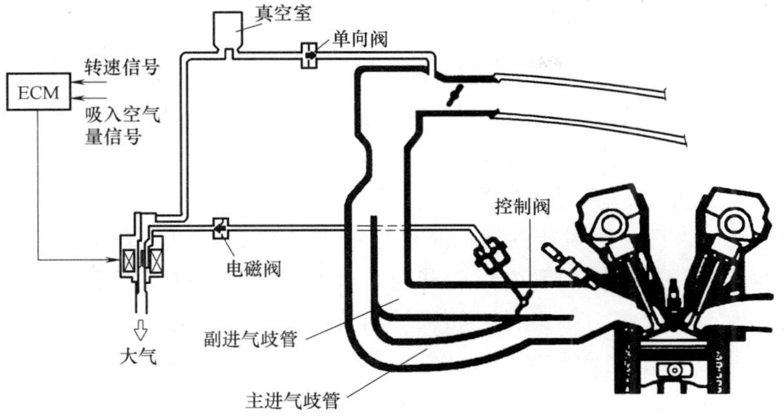

图 5-6　日产汽车公司采用的进气控制系统

常行驶的大多数情况并不需要大功率输出，大排量多气缸就显得有点浪费，不仅费油，而且 CO_2 排放量大。

可变气缸发动机在中低负荷情况下，使部分气缸停止工作，增加工作气缸的负荷率，使之工作点落入低燃油消耗率和低排放工作区内，从而改善车辆的经济性和排放性能；当需要大功率输出时，则让全部气缸工作，充分发挥发动机的动力性。

目前所采用的可变气缸技术多是通过可调挺杆或可调摇臂来实现的。本田的 VCM (Variable Cylinder Management)、通用的 DoD (Displacement on Demand)、克莱斯勒的 MDS (Multi-Displacement System) 都具有相同的可变气缸理念，只是实现方法不同而已。

5.2　汽车底盘新技术

汽车底盘新技术的主要目的是提高行驶稳定性和安全性、驾驶轻便性以及乘员的舒适性。

5.2.1　防抱死制动系统

防抱死制动系统 (Anti-lock Braking System，ABS) 就是防止车辆制动时车轮被抱死的一种车辆安全控制系统。有丰富驾驶经验的人都知道，制动时不能一脚踩死，而应分步制动，一踩一松（即点刹），直至汽车停下。但是，遇到紧急情况时，驾驶员很希望踩一脚制动踏板就能将汽车停下来。这时，由于车轮容易发生抱死不转动，从而使汽车发生危险，比如前轮抱死引起汽车失去转向能力，后轮抱死容易发生甩尾事故等。安装了 ABS 就能解决制动时车轮抱死带来的问题。

ABS 装置通过安装在各车轮或传动轴上的转速传感器不断检测各车轮的转速，计算出当时的车轮滑移率（由滑移率可以知道车轮是否抱死），并与理想的滑移率比较，做出增大或减小制动器制动压力的决定，命令执行机构及时调整制动压力，以保持车轮处于理想的制动状态。因此，ABS 装置能够使车轮始终维持在有微弱滑移的滚动状态下制动，而不会抱死，达到提高制动效能的目的。

5.2.2 电子制动力分配系统

电子制动力分配系统（Electronic Brake force Distribution，EBD）是 ABS 系统的有效补充，一般和 ABS 组合使用，可以提高 ABS 的功效。当发生紧急制动时，EBD 在 ABS 作用之前，依据车身的重量和路面条件，自动调节前、后轴的制动力分配比例，以得到更平衡且更接近理想化的制动力分布，从而提高汽车制动性能。

汽车在制动时，4 只轮胎附着的地面条件往往不一样。比如，有时左前轮和右后轮附着在干燥的水泥地面上，而右前轮和左后轮却附着在水中或泥水中，这种情况会导致在汽车制动时 4 只轮胎与地面的摩擦力不一样，如果均匀分配制动力时容易造成打滑、倾斜或车辆侧翻事故。EBD 系统在汽车制动的瞬间，分别对 4 只轮胎附着的不同地面进行感应、计算，得出不同的摩擦力数值，使 4 只轮胎的制动装置根据不同的情况用不同的方式和力量制动，并在运动中不断高速调整，从而保证车辆平稳、安全地运行。

5.2.3 牵引力控制系统

牵引力控制系统（Traction Control System，TCS），也称为 ASR 或 TRC。它是在 ABS 基础上发展而成的，遵循车轮的滑移率介于 10%~30%之间时车轮的附着力最大这一原则，它使汽车在各种行驶状况下都能获得最佳的牵引力。

TCS 的基本工作原理是，依靠传感器检测 4 个车轮的转速，如果检测到从动轮速度低于驱动轮（这是打滑的特征），就向电控单元（ECU）发出一个信号，调节发动机点火时刻、减小节气门开度、减小驱动力、降挡或制动车轮，从而使车轮不再打滑。

TCS 与 ABS 相互配合使用，将进一步增强汽车的安全性能。TCS 和 ABS 可共用车轴上的车轮转速传感器，并与行车计算机连接，不断检测各车轮转速。当在低速发现打滑时，TCS 会立刻通知 ABS 动作来降低此车轮的打滑。若在高速发现打滑时，TCS 立即向 ECU 发出指令，指挥发动机降速或变速器降档，使打滑车轮不再打滑，防止车辆失控甩尾。

5.2.4 电子稳定控制系统

汽车电子稳定控制系统是车辆新型的主动安全系统，是 ABS 和 TCS 功能的进一步扩展，并在此基础上增加了车辆转向行驶时横摆角速度传感器、侧向加速度传感器和转向盘转角传感器，通过 ECU 控制 4 个车轮的驱动力和制动力，确保车辆行驶的侧向稳定性。

ABS 和 TCS 系统主要是防止汽车在制动或加速时出现车轮抱死拖滑或驱动轮滑转，而电子稳定控制系统主要是防止汽车在转向时出现横向滑移，其基本工作原理是，首先通过转向盘转角传感器及车轮转速传感器识别驾驶员转向意愿，然后通过横摆角速度传感器和侧向加速度传感器识别车辆实际运动方向。若电控单元判定汽车出现不足转向（图 5-7a），则制动内侧后轮，使车辆进一步沿驾驶员转弯方向偏转，从而稳定车辆；若电控单元判定汽车出现过多转向（图 5-7b），则制动外侧前轮，防止出现甩尾，并减弱过多转向趋势，稳定车辆。

目前，电子稳定控制系统在很多汽车上都已有应用，只是各厂商对其叫法不同而已，比如大众称其为 ESP，本田称其为 VSA，丰田称其为 VSC 等。

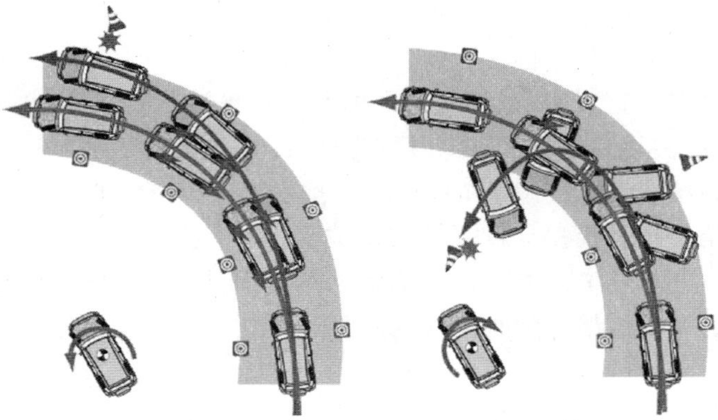

a)　　　　　　　　　　b)

图 5-7　汽车不足转向与过多转向示意图
a）不足转向　b）过多转向

5.2.5　自适应巡航控制系统

近年来，为使车辆能更好地自动预防交通碰撞事故，博世公司开发了自适应巡航控制系统（Adaptive Cruise Control，ACC）。

自适应巡航也称为主动巡航，其控制系统主要由车距传感器（雷达）、轮速传感器、转向角传感器以及 ACC 控制单元等组成。ACC 的基本工作原理是，在车辆行驶过程中，安装在车辆前部的车距传感器（雷达）持续扫描车辆前方道路（图 5-8），同时轮速传感器采集车速信号。当发现与前车之间的距离过小时，ACC 控制单元通过与制动防抱死系统、发动机控制系统协调动作，使车轮适当制动，并使发动机的输出功率下降，以使车辆与前方车辆始终保持安全距离。当与前车之间的距离增加到安全距离时，ACC 控制单元控制车辆按照设定的车速行驶。

图 5-8　自适应巡航控制系统

自适应巡航控制系统避免了频繁地取消和设定巡航控制，使巡航系统适合于更多的路况，为驾驶者提供了一种更轻松的驾驶方式。

5.2.6　电子控制悬架系统

传统的汽车悬架一般具有固定的弹簧刚度和减振阻尼力，它只能保证在一种特定的道路状态和速度下达到性能最优，因而不能同时满足汽车行驶平顺性和操纵稳定性的要求。例如降低弹簧刚度，平顺性会更好，乘坐更舒适，但这样会使操纵稳定性变差；相反，增加弹簧刚度虽可提高操纵稳定性，但会使车辆对路面不平度更敏感，平顺性降低。因此，理想的悬架系统应该在不同的行驶条件下具有不同的弹簧刚度和减振器阻尼力，以同时满足平顺性与操纵稳定性的要求。

电子控制悬架系统，通过对悬架系统参数进行实时控制，使悬架的刚度、减振器阻尼力、车身高度能随汽车的载荷、行驶速度、路面状况等行驶条件变化而变化，使悬架性能总是处于最佳状态（或其附近），同时满足汽车的行驶平顺性、操纵稳定性等方面的要求。

现代汽车电控悬架系统有多种形式。根据控制目的不同，可分为车高控制系统、刚度控制系统、阻尼控制系统、综合控制系统等形式。按悬架系统结构形式，可分为电控空气悬架系统和电控液压悬架系统。根据控制系统有源或无源，可分为半主动悬架（图 5-9a）和主动悬架（图 5-9b）。主动悬架，能利用动力源产生作动力，主动控制车身运动；半主动悬架，则可根据需要，调节悬架弹簧刚度或减振器阻尼力。

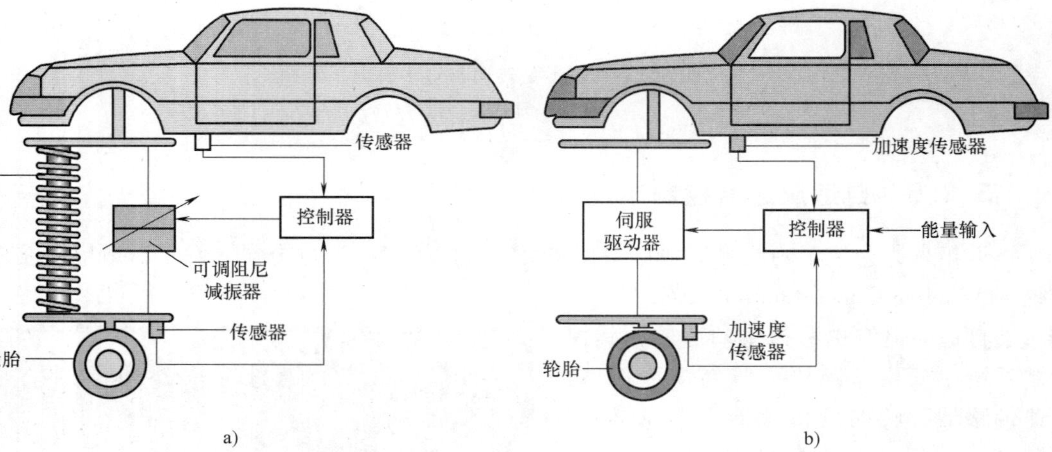

图 5-9　电子控制悬架系统
a）半主动悬架　b）主动悬架

5.3　车身附件新技术

车身附件方面的新技术主要是为驾乘人员提供更加安全、方便和舒适的环境，并能够提高整车的市场竞争力。

5.3.1　膨胀式安全带

通常车辆发生撞击时，安全带会产生紧束动作，将驾乘人员紧紧地约束在座椅上。不过，由于碰撞力惊人，常会发生乘员被勒伤的情形。为避免此类情况发生，且将乘员的伤害在碰撞意外发生时降到最低，福特研发部门将安全带与安全气囊结合，在原先设计好的安全带中，预留了一个空气袋，并安装类似安全气囊的感知装置，使得安全带在产生紧束动作时，此气囊也会同时充气（图 5-10），产生弹性的空间，从而使安全带紧束时对乘员的伤害不会很剧烈。

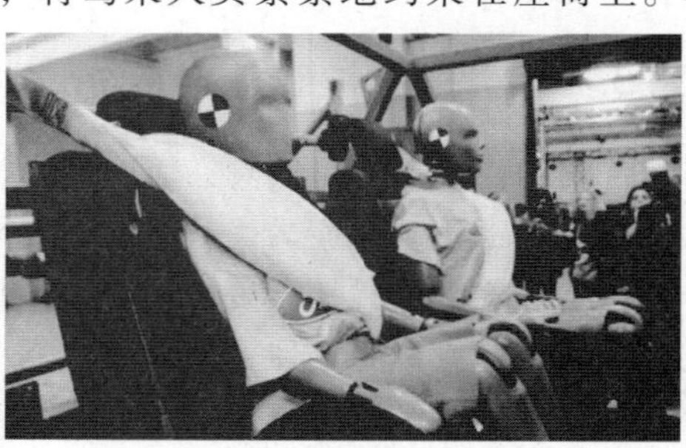

图 5-10　膨胀式安全带

5.3.2　智能安全气囊

普通安全气囊在汽车前部遭受一定力量的撞击后，安全系统会使隐藏在相关装置内的安全气囊瞬间充气弹出，在驾乘人员与相关装置间充当衬垫起到缓冲作用，以减小人体可能遭受的伤害。安全气囊弹出的瞬间速度高达约 40km/h，这就可能使得部分身材较小的驾乘人员，由于身体比较靠近转向盘或相关装置而很容易被迅速弹出的气囊击伤。

智能安全气囊就是在普通安全气囊的基础上增加传感器，以探测座椅上的乘员是儿童还是成人，他们所系安全带的位置高度如何。通过采集这些数据，由计算机软件分析处理，控制安全气囊的膨胀，避免出现不必要的膨胀，使其发挥最佳作用。

5.3.3　主动式安全头枕

主动式安全头枕（图 5-11）的设计目的是提供充分的头颈椎保护。它是一种纯机械系统，头枕的衬垫支撑由一根连杆连接至座椅靠背内的压力板。当车辆遭追尾时，乘客的身体因撞击力作用会撞向靠背，将压力板往后推，促使头枕往上往前推动，以便在头颈剧烈晃动之前，托住乘客的头颈，防止或减小头颈受伤。主动式安全头枕在动作完成后，将自动恢复到原来位置，以备下次使用，无须进行维修。

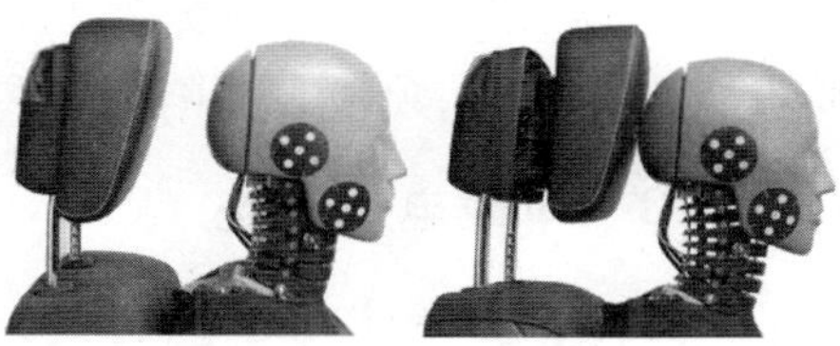

图 5-11　主动式安全头枕

据调查显示，配备主动式安全头枕的车辆，遭受追尾所造成的颈椎伤害率可降低 75%。

5.3.4　行人安全气囊

行人安全气囊技术可有效减轻车辆正面与行人碰撞后行人受到的伤害，如图 5-12 所示。其技术原理是，通过安装在前保险杠的传感器进行监测，如车辆与行人发生了碰撞，发动机舱盖尾部将立即自动翘起，隐藏在其内部的安全气囊同时释放，并且会包裹部分前风窗玻璃与 A 柱，这样凸起的发动机舱盖与安全气囊便可有助于减轻对行人的伤害。

图 5-12　行人安全气囊

5.4　信息与通信系统新技术

汽车信息与通信系统新技术主要体现在汽车自动导航系统、智能数字化仪表盘、车载电话系统等方面。这些信息可让驾乘人员更多、更快地获取有关汽车各方面的信息；同时通过与车外通信实现社会连接，以获取各种信息资料。

5.4.1　汽车自动导航系统

导航技术以前作为一种尖端的军事技术在军事领域应用，20 世纪 80 年代开始应用于汽车。目前，汽车导航系统中所采用的技术主要有卫星导航技术（GPS）、航位推算技术以及地图匹配等技术，其中 2/3 以上的导航技术采用卫星导航技术（GPS）和航位推算技术。

卫星导航技术（GPS）通过车载的电子地图和GPS接收机，自动显示车辆的行驶位置，车载电子地图可对驾驶员选择的目的地给出最佳的行驶路线，为人们的驾驶提供帮助。通过GPS技术，还可以方便地实现特殊车辆的跟踪、监视，以及对被盗车辆的定位查找。

5.4.2 智能数字化仪表盘

长久以来轿车上大都采用的是模拟指针仪表，随着高端车上的电子装置越来越多，车上需要处理的电子信息也越来越多，模拟仪表盘的功能已远不能满足需要，数字化仪表盘的采用是大势所趋。

智能数字化仪表盘最大的优势在于其信息容量大幅增加，并且CPU的采用可以增加汽车的智能化，集显示、控制于一体。智能数字化仪表盘是整车的信息中心和控制中心，不仅能使汽车变得更加安全可靠，维修检测更加容易，而且还能对车况进行实时监测，防患于未然。数字化后的仪表盘能够“定制服务”，像百公里油耗、胎压检测等这些传统指针式仪表盘无法体现的数据，可以由消费者自行定制显示。此外，数字化仪表盘能兼容多种媒体的播放形式，包括蓝牙、免提、USB接入等功能。

5.4.3 车载电话系统

车载电话（图5-13）是专门为驾车人设计生产的高端通信产品，对其安全性、适用性及与其他产品（如车载多媒体系统）的兼容性等都有一定的要求。车载电话系统不仅是一种可以移动的通信工具，更是一种全方位电子化生活的体现。

图5-13 车载电话

随着汽车工业的发展，车内通信和车内办公已经逐渐成为一种趋势。国内主要汽车生产厂商已经在其部分车型上将车载电话系统作为了标准配置或选装配置，比如奥迪A6全系列、宝来、帕萨特2.8 V6、君威及蒙迪欧等。

5.5 汽车无人驾驶技术

无人驾驶汽车（Self-driving Car）是一种主要依靠以计算机系统为主的智能驾驶仪实现无人驾驶的智能汽车，又称为自动驾驶汽车。无人驾驶汽车能够在道路上安全、可靠地行驶，主要通过车载传感器对行驶车辆的周围环境进行感知与识别，对获取的车辆位置、交通信号、道路以及障碍物等信息进行分析处理，从而控制汽车的速度和转向。其核心技术主要有环境感知技术、高精度地图技术以及路径规划与决策技术三个方面。无人驾驶的六个等级依次为完全手动驾驶、辅助驾驶、部分模块自动化驾驶、特定条件下自动化驾驶、高度自动化驾驶以及全自动化驾驶。

无人驾驶系统组成主要包括车载雷达、计算机处理系统、激光测距仪、微型传感器、视频摄像头、计算机资料库等，如图5-14所示。

虽然无人驾驶汽车技术已经得以实现，但大部分相关技术仍然停留在试验与概念阶段，无人驾驶汽车的推广，还需要一个漫长的过程。随着技术的不断发展以及政策的大力支持，各种先进驾驶辅助与无人驾驶技术已经开始应用在量产汽车上，其中我国无人驾驶汽车量产时间更是指日可待。根据 2017 年国家发布的《节能与新能源汽车技术路线图》，到 2020 年，驾驶辅助/部分自动驾驶车辆的市场占有率要求达到 50%；到 2025 年，高度自动驾驶车辆的市场占有率要求达到约 15%；到 2030 年，完全自动驾驶车辆的市场占有率要求接近 10%。

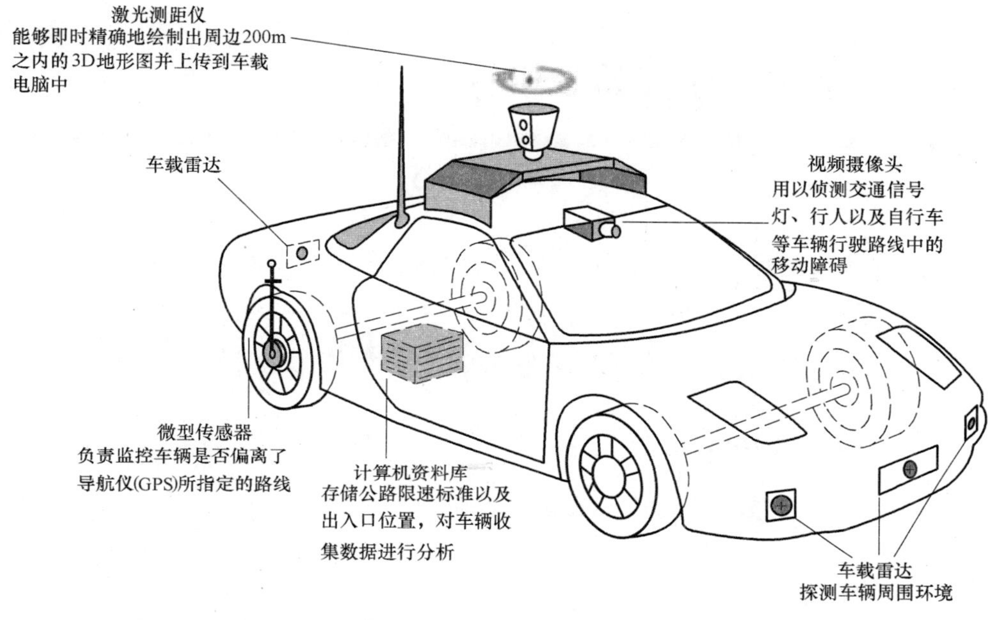

图 5-14　无人驾驶汽车

复习思考题

1. 简述在汽车发动机方面使用和研究的新技术。
2. 简述可变气门技术的设计思路。
3. 简述在汽车底盘方面使用和研究的新技术。
4. 简述电子控制悬架系统的分类与组成。
5. 简述在汽车车身附件方面使用和研究的新技术。
6. 简述主动式安全头枕的工作原理。
7. 简述在汽车信息与通信系统方面的新技术。
8. 简述汽车无人驾驶的系统组成和技术原理。

第6章 汽车选购与保险

内容提要： 本章主要介绍汽车的主要参数与性能指标，新车与二手车的选购程序及注意事项，车险的分类与选择，以及发生交通事故后的定损与理赔流程。

6.1 汽车主要参数与性能指标

6.1.1 汽车主要尺寸参数

汽车的主要尺寸参数包括总长、总宽、总高、轴距、轮距、前悬、后悬等，如图 6-1 所示。

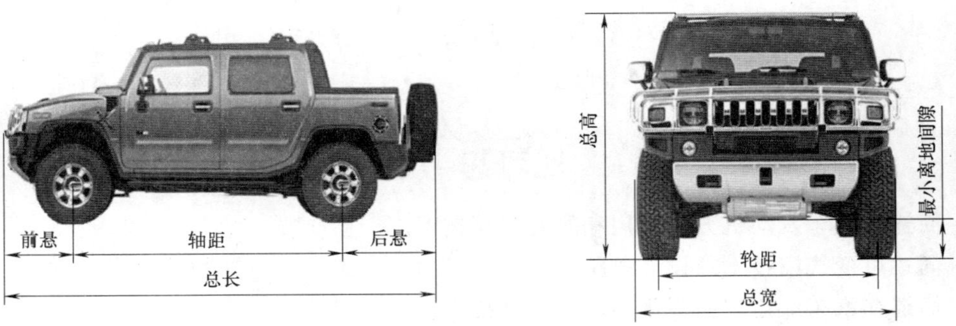

图 6-1 汽车主要尺寸参数

1. 汽车外廓尺寸

汽车外廓尺寸是指汽车的总长、总宽和总高。

汽车总长是指汽车长度方向两个极端点间的距离，即汽车前、后保险杠最凸出的位置间的距离。车身长度较长意味着汽车的纵向利用空间较大，但车身太长会给转弯、掉头和停车造成不便。一般家用小汽车车长在 4500mm 左右。

汽车总宽是指平行于车辆纵向对称平面并分别抵靠车辆两侧固定凸出部位的两平面间的距离，也是汽车最左端到最右端的距离，其中“两侧固定凸出部位”不包括后视镜、侧面标志灯、挠性挡泥板、防滑链以及轮胎与地面接触部分的变形。汽车宽度主要影响汽车的乘坐空间和灵活性。一般家用小汽车的车宽在 1800mm 左右。

汽车总高是车辆支承平面与车辆最高凸出部位相抵靠的水平面之间的距离，也就是从地面到汽车最高点的距离。汽车高度通常是指汽车在空载，但可运行（加满燃料和冷却液）情况下的高度。车身高度直接影响汽车的重心和空间。大部分小汽车高度在1500mm以下，MPV、面包车等为了营造宽阔的头部空间和载货空间，车身高度一般在1600mm以上。

2. 汽车轴距

汽车轴距是同侧相邻前后两个车轮的中心点间的距离，即从前轮中心点到后轮中心点之间的距离，也是前轮轴与后轮轴之间的距离。对双轴汽车，轴距就是前、后轴之间的距离；对三轴汽车，轴距是指前轴与中轴之间的距离和前轴与后轴之间的距离的平均值。

汽车轴距短，总长就短，最小转弯半径也小，汽车的机动性就好。但轴距过短会导致车厢长度不足或后悬过长，汽车行驶时纵向振动过大，汽车加速、制动或上坡时轴荷移动过大，从而导致其制动性和操纵稳定性变差，以及万向传动的夹角过大。轴距大的车辆，转弯半径较大，弯道性能相对下降，但车内空间会增大，舒适性会提高。因此，一般货车、中高级轿车轴距较长。

对于同一类型的轿车，一般来说，欧洲品牌车的轴距较小，而美国品牌车的轴距较大，日韩系车的轴距介于中间水平。家用三厢小汽车轴距多在2600~2800mm。

3. 汽车轮距

轮距是指左、右车轮中心间的距离，包括前轮距和后轮距。较宽的轮距使得车辆具有更好的横向稳定性和操纵性能。

前、后轮距在有些车辆上是不同的。当汽车高速转弯时，外侧前轮受力最大，其前轮轮距越宽，转弯的侧倾力矩越小，所以当前的家用小汽车前轮距普遍大于后轮距。后轮距大于前轮距的车辆高速直线行驶稳定性增加，如国产思域前、后轮距分别为1495mm和1520mm。

4. 汽车前悬与后悬

汽车前悬是指汽车前端至前轮中心的悬置部分。前悬处需布置发动机、车身前部、保险杠、转向器等，因此要求有足够的纵向布置空间。前悬不宜过长，以免使汽车的接近角过小而影响通过性。

汽车后悬是指汽车后端至后轮中心的悬置部分。后悬长度主要与货箱长度、轴距及轴荷分配有关。后悬不宜过长，以免使汽车的离去角过小而引起上、下坡时刮地。

6.1.2　汽车主要质量参数

1. 整车整备质量

整车整备质量是指汽车在加满燃料、润滑油、工作液（如制动液）及发动机冷却液，并装备齐全（随车工具及备胎等），但未载人、未载货时的总质量。

整车整备质量是影响汽车油耗的一个重要参数。整备质量越大，汽车油耗越高，经济性越差。

2. 汽车最大总质量

最大总质量是指汽车在满载时的总质量，即汽车的整备质量与所承载的货物和人员质量的总和。

3. 汽车最大装载质量

汽车最大装载质量是指汽车满载时所能够装载的货物或人员的总质量，即汽车最大总质量和汽车的整备质量之差。

4. 汽车整备质量利用系数

汽车整备质量利用系数是指载货汽车的装载量与其整备质量之比。它表明单位汽车整备质量所承受的汽车装载质量。此系数越大，说明该车型的材料利用率及设计与制造工艺水平越高。

5. 汽车的轴荷分配

汽车的轴荷分配是指汽车空载和满载时，整车质量分配到各车轴上的百分比。轴荷分配对汽车牵引性、通过性、制动性、操纵稳定性等主要性能及轮胎寿命都有很大的影响。

6.1.3 汽车主要性能指标

汽车主要性能指标包括汽车的动力性、经济性、制动性、操纵稳定性、平顺性、通过性、环保性、起动性、可靠性、耐久性等。

1. 动力性

汽车的动力性主要由汽车的最高车速、加速时间和最大爬坡度三个指标来评定。

最高车速是指在水平良好的路面上汽车能达到的最高行驶速度。

加速时间表示汽车的加速能力，包括原地起步加速时间和超车加速时间。原地起步加速时间是指汽车由1档或者2档起步，并以最大的加速强度（包括选择恰当的换档时机）逐步由某一较低车速全力加速至某一高速所需的时间。超车加速时间是指用最高档或次高档从某一速度全力加速至某一较高车速所需的时间。因车辆并行时容易发生安全事故，所以超车加速能力强，可缩短并行行驶时间，行驶相对较安全。

汽车的最大爬坡度是指汽车在满载或某一载荷下在良好路面上能爬上的最大坡度。一般要求货车的最大爬坡度不低于30%（16.7°），越野车不低于60%（31°）。

2. 经济性

车辆的经济性评价一般以一定的车速或行驶工况为基础，以车辆行驶一定里程的能量消耗量或一定能量消耗量车辆行驶的里程数来衡量。

(1) 传统燃油车 传统燃油车一般用单位里程的燃料消耗量或单位容积燃料的行驶里程来表示。我国和欧洲用行驶100km消耗燃料的升数来表示，美国用每加仑燃料能行驶的英里数表示。

依据工信部相关规定，我国新生产和进口汽车销售时必须在车辆显著位置贴燃料消耗量标志，并标注由国家指定检测机构按照统一的国家标准测定的市区、市郊、综合三种工况的燃料消耗量。

(2) 纯电动汽车 为了使纯电动汽车能耗经济性评价指标具有普遍性，其评价指标应该满足三个条件，即可以对不同类型的电动汽车经济性进行比较；指标参数数值与整车储存能量总量无关；可以直接从参数指标进行能耗经济性判断。鉴于此，目前电动汽车常用的经济性评价指标有续驶里程、单位里程容量消耗、单位里程能量消耗、单位容量和单位能量消耗行驶里程、等速能耗经济特性曲线以及直流比能耗和比容耗等。

续驶里程是纯电动汽车电池组充满电后可连续行驶的里程，可以分为等速行驶里程和循环工况续驶里程。此项指标对于综合评价电动汽车电池组、电动机及传动效率、电动汽车实用性具有积极意义。但此指标与电动汽车电池组装车容量及电压水平有关，在不同车型和装配不同容量电池组的同种车型间不具有可比性。即使装配相同容量同种电池的同一车型，续驶里程也受到电池组状态、天气、环境因素等使用条件影响而有一定的波动。

单位里程容量消耗是指电动汽车等速或按工况行驶单位里程消耗的电池组容量。它作为经济性的评价参数在不同的电池组使用条件下存在一定的误差，在不同车型间不具有可比性，仅适用于电压等级相同、车型相似情况下能耗经济性能的比较或同一车型能耗水平随电池组寿命变化历程分析。

单位里程能量消耗又可分为单位里程电网交流电量消耗和电池组直流电量消耗。其中，交流电量消耗受到不同类型充电设备的效率影响，直流电量消耗仅以车载电池组的能量状态作为标准，脱离了充电动机的影响，可以比较直接地反映电动汽车的实际性能。

单位容量和单位能量消耗行驶里程分别是单位里程容量消耗和单位里程能量消耗的倒数。

等速能耗经济特性曲线是指以测出速度间隔为5km/h或10km/h的等速行驶能耗量为标准，在速度-能耗曲线图上连成的曲线。但这种评价方法不能反映汽车实际行驶中受工况变化的影响，特别是市区行驶中频繁出现的加速、减速、怠速及停车等行驶工况。

直流比能耗即单位汽车质量在单位里程的能量消耗，单位为（kW·h)/(km·t)。此参数可以体现不同车型间的传动系统匹配优化程度和能量利用效果。在电压等级相同的情况下，也可用直流比容耗来评价电动汽车的经济性，直流比容耗即单位汽车质量在单位里程的容量消耗。

3. 制动性

汽车制动性能的评价指标主要包括制动效能、制动效能的恒定性及制动时的方向稳定性。

制动效能常用制动距离和制动减速度来评价。制动距离是指从驾驶员开始踩制动踏板到完全停车为止车辆驶过的距离。制动减速度是指制动时车速对时间的导数。

制动效能的恒定性是指制动效能不因制动器摩擦条件的改变而恶化的性能，包括抗水衰退性能和抗热衰退性能。

制动时的方向稳定性指制动时不发生跑偏、侧滑、失去转向能力等方向失稳现象的能力。

GB 7258—2017《机动车运行安全技术条件》规定，乘用车以50km/h的初速度制动时，空载制动距离不超过19m，满载不超过20m；空载平均制动减速度不小于6.2m/s^2，满载不小于5.9m/s^2；制动时不得驶出2.5m宽的通道。

4. 操纵稳定性

操纵稳定性包括操纵性和稳定性两方面内容。操纵性是指驾驶员以最小的修正维持汽车按照给定路线行驶的能力，以及按照驾驶员的愿望操纵转向机构以改变汽车方向的能力。稳定性是指汽车抵御企图改变驾驶员给定行驶方向的外力或外力矩的能力。

5. 平顺性

平顺性是指在汽车一般行驶速度范围内，保护乘员不因车身振动和冲击而引起不舒服或疲劳感，以及保持所运货物完好无损的能力。由于平顺性主要是根据乘员的舒适程度来评价的，因此，

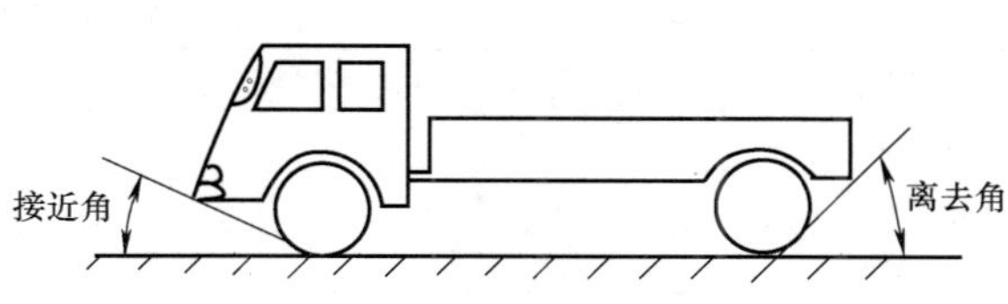

图6-2 接近角与离去角

平顺性又称为乘坐舒适性。

6. 通过性

通过性，又称为越野性，是指汽车在满载情况下能以足够高的平均车速通过各种坏路和无路地带及各种障碍的能力。汽车的通过性几何参数包括最小离地间隙（图 6-1）、接近角、离去角（图 6-2）、最小转弯直径等。

7. 环保性

环保性是指汽车的噪声污染、有害气体排放和无线电干扰等。汽车的有害气体排放主要来自发动机，主要排放污染物有一氧化碳、碳氢化合物、氮氧化物、炭烟等。

8. 起动性

起动性是表征汽车发动机起动难易的指标。起动性能一般以一定条件下的起动时间长短来衡量。我国相关标准规定，不采用特殊的低温起动措施，汽油机在-10℃、柴油机在-5℃以下的气温条件下，应能在 15s 以内达到自行运转。

9. 可靠性

可靠性是指发动机在规定运转条件下，具有持续工作、不因故障而影响正常运转的能力，一般以一定时间内的不停车故障数、停车故障数、更换主要零件和重要零件数等具体指标来衡量。

10. 耐久性

耐久性是指在规定的使用条件和维修条件下，达到某种技术或经济指标极限时，完成规定动作的能力。一般只有大批量生产的汽车才进行耐久性试验。

6.2 汽车选购

对购车者而言，面对市场上品牌众多的车型以及逐渐完善的售后管理体系，了解并掌握购车的主要考虑因素、基本程序以及相关手续的办理知识是非常必要的。以下将对家用轿车的选购方法和基本程序提供一些看法，以供参考。

6.2.1 新车选购

1. 确定购车类型和档次

目前汽车市场上有传统燃油汽车和新能源汽车销售，购买者首先要根据自己所处城市的相关充电、充气配套设施和补贴政策等确定欲购汽车类型。

确定购车档次时，首先应考虑购车目的和家庭经济条件，量力而行。轿车档次越高，购车成本和使用成本也越高。轿车档次主要依据轿车轴距、排量、重量等参数区分。传统燃油轿车根据发动机排量不同可分为微型轿车、普通型轿车、中级轿车、中高级轿车和高级轿车等，其对应的发动机排量和价格见表 6-1。

表 6-1 轿车档次

档次	发动机排量/L	参考价格/万元	车辆性能	购车目的
微型轿车	≤1	≤5	一般	代步
普通型轿车	1~1.6	5~10	较好	代步、公务
中级轿车	1.6~2.5	10~15	好	公务、代步
中高级轿车	2.5~4	15~25	豪华	公务、代步
高级轿车	≥4	≥25	超豪华	公务、享乐

新能源汽车等级划分也沿用传统汽车依据汽车轴距、重量等参数的划分方法，一般分为 A 级车、B 级车和 C 级车。A 级车又细分为 A_{00}级车、A_0级车和 A 级车。

以知豆 d2（图 6-3）、北汽新能源 EC 系列（图 6-4）、长安奔奔 EV（图 6-5）、奇瑞 eQ 等为代表的 A_{00}级微型电动车，占据了纯电动汽车的绝大部分市场份额。A_0级电动汽车，如北汽新能源 EV 系列（图 6-6）、江淮 iEV 系列（图 6-7）、比亚迪元 EV360（图 6-8）、奇瑞瑞虎 3Xe400、北汽 EX360 和长安 CS15EV 等。A 级电动汽车在一线城市很受欢迎，市场份额紧随 A_{00}级车排行第二，其以北汽 EU 系列（图 6-9）、比亚迪 e5（图 6-10）、吉利帝豪 EV（图 6-11）、荣威 ERX5 等品牌为代表。

图 6-3　知豆 d2

图 6-4　北京 EC200

图 6-5　长安奔奔 EV

图 6-6　北汽 EV160

图 6-7　江淮 iEV6e

图 6-8　比亚迪元 EV360

图 6-9　北汽 EU400

图 6-10　比亚迪 e5

图 6-11　吉利帝豪 EV

B 级新能源车主要以混合动力为主，如起亚 K5 混动版、第九代索纳塔混动版、雅阁混动版等，纯电动的 B 级车型较少。C 级纯电动汽车非常少，目前已发布的只有在 2018 年北京车展上亮相的长江 EV 概念车。

2. 确定汽车品牌

在确定了购车类型和档次后，应从以下几方面考虑汽车品牌的选择。

（1）综合考虑品牌因素　品牌作为汽车的性能因素具有一定的抽象性，因为从品牌上看不到任何有关数据和指标，但品牌是在几十年甚至上百年的时间形成的，它包含着企业对顾客的一种承诺。这个承诺既包含着产品的内在质量，也包含着企业对售后服务的责任和让顾客满意的良好信誉。

一般来说，欧美车以扎实著称，而日韩车则物美价廉。不过车无完美之车，比如选择了欧美车，那可能在油耗方面就没有日本车省油；而如果选择了做工精细、省油的日本车，那么在安全系数上又有可能比不上欧美的“铜墙铁壁”。此外，相同排量和配置的进口车，由于关税原因，价格一般都比国产车高，各种税费、配件价格及使用费等都较高，应全面考虑。

（2）看技术的成熟性 一般上市时间比较长的车型在维修保养方面比较成熟，如上海-大众生产的桑塔纳车型，配件的销售点和车辆维修点数量众多，对于新款车型，由于可能存在新技术、新型部件等的使用，其可靠性和耐久性需要市场的检验，一般来说，市场保有量大的“老旧”车型有着更好的技术成熟性，使用过程中的维修成本较低。

对电动汽车而言，电池作为电动汽车的“心脏”，其好坏直接影响到电动机、充电器、控制器等其他“器官”的运转，因此电池的类型及电池生产商也应成为电动汽车选购时重点要考虑的因素。

（3）看性价比 性能与价格的比值简称性价比。汽车的性价比高意味着汽车各方面的性能都不错，同时价格又很合理。不同品牌的两款车，即使排量相同，在性能上也可能有很大的差别。

汽车性能的好坏、价格的高低在一定程度上受汽车配置的影响。汽车配置好，相应的汽车性能和价格就高。现在多数汽车都拥有 ABS、EBD 系统的配置，安全气囊也是每个车型的必配。在相同配置的情况下，汽车的性价比越高越好。

对于电动汽车的性价比评定，车速、续驶里程、百公里耗电、电动机功率、充电器和控制器技术参数、电池类型和特性等指标参数都是要综合考虑的因素。

（4）看售后服务 购车是消费的开始而非终结，车辆的售后服务是购车要考虑的重要环节之一，其服务水平及价格影响汽车使用过程中保养维修的方便性及使用成本。

比较售后服务，一是比较拟购车型在本地区的保有量及维修点数量，维修点多，说明厂家重视售后服务，对购车者来说，也意味着可以有更多的选择余地；二是看这些专业维修点的维修水平、服务态度和价格标准。此外，还要比较汽车的保修期长短。厂家承诺的整车或主要零部件总成的保修期是汽车厂家服务水平高低的重要体现。在保修期内的条件需具备两个，一是时间限制，一是里程限制。这两个条件中任意一个达到了都表明车辆的保修期已过，车辆再出现的正常维修保养都不在免费之列。

3. 选择汽车款式

在明确汽车品牌的情况下，可考虑汽车款式的选择问题。现代汽车款式繁多，各大汽车公司每年都有大量新款车型推出，用户可以根据不同车款的特点及自身的需要做出选择。

三厢车有独立的行李舱，在空气调节及音响分布方面更有利于乘客，乘客之间交谈时也比较方便。但扁阔的行李舱放不下较大件的行李，行车时乘客也照顾不到放在行李舱的东西。

两厢车没有独立的行李舱，车身长度缩短了很多，转向灵活，泊车容易，简单的行李就摆放在后排座位靠背的后面。

MPV（Multi-purpose Vehicle），也称作“多用途汽车”，一般为单厢式结构。它可以用作家用车，也可以用作商务车，还可以用作休闲旅行车，甚至可以被当作小货车来使用，它兼具了轿车的舒适性和小型客车的较大空间。

SUV（Sports Utility Vehicle），也称作“城市越野车”，它不仅具有 MPV 的多功能性，而且还有越野车的越野性。

MPV 和 SUV 的车身较高，视野较广阔，高的座位使得驾乘人员即使长途行车也不觉得疲倦。

轿跑车兼具轿车和跑车的特点，一方面强调其实用性，另一方面又强调其运动性。轿跑车既可在轿车基础上增添跑车元素，如丰田锐志、马 6 轿跑车、奔驰 CLS 等，也可在跑车基础上套用轿车的实用性元素，如四门跑车 RX-8、玛莎拉蒂 Quattroporte 等。

4. 选择汽车颜色

（1）颜色与心理感觉　汽车的颜色五花八门，不同颜色给人的感觉不同。

银灰色是最能反映汽车本质的颜色，看见银灰色就想起了金属材料，整体感很强。美国杜邦的调查显示，银色汽车最具人气，也最具运动感。

白色给人以明快、清洁、朴实大方的感觉，容易与外界环境相协调。白色是膨胀色，容易使小车显大。此外，白色车相对中性，对性别要求不高。

黑色是一种矛盾的颜色，既代表保守和自尊，又代表新潮和性感，给人以庄重、尊贵、严肃的感觉。黑色也易于与外界环境相协调。黑色一直是最受公务车青睐的颜色。高档车用黑色显得气派十足，低档车不适宜选用黑色。

红色给人以跳跃、兴奋、欢乐的感觉。红色也是膨胀色，同样可以使小车显大。红色在阳光下如同一团火焰，非常适合用于跑车或运动型车。

蓝色给人以清爽、清凉、冷静、豪华和气派之感。

黄色给人以欢快、温暖、活泼之感。黄色也是膨胀色，在环境视野中很显眼。跑车选用黄色比较适合，小型车也可选用黄色，但私家车较少选用黄色。

绿色具有较好的可视性。小型汽车选绿色很有个性，豪华型车一般不选用绿色。

汽车企业一般都准备了几十种颜色可供选择。选车时可以向销售商索取该车的色彩样本，选择自己钟爱的颜色，据此向销售商订货。

（2）颜色与行车安全　国内外大量科学研究表明，不同颜色的汽车发生撞车等交通事故的概率不同。黑色汽车交通事故率最大，而银灰色最安全。

颜色是有进退性的，即所谓的前进色和后退色。例如，红、黄、蓝、黑 4 种颜色的 4 部轿车与你保持相同的距离，你会感觉红色车和黄色车离你更近些，而黑色车和蓝色车看上去较远，因此，红、黄是前进色，蓝、黑是后退色。前进色车辆使驾驶员能较早地察觉到危险状况。

颜色是有胀缩性的，即膨胀色和收缩色。如将相同车身涂上不同的颜色，会产生体积大小不同的感觉。红、白、黄是膨胀色，这种车身颜色会使车子看起来比实际的大；而蓝、黑是收缩色，会使车子看起来比实际的要小一些。在傍晚和雨天，收缩色的车辆常不为别的车辆和行人注意，因而易引发交通事故。

5. 新车的挑选

新车的挑选可按以下步骤进行。

① 看外观。重点看车身外部有无瑕疵，要环绕汽车仔细检查，不要让脏物或灰尘遮住残损处。查看全车颜色是否一致，若不一致，用手摸一摸，看是否有修补痕迹，若修补痕迹

较多，则可判断该车为旧车。

② 看车门及车窗开关是否灵活到位。

③ 原地起动发动机，待怠速稳定后听发动机的声音有无杂音；踩下离合器踏板，听发动机声音有无变化；将发动机转速提至3000r/min，再听声音有无变化。

④ 试音响系统、灯光系统，包括近光、远光、示廓灯、前后雾灯、制动灯、转向灯、危险报警闪光灯（俗称双跳）、仪表灯、阅读灯、行李舱灯。

⑤ 调试空调系统。

⑥ 试刮水器、前风窗清洁系统。

⑦ 试转向有无助力。在发动机起动和熄火状态下，分别打转向盘（转角不小于180°），感受力量大小便可知。

⑧ 试制动助力。熄火后，踩制动踏板3~5次，若踩下的行程一次比一次小，说明助力系统正常，否则就可能有问题。

⑨ 场地试车。场地试车时应注意多踩几脚制动踏板以感受踏板力的大小，因新车制动一般未经磨合，比较软。

⑩ 检查随车工具。

6. 新车的验收

在进行新车验收时，应注意以下细节：

① 核对车型及参数。首先核对汽车型号，由于不少汽车是用多个英文字母代表其结构特点及有关参数，型号代码较长，核对时一定要细心；核对发动机型号与说明书、发票上的是否相同，核对发动机号码、车身（架）号码，要与说明书上的一致，若不一致，机动车市场管理所将不给办理上牌手续；查看汽车出厂日期。

② 核对车身颜色、烤漆是否与预先选定的一致。

③ 检查是否漏水漏油。检查散热器是否有水滴在地面，用手摸摸散热器底部，若有较多的水分，则散热器可能存在漏水问题；检查发动机油底壳是否有机油渗漏；检查后桥主减速器壳是否有润滑油渗出；检查转向器（动力转向）是否渗油；检查燃油供给系统，特别是燃油滤清器、各燃油管路是否漏油等。

④ 检查车内设施。打开车门，检查车内座位是否完整，坐垫及椅套是否美观大方，座椅能否前后调整，乘坐是否舒适，有无安全系统，安全带伸缩是否自如。检查车门与侧窗开关是否灵活、安全、可靠，手动或电动车窗操纵是否正常，门窗及前后风窗玻璃密封是否良好，玻璃有否存在裂纹，检查各后视镜中景物图像是否清晰。检查车内各装饰件安装是否牢固可靠，特别是车门拉手有否松动，内顶篷是否有松脱现象等。

⑤ 检查电气系统。检查蓄电池各接线是否牢固可靠；检查蓄电池电解液液面高度是否符合要求；检查刮水器、喷水器是否工作正常；检查各车灯是否工作正常；检查扬声器声音是否响亮；检查里程表有无读数记录，对于新车其数值不应超过10km；拉紧驻车制动杆，挂空档，起动发动机，检查发动机起动是否容易，并观察各仪表及电气报警装备是否正常等。

⑥ 其他静止检查。检查备胎及其他4个轮胎的轮胎规格是否相同，胎压是否合适；检查发动机、变速器、后桥的润滑油油量是否在规定范围内，润滑油是否变质；检查散热器冷却液高度是否符合要求；检查发动机各传动带是否有损坏及缺陷，张紧力是否合适；检查随

车工具是否齐全等。

⑦ 路试检查。起动发动机，聆听转速情况，检查发动机运转是否轻快、连续、平稳而无杂音、异响，轻踩加速踏板，发动机转速应连续、平稳地提升；车辆起步后，换档应平顺，不应出现换档困难及出现齿轮异响的现象；轻踩制动，检查制动系统的制动力度以及制动时的方向稳定性是否良好；检查滑行性能，在20km/h的速度下摘档滑行应可滑行50~80m；检查转向系统，看汽车是否有良好的操控性；在不平路面上加速行驶，感受汽车的减振性能是否令人满意；高速行驶，检查汽车的高速行驶性能等。

新车验收完毕后，在正式上路前需要办理一系列的手续，许多手续在交易市场内即可办理，甚至可以委托商家一条龙服务。目前，这种流水作业的购车形式已成为商家服务竞争的重要手段。

6.2.2　二手车选购

二手车，也称作旧机动车，指并非是从生产厂家购买的新车，而是已经使用过一段时间的旧车。由于二手车存在许多不确定因素，因此在选购时应注意多方面的检查。

1. 车辆手续的检查

按照有关规定，机动车辆自购回之日起1个月内，应到机动车辆管理机关办理申领牌证手续方可上路行驶。若所购的车辆证照不全，如走私车辆、私自改装或组装拼凑的车辆，以及转向盘右置的车辆都办不了证照。若是证照遗失、多年未年检等原因导致证照不全，那么购买后将要花一大笔费用来办证。

根据《中华人民共和国道路交通安全法》等法规规定，机动车辆必须参加年度检验，经检验合格后方可继续使用，否则不许使用。另外，未经安全检测和质量检测的各类机动车，质量无保证，按规定不予入户。

对于从事运输或兼营运输的机动车辆，必须按规定向国家缴纳相应的税费。如果买下了别人拖欠税费的车辆，那么这些拖欠的税费将随车辆转移给新车主。

鉴于上述原因，在购买二手车前，首先要看清车辆出厂投入运营时间，应该何时报废，必要时可请有经验的维修人员路试和检验。要查验车主的身份证、车辆原始发票、车辆购置附加费（税）缴费证明、机动车行驶证、年检证明及保险单等，必要时可与车主到车管部门逐一核实。

2. 车辆外观检查

（1）车漆部分

① 漆色。新补的油漆，往往色彩不同于原车漆色，如果车子开的年头比较久，补漆往往比较多，因而整个车身各个部位颜色都有差异，有时甚至找不出原车的漆色。

② 车身平整度。特别是有大面积撞伤的部位，补泥子的面积比较大，在工人打磨泥子时往往磨不平，因而补过漆后，车身表面看上去如同微微的波浪一样凹凸不平。

③ 油漆质量。补过的油漆常出现质量问题，如丰满度不如原车的油漆、油漆表面有流痕、表面有不规则的小麻坑等。车辆成色越好，上述质量问题越少。

（2）车门部分　首先，从B柱观察车门框是否呈现为一直线，若无波浪形，表示此车无大问题；再从车门查看，在未打开车门时，可先看车门接缝处是否平整，如果接合自然平整，表示此车无大毛病，但不能就此断定此车没问题，可再打开车门详细查看A、B、C柱，也就是观察车门框是否呈一直线，如果不平整，有类似波浪的形状，表示此车经过钣金修理。也可将黑色的水胶条揭开，看是否平整，车门附近是否留有原车接合时的铆钉痕迹，留有痕迹表示此车为原厂车，没有痕迹表示此车烤过漆。最后，可来回开关车门，检视车门开启的顺畅度，无异响或开启顺手，表示此车无大问题。

（3）发动机舱盖和行李舱部分 检查发动机舱盖和行李舱盖有没有被更换。通常更换发动机舱盖代表撞击后发动机舱盖产生卷曲，金属产生卷曲要用钣金技术整平极为困难，所以才会更换发动机舱盖，若发现更换过发动机舱盖则下一步必须更仔细地检查散热器架是否有切焊或换新，是否因为撞击力道过强导致车头溃缩。同理，行李舱盖更换也有可能是因为来自后方撞击力道过大产生溃缩。在查看行李舱开口处左右两边的钣金件或与后保险杠的接合处时，可先翻开行李舱下的地毯，检视该处有无烧焊痕迹，如果车辆维修得比较粗糙，可能存在下雨天行李舱漏水的问题。

（4）底盘部分 检查轮胎磨损程度，可能的话实际试车，感觉行驶时打方向的感觉，从而判断该车车轮定位及转向系统和悬架部分各球头的好坏。另外，通过简单的驾驶还能判断该车传动系统及悬架系统的性能。通过目视检查减振器是否漏油。

3. 内饰检查

检查座椅是否松动、严重磨损和凹陷。从地毯磨痕推断汽车使用频繁程度。如果是新地毯，更要注意检查真实车况。打开空调，观察冷气和暖气是否良好，同时注意体会在压缩机运转时是否伴随异常噪声和车身的严重抖动。一般来说，汽车每年行驶 2 万~3 万 km。如果里程表累积里程过低，这不一定是好现象，有可能里程表被更改过。检查仪表板和汽车外部所有灯光及控制系统是否完好。

现代轿车配备多种电子设备，注意观察发动机故障警告灯、气囊灯、ABS 灯及其他警告灯是否在车辆着车后长时间内不熄灭，或在打开点火开关后根本不点亮，这些都表明故障存在。检查驻车制动是否好用。

4. 发动机舱盖检查

仔细查看发动机舱盖与翼子板的密合度或发动机留有的缝隙是否一致，不要有大小不一的情形。检查发动机与风窗玻璃之间的间隙是否一致或留有原车的胶漆，这些都是检查的重点。

发动机舱盖内的检查尤其重要。打开发动机舱盖后，先检查其内侧，如果有烤过漆的痕迹，表示这片盖板碰撞过，因为一般人不会在这个地方乱烤漆。然后检查发动机前部的端框，该部件往往是固定散热器和冷凝器的，同时它还是前照灯定位和调整的基准，所以非常重要。

5. 试驾操作

（1）灯光 转动钥匙至 2 档开关，检视仪表板指示灯是否正常。发动机起动时，油压灯和蓄电池灯应熄灭。

（2）发动机 发动机的好坏只能凭感觉鉴定。一般来讲，声音清脆而且节奏感强的就是好机器，但也有的车在设计时发动机的响声就闷。总之一句话：发动机的声音不能乱。另外，还应看看发动机舱内的走线是否整齐。在蓄电池上应该只有两条总线走出。

（3）离合器 踩动离合器踏板注意听声音，以确定离合器分离轴承是否破损；转入 4 档及拉驻车制动，慢慢放松离合器踏板，如离合器状况良好，发动机应立刻停止工作。

（4）转向　检查转向器时，可以在原地把转向盘从左到右打满，待回位后再从右到左打满，看两次的圈数是否一致。还可将车起动后检查：确定一个参照物，把方向打满，从左到右转一圈，再返回来，看是否回到参照物处，如未回到原处，则证明转向盘有问题，或是受撞击后变形了。起动车后还可看看转向盘回位是否良好。

（5）倒车　倒车时变速器应无异响，发动机发出的声音应具有连续性。有的车在倒车时会有“咯噔咯噔”的声音，且车子也随之一振一振的，这可能是球头松动的缘故。

（6）制动　在行人和车辆较少的地方感受制动的效果。在提速后踩制动，看车轮是否被抱死，一脚制动是否有效，等等。在试完制动后，还应检查驻车制动。

（7）减振系统　车辆减振系统的好坏，对该车在行驶中的舒适性有很大影响，因此在试车时，可特意将车辆开到不平的路段，以测试其减振性能。如果减振不佳，坐在车内会有强烈的颠簸感。另外，还要注意在不平路面上行驶时，车身是否有杂音及异响，并注意异响源，以此判断问题所在。

（8）异常抖动　正常的车辆在起动发动机后，无论是暂停状态，还是行车中，车身都应保持平稳状态。如果消费者发现要买的车辆有不正常的抖动发生，则表示该车的某部分可能产生问题。例如，怠速时车身抖动，则表示发动机有问题；行驶时发现转向盘有抖动现象，则为轮胎部分有问题，可能要做前轮定位。

（9）异常气味　车辆行驶时，如果闻到车内或车外有异常的气味，且能确定气味是从该车发出的，这表明该车的某个部位有问题。例如，闻到焦味，可能是发动机舱内的电线有烧焦的现象，或传动带、制动蹄片因严重磨损而产生焦味；闻到汽油味，可能是发动机油底壳破损漏油，或是输油管、燃油箱等机件部分有漏油。无论是哪种因素导致的，其对车辆安全都具有潜在的威胁，因此车主在购买前要多加考虑。

6. 二手车过户相关规定

车辆所有权变更须按以下规定办理过户手续。过户后使用不足半年，不准再次出售过户。

① 所有旧机动车，须由原车主到指定的机动车检测场经车辆检验合格，在其行车执照上加盖“售前检验合格章”后方准出售。

② 公车须持旧机动车交易市场发票和该车行车执照，由新车主填写过户审批申请表，盖单位公章办理过户手续。单位出售或购买控购车辆，须持有批准手续，新车主单位按规定交纳专项控制商品附加费后方准办理过户手续。

③ 私人机动车，须持旧机动车交易市场发票，新车主填写过户审批申请表并签名盖章，持新车主身份证（户口簿）及其复印件，一寸免冠照片办理过户手续。

④ 直系亲属之间过户，凭双方户口簿或双方单位证明信，证实确属直系亲属的可不经交易市场。填写过户审批申请表，经审查无误即可直接办理过户手续。

6.3 汽车保险

汽车保险，即机动车辆保险，简称车险，是指对机动车辆由于自然灾害或意外事故所造成的人身伤亡或财产损失负赔偿责任的一种商业保险，属于财产保险的一种。

6.3.1　车险分类与选择

车险按性质可分为强制保险与商业保险。强制保险是国家规定强制购买的保险，商业保险是非强制购买的保险。以 2014 版机动车综合商业保险示范条款为例，根据保险保障的责任范围不同，商业保险可分为主险和附加险。主险包括机动车损失保险、机动车第三者责任保险、机动车车上人员责任保险和机动车全车盗抢保险共四个独立的险种，投保人可选择购买全部或其中部分险种。附加险不能独立投保，包括玻璃单独破碎险、自燃损失险、新增加设备损失险、车身划痕损失险、发动机涉水损失险、修理期间费用补偿险、车上货物责任险、精神损害抚慰金责任险、不计免赔率险、机动车损失险无法找到第三方特约险、指定修理厂险。附加险条款的法律效力优于主险条款，而附加险条款未尽事宜以主险条款为准。

1. 机动车交通事故责任强制保险

简称交强险，也称为强制三者险，是我国首个由国家法律——《道路交通安全法》规定施行的强制保险制度。交强险是由保险公司对被保险机动车发生道路交通事故造成受害人（不包括本车人员和被保险人）的人身伤亡、财产损失，在责任限额内予以赔偿的强制性责任保险。其目的是为交通事故受害人（即第三者）提供合理的基本经济保障。交强险中有责任的死亡伤残赔偿限额为 11 万元，医疗费用赔偿限额为 1 万元，财产损失赔偿限额为 1 千元，最高总责任限额为 12.2 万元；而无责任的死亡伤残赔偿限额为 1.1 万元，医疗费用赔偿限额为 1 千元，财产损失赔偿限额为 1 百元，总赔偿额度比较低，还需要自愿投保的商业车险做相应补充。6 座以下家庭自用车辆每年交强险保费基数为 950 元，实际费用根据车辆使用者依据“奖优罚劣”的原则对应上浮或下调一定比例。

2. 机动车第三者责任险

简称商业三责险，是指被保险人在使用保险车辆过程中发生意外事故，致使第三者遭受人身伤亡或财产的直接损毁，依法应当由被保险人支付的赔偿金额，保险人依照保险合同的规定，对超过交强险各分项赔偿限额的部分给予赔偿。由于交强险总赔偿金额较小，商业三责险是交强险最有效的保障补充。

第三者责任险每次事故的责任限额，由投保人和保险人在签订保险合同时按 5 万元、10 万元、20 万元、50 万元、100 万元和 100 万元以上不超过 1000 万元的档次协商确定，其保费价格在几百至千元不等。

3. 机动车损失保险

简称车损险，是负责赔偿由于自然灾害和意外事故造成投保车辆本身的损失。它是车辆保险中投保最多、用途最广泛的险种，只要导致机动车损失的原因是保险责任范围内的，都可以在保险责任限额内由保险公司来承担损失，对于维护车主的利益具有重要作用。根据车辆价格及用途差异，车损险的保费从千元到万元不等。

4. 机动车全车盗抢险

机动车全车盗抢险的保险责任为全车被盗窃、被抢劫、被抢夺造成的车辆损失以及在被盗窃、被抢劫、被抢夺期间受到损坏或车上零部件、附属设备丢失需要修复的合理费用。根据各公司的保险条款，被盗窃、被抢劫、被抢夺的投保车辆，经县级以上公安刑侦部门立案侦查证实满一定时间（一般为 3 个月）没有下落的，由保险人在保险金额内予以赔偿。

选择购买全车盗抢险时可以考虑投保车辆的防盗技术状况、停放和使用场所治安情况及主要行驶区域等因素，保费价格与车辆实际价值相关。

5. 机动车车上人员责任保险

简称车上人员责任险，负责赔偿保险车辆交通意外造成的本车人员伤亡，包括事故发生瞬间在车内、车体上及正在上下车的人员。该险种在购买时须指明投保座位数，在出现保险事故时，保险公司仅承担投保座位数以内的责任，每个座位每万元保额的保费约 50 元左右。

6. 玻璃单独破碎险

该险种为车损险的附加险，负责赔偿被保险车辆在使用过程中，发生本车玻璃单独破碎损失的一种商业保险。当被保车辆风窗玻璃或车窗玻璃（不包括车灯、后视镜玻璃）出现破损可按实际损失获得赔偿。投保时可选择进口玻璃或国产玻璃，理赔时根据选择进行相应赔偿。

7. 自燃损失险

该险种为车损险的附加险，车主只有在投保车损险的基础上，方可投保自燃损失险。汽车由于自身原因或自身货物导致自燃后，保险公司将根据车辆损坏的程度进行相应的赔偿。自燃险的保额一般按保险车辆的实际价值协商确定。

8. 车身划痕险

该险种为车损险的附加险，保障责任为无明显碰撞痕迹的车身划痕的维修费用。保险金额为 2 千元、5 千元、1 万元和 2 万元四种选择，赔偿金额为每次实际修理费用，在一个保险期内进行维修费用累加，当累计赔款金额达到保险金额时，保险责任终止，超出保险金额的维修费用需自行承担。

9. 新增加设备损失险

该险种为车损险的附加险，当发生车损险保险责任范围内的事故时，造成的车上新增加设备的直接损毁，保险公司在责任限额内负责赔偿。

10. 发动机涉水损失险

该险种为车损险的附加险，又称为发动机特别损失险，各保险公司称谓有差异，只有家庭自用汽车、党政机关、事业团体及企业非营业用车可以投保，保障车辆使用过程中由于发动机进水导致的发动机直接损毁问题。

11. 修理期间费用补偿险

该险种为车损险的附加险，当发生车损险保险责任范围内的事故造成车辆不能使用时，保险公司按合同约定在保险金额内补偿费用，用于车辆维修期间的代步车费或弥补停驶损失。保险金额由补偿天数和每日补偿金额决定，补偿天数最长不超过 90 天。

12. 车上货物责任险

该险种为机动车第三者责任保险的附加险，当所选主险的保险事故发生，导致被保险机动车所载货物遭受直接损毁，依法应由被保险人承担的经济赔偿责任，保险人在保险单载明的赔偿限额内负责赔偿。该险种中的车上货物应注明运输起止地及运输单价等单据，车上人员的私人物品不在赔偿范围。

13. 精神损害抚慰金责任险

该险种为三责险或车上人员责任险的附加险，当所选主险的保险事故发生，造成第三者或车上人员的人身伤亡，根据法院判决及保险合同约定，负责赔偿交强险赔款外的精神损害抚慰金。

14. 不计免赔率险

保险车辆驾驶员在道路交通事故中的责任比例分为全部责任、主要责任、同等责任、次要责任和无责任五种类型。根据机动车辆保险条款规定，对于在交通事故中有责任的一方，保险公司按照责任比例不同，只赔偿实际损失的80%~95%，保险公司不赔付的部分就被称为免赔率。免赔率的变化依据保险车辆驾驶员的责任程度而定。就目前而言，一般保险车辆驾驶员负全部责任的免赔20%；负主要责任的免赔15%；负同等责任的免赔10%；负次要责任的免赔5%；单方肇事事故的绝对免赔率为20%。

不计免赔率险是前述四种主险的附加险，投保人可根据实际需求选择已购任一主险的此附加险。该险种把本应由自己负责的5%~20%的赔偿责任再转嫁给保险公司。

15. 机动车损失保险无法找到第三方特约险

该险种为车损险的附加险，当机动车发生车损险保险事故是由第三方造成的，其损失理应由第三方负责赔偿，但由于无法找到第三方，该损失由车损险进行部分赔偿，车辆损失的免赔金额由被保险人自行承担。在购买该险种后，这部分因无法找到第三方而增加的被保险人自行承担的免赔金额由保险公司承担。

16. 指定修理厂险

该险种为车损险的附加险，在机动车发生车损险保险事故后可指定修理厂进行修理。保险公司为控制维修成本，可能选择经济型维修场所进行事故车维修，而车主为保障维修质量可能选择服务品质较高的车辆维修场所进行修理，该附加险避免了保险公司与车主在维修场所选择上的分歧。购买了该附加险的车主可指定自己信任的修理厂。

6.3.2 定损与理赔

被保险人应在保险事故发生后及时（全车盗抢险要求24h内，其他险种应在48h内）通知交通警察和保险公司。车辆发生撞墙、台阶、水泥柱及树等不涉及向他人赔偿的事故时，可以不向交警等部门报案，及时直接向保险公司报案即可。保险公司接到报案后，对事故现场进行查勘和定损。定损包括车辆损失评估、人身伤亡费用确定、其他财产损失评估、施救费用核算、残值处理等。查勘定损的目的是在最短的时间内快速、准确地调查和掌握事故原因，并统计损失项目和估计损失金额，定损流程如图6-12所示。

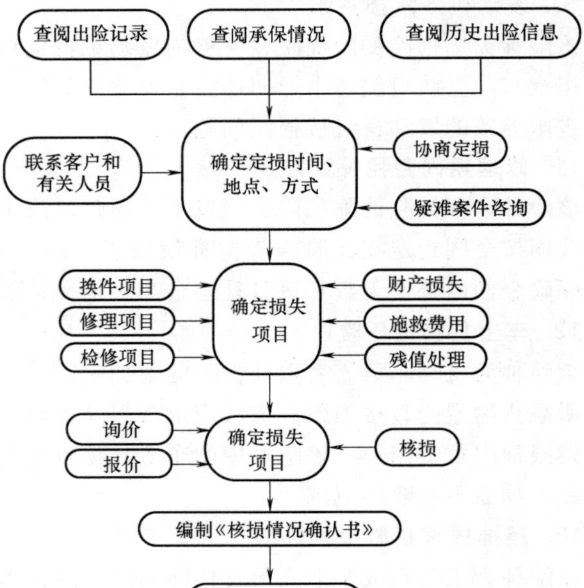

图6-12 定损流程

保险事故发生后，被保险人依据保险合同请求给付保险金称为“索赔”；保险公司依据保险合同处理索赔直至给付保险金称为“理赔”。保险公司根据事故性质和损失情况确定赔偿金额，在保险公司与被保险人对赔偿金额均无异议的情况下，签订赔偿协议，10天内支付赔款。如果被保险人自保险车辆修复或事故处理结案之日起，3个月内不向保险公司提出理赔申请，或自保险公司通知被保险人领取保险赔款之日起 1 年内不领取应得的赔款，即视为自动放弃权益。保险理赔流程如图 6-13 所示。

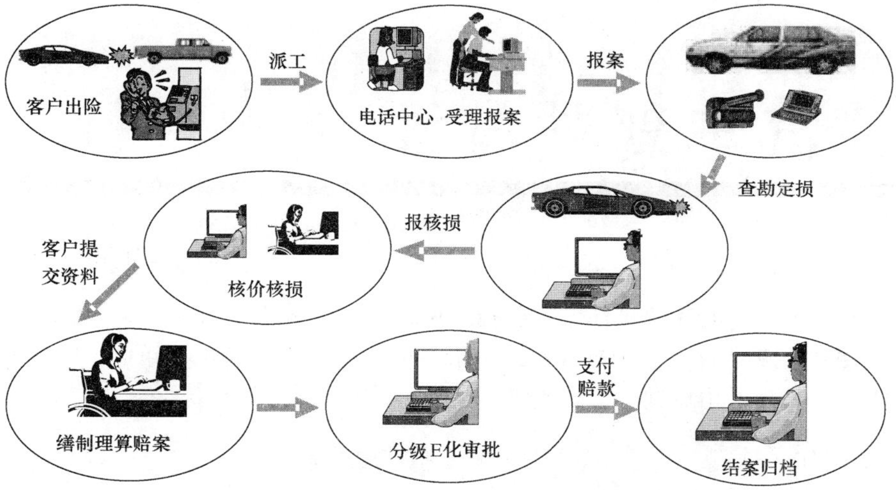

图 6-13　保险理赔流程

保险事故发生后，为减少事故损失，被保险人应对事故车辆或财产进行合理的保护，并加以施救；为使理赔工作顺利进行，被保险人有义务向保险公司提供与确认事故的原因、性质、损失程度等有关的证明和资料。

复习思考题

1. 何为汽车轴距？简述汽车轴距对汽车性能的影响。
2. 简述汽车的主要质量参数。
3. 简述汽车的主要性能指标。
4. 简述汽车颜色与行车安全性的关系。
5. 选购二手车时，应对车辆外观做哪方面的检查？
6. 简述汽车商业保险中主险和附加险的保障责任范围。
7. 简述汽车保险的理赔流程。

第7章 汽车驾驶与维护

内容提要：本章主要介绍机动车驾驶证的申领与相关规定、汽车的基本驾驶技术、驾驶过程中发生紧急情况时的应急处理措施、汽车维护与汽车磨合的相关知识，以及汽车运行材料的主要使用性能与选用原则。

7.1 汽车驾驶

7.1.1 机动车驾驶证

机动车驾驶证是指依法允许学习驾驶机动车的人员，经过学习，掌握了交通法规知识和驾驶技术后，经管理部门考试合格，核发许可驾驶某类机动车的法律凭证。

我国机动车驾驶证有 A1、A2、A3、B1、B2、C1、C2、C3、C4、C5、D、E、F、M、N、P 共计 16 个分类。每种驾驶证可以驾驶的车型也有明确规定，见附录 A。

《机动车驾驶证申领和使用规定》表明，申请小型汽车、小型自动档汽车、轻便摩托车准驾车型的人员，年龄必须在 18 周岁以上，70 周岁以下。年龄在 60 周岁以上的机动车驾驶人，应当每年进行一次身体检查，在记分周期结束后十五日内，提交县级或者是部队团级以上医疗机构开具的有关身体条件的证明。

公安机关交通管理部门对机动车驾驶员的道路交通安全违法行为除给予行政处罚外，实行道路交通安全违法行为累积记分（以下简称记分）制度，记分周期为 12 个月。对在一个记分周期内记分达到 12 分的，由公安机关交通管理部门扣留其机动车驾驶证，该机动车驾驶员应当按照规定参加道路交通安全法律、法规的学习并接受考试。考试合格的，记分予以清除，发还机动车驾驶证；考试不合格的，继续参加学习和考试。机动车驾驶员在一个记分周期内记分 2 次以上达到 12 分的，除扣留机动车驾驶证、参加学习、接受考试外，还应当接受驾驶技能考试。考试合格的，记分予以清除，发还机动车驾驶证；考试不合格的，继续参加学习和考试。机动车驾驶员记分达到 12 分，拒不参加公安机关交通管理部门通知的学习，也不接受考试的，由公安机关交通管理部门公告其机动车驾驶证停止使用。

机动车驾驶证有效期分为六年、十年和长期。如果机动车驾驶员在机动车驾驶证的六年有效期内，每个记分周期均未记满 12 分，可以换发十年有效期的机动车驾驶证；如果在机动车驾驶证的十年有效期内，每个记分周期均未记满 12 分，则可以换发长期有效的机动车驾驶证。

7.1.2　汽车驾驶基本技术

1. 起步

汽车从静止经过动力牵引到行驶开始的过程称为起步。车辆起步时需要较大的转矩来克服车辆的静止惯性，因此一般都用低速档起步。汽车起步的操作顺序如下：

① 驾驶人坐入驾驶室内，调整后视镜，观察车后有无不安全情况。

② 摇动变速杆，检查其是否处于空档。打开点火开关，起动发动机，观察仪表工作是否正常。

③ 踩下离合器踏板，将变速杆挂入起步档（1档或2档）。

④ 观察汽车前方及后视镜，看是否有阻碍起步的情况。

⑤ 握稳转向盘，开启左转向灯并解除驻车制动。

⑥ 左脚缓慢松开离合器踏板，同时适度轻踩加速踏板，使车辆平稳起步。

⑦ 车辆平稳起步后，将左转向灯关闭。

2. 变速换档

小型汽车一般设4~5个前进档，1档为低速档，2档为中速档，3档及以上为高速档。

汽车变速换档的技术要求可归纳为8个字，即及时、正确、平稳、迅速。

及时：掌握换档时机，既不应加档过早，也不应减档过晚。

正确：离合器踏板、加速踏板、变速杆的配合要正确、协调，位置要准确。

平稳：换入新的档位后，松开离合器踏板要及时、平稳。

迅速：动作要迅速，以缩短换档时间，换档动作一般在0.1~0.5s。

汽车变速换档时，应注意如下事项：

① 换档时两眼注视前方，保持正确的驾驶姿势，不得低头看档，以防方向跑偏，发生危险。

② 当挂不进档或齿轮发响时，不得强拉硬推。

③ 换档结束，左脚不要闲置在离合器踏板上。

④ 在行驶中变速时，非特殊情况，不得越级换档。

⑤ 在行驶中需挂倒档时，必须待汽车完全停止后方可挂倒档。

⑥ 汽车在严寒季节起步后，用低速档慢行，待传动系统各部分充分润滑后，再逐级换入高速档。

3. 转向

汽车转向时应根据道路和交通情况，在弯道前50~100m处发出转弯信号，并鸣喇叭警告周围车辆和行人，同时适当降低车速。转过弯道后，应及时解除转弯信号。

汽车转向时应注意如下事项：

① 汽车转向时，车速要慢，转向盘转动不能过急，以免离心力过大造成汽车侧滑。若转向时汽车发生侧滑，应立即放松加速踏板，将转向盘转向后轮侧滑的一侧，待车辆恢复直线行驶转向后，再回正转向盘继续行驶。

② 汽车转向时，应尽量避免使用制动器，尤其是紧急制动，以防发生侧滑或其他意外事故。

③ 汽车转向时，驾驶员应对车轮的行驶轨迹有一个正确估计。一般限制转向角度的因素有最小转弯半径（汽车转弯时，转向盘转到极限位置，其前外轮滚过的轨迹圆半径）和

内轮差（汽车转弯时，内侧前轮与内侧后轮所行驶的圆弧半径之差）。汽车转向时，应能根据地形，充分估计本车的最小转弯半径和内轮差，特别是在转急弯或驾驶挂车、半挂车时，更应注意不使外前轮越出路外或碰撞其他障碍，同时还要避免后内轮掉沟或碰及障碍物。

4. 停车

正确停车是安全驾驶的一个重要组成部分。因停车不当或措施不规范而造成的事故占相当的比例。停车应选在道路宽阔、视线良好、不影响交通的地方。

停车的基本操作步骤如下：

① 观察前方及右侧车道的交通情况，松开加速踏板，打开右转向灯。

② 根据停车目标距离的远近，适当踩下制动踏板，当车速较慢时，踩下离合器踏板，逐级减档，使汽车平稳停车。

③ 车辆停稳后，拉紧驻车制动杆，将变速杆移至空档。

④ 松开离合器踏板和制动踏板。

⑤ 关闭转向灯，根据需要关闭点火开关。

5. 夜间行车

夜间行车的主要特点：

① 视野变窄、视距变短。汽车的远光灯照射距离一般是150m左右，近光灯为30m左右，照射范围一般不超出路面，在此距离和范围以外的景物无法看清，难以发现来自两边暗处和较远处（灯光照射距离以外）的交通情况，预见性处理情况的可能性变小。

② 驾驶员容易疲劳。夜间行车时，驾驶员精力要集中，眼睛长时间紧盯远方，容易疲劳。

③ 容易盲目开快车。夜间行车，交通情况好，交会车辆少，思想容易麻痹而开快车。单车行驶，判断车速没有参照物，在不知不觉中就会提高行车速度。

夜间行车注意事项：应放慢车速行驶；应定期检查各车灯是否破损；非高速路段，遇到岔路口时，应提前减速；应避免疲劳驾驶；应尽量保持直线行驶，不要盲目转向，尽量不要超车；应用变换灯光代替喇叭。

夜间行车道路信息的判别：夜间行车时，由于视野不够开阔，缺少必要的参照物信息，容易产生对道路曲直、坡度等信息的误判，因此夜间行车时应注意道路的区别。

① 车速自动减慢，发动机声音变沉闷，说明行驶阻力增大，可能汽车正在上坡或驾驶在松软路面上；车速自动增快，发动机声音变轻松，说明阻力减小，可能汽车正在下坡。

② 灯光投射距离由远及近，表示汽车驶近或驶上坡路、驶近急弯或将要到达起伏的低谷地段。

③ 灯光离开路面，表示前方可能出现急弯或面临大坑或者是上坡车已驶上坡顶。

④ 道路前方出现黑影，若车辆驶近时逐渐消失，表示路面有深坑。

⑤ 灯光由中间移向路侧时，表明前方出现一般弯道；若灯光以道路的一侧扫移到另一侧，表示前方是连续弯道。

7.1.3 特殊条件下的驾驶技术

1. 雨天行车驾驶技术

(1) 保持良好的视野 雨天开车，除了谨慎驾驶外，要及时打开刮水器，天气昏暗时还应开启近光灯和防雾灯。如果风窗玻璃有霜气，还需去除霜气。

(2) 防止车轮侧滑　雨中行车时，路面的附着条件变差，使汽车的制动性下降，容易产生侧滑。因此，驾驶员要尽量保持直线和低速行驶。转弯时，应当缓踩制动踏板，以防轮胎抱死而造成车辆侧滑。

(3) 防止涉水陷车　当车经过有积水或者立交桥下、深槽隧道等有大水漫溢的路面时，首先是停车查看积水深度，水深不能超过排气管的高度，否则应选择其他路线绕行。

(4) 不宜加速超车　雨中行车，由于驾驶员的视角变窄，不可因前车速度慢而加速超车。在高速公路上强行超车时，由于路面湿滑，稍动转向盘就很容易造成车轮打滑，极易引发交通事故。

(5) 防止行车中撞人　由于带着雨具，雨中的行人视线、听觉、反应等受到限制，不能及时发现过往车辆。因此，驾驶员应减速慢行，多鸣笛，耐心避让，不可急躁地与行人和自行车抢行，防止撞倒行人。

(6) 车陷泥坑的自救方法　雨天在乡间土路上行车时，如遇车轮陷入泥坑时，可挂1档或倒档，试探性地缓踩加速踏板。当汽车能前行或后退时，要保持加速踏板位置不变，低速开出泥泞路段。如果汽车无法前后移动，可在驱动轮前后垫石块、砖头、木板或树枝等硬的物块，以增加车轮与地面的附着力。

2. 雾天行车驾驶技术

(1) 严控车速　当能见度在200~500m时，时速不得超过80km；能见度在100~200m时，时速不得超过60km；能见度在50~100m时，时速不得超过40km；能见度在30m以内时，时速应控制在20km以下；一般视距10m左右时，时速应控制在5km以下。

(2) 正确使用灯光　雾天行车前要全面检查车辆的灯光装置。行驶时要遵守灯光使用规定：打开雾灯、尾灯、示廓灯和近光灯，充分利用灯光提高能见度，看清车辆及行人动态。

(3) 提高视线清晰度　雾天行车时，风窗玻璃上凝结的水汽会使驾驶员视线受损，要勤用刮水器刮去水汽，以提高视线的清晰度。

(4) 勤用喇叭　雾天行车时，视线不好，勤按喇叭可以起到提醒行人和车辆的作用。

3. 冰雪天行车驾驶技术

① 降低车速。冰雪天以50km/h左右的速度行驶，有利于防止车辆侧滑，缩短制动距离。

② 加大行车间距。冰雪路面的行车间距应为干燥路面的3倍以上。

③ 沿着前车的车辙行驶，一般情况下不要超车、急转弯和紧急制动。需要停车时，要提前采取措施，多用换档，少用制动，并可利用发动机的制动来控制车速，防止车辆侧滑。

④ 在冰雪弯道或坡道上行驶时，提前减速，一气呵成地通过，避免途中变速、停车或熄火。

⑤ 路面结冰时，应及时安装轮胎防滑链或换用雪地轮胎。在高速公路上使用防滑装置一定要严格遵守高速公路的有关规定，因为防滑装置不是绝对的安全装置。

⑥ 如遇前轮滑溜，应及时松开制动踏板，修正方向；如遇后轮滑溜，就向滑溜一方校正转向盘；如遇驱动滑溜，应及时松开加速踏板；如遇横向滑溜，汽车进入旋转状态，不要慌乱采取措施，等汽车停稳后重新起步。

4. 山区行车驾驶技术

在山区行车时，驾驶员的注意力应高度集中；车速不要太快；转弯时尽量靠外侧行驶；上坡路段少超车，尤其要注意坡顶前看不见坡顶后的视线死角，小心慢行；下陡坡严禁滑行，可利用发动机低速档来降低车速。

7.1.4 汽车驾驶应急处理措施

汽车驾驶过程中，不可避免地会发生一些意想不到的事件，作为一名驾驶员，很有必要掌握一些应急处理措施。

1. 轮胎爆裂应急处理

汽车行驶中轮胎爆裂是驾驶员很难发现任何征兆的突发性故障。轮胎爆裂后，车身会立刻向轮胎爆裂的一侧急剧偏斜或危险地摇摆，若驾驶员采取的应急措施不当，就会造成掉沟、撞车、翻车或与建筑物相撞等重大事故。车速越高，这种危险性越大。因此，驾驶员应掌握轮胎爆裂的应急处理措施。

若是后胎爆破，汽车会出现不稳定状态（车尾摇摆），由于行驶中的惯性作用，会明显地感觉到汽车立即减速。后胎爆破一般不会危及安全，但也应控制好转向盘，及时松开加速踏板，反复轻踩制动踏板（切不可猛踩），使车辆负荷移向前轮，然后将车停在安全位置。

若是前胎爆破，由于行驶中的惯性力，会产生一股强大的力量，使车辆立即倾向爆胎的那一边。这时，会感到转向盘沉重难以控制，此时应冷静地将转向盘使劲地朝爆胎的相反方向控制住，松开加速踏板，使车身正直、平稳地减速，然后将车停住。千万不要使用紧急制动，以免造成翻车或汽车原地掉头等严重状况。

2. 制动失效应急处理

很多制动失效的车辆都是由于制动踏板被异物卡住，或者车主没有按厂家的说明定期检查并更换制动液引起的。

制动失效后，头脑一定要冷静，集中注意力注意前方的车辆、行人以及障碍物，一边继续控制好转向盘，一边查看是否有异物卡在制动踏板下。如果有，就用脚将异物踢开，不要弯腰用手去操作；如果脚下没有异物，就及时将危险警告灯打开，并用喇叭提醒周围车辆的驾驶员和行人注意你的汽车动向。来回踩踏制动踏板，这样可帮助恢复制动系统中的压力，使制动系统恢复正常。如果有时间，可多尝试几次这样的操作。如果这种操作无效，应尽快挂入低档，尤其在驾驶手动档汽车时。如果车速很快，可能没有办法直接挂入 1 档或 2 档，但可尝试先挂入较低的档位，等车速稍稍降下来后再挂入更低的档位。虽然直接挂入倒档可使车辆很快停下来，但这样会使车辆产生强烈的颠簸且容易损毁发动机，所以不建议用此方法。

除利用挂入低档的方法使车辆减速外，还可应用驻车制动来减速。在拉驻车制动杆时，不能一下子全部拉起，要缓慢而稳定地进行，否则很容易导致车辆失控。

如果上面的方法都不能使车辆减速，只好采用终极方式，即利用路旁一切可以利用的障碍使车辆停下来。这是迫不得已的办法，不到关键时刻绝不能用。

3. 方向失控应急处理

当转向机构中有零件破裂、脱落、卡滞时，会使转向机构突然失控，致使驾驶员无法掌握方向，这是非常危险的。这时唯一的办法就是尽快配合减档，使汽车制动停车，但要注意不能将制动踏板踩得太猛太死，以免发生车辆侧滑事故。在使用制动的同时，对其他汽车的驾驶员和行人要给出信号警示，如打开危险报警闪光灯、开前照灯、鸣喇叭并打手势等。对于装有助力转向的汽车，若突然发现转向很困难，这是由于助力部件有了故障，此时驾驶员还可以实现转向，但转向操作很费力，此时要谨慎驾驶，低速前进。

4. 车辆着火应急处理

在汽车行驶过程中，若发现车辆冒烟起火，驾驶员要迅速切断电源，打开车门。若因线路烧毁车门无法开启，可用消防榔头或其他硬物就近击碎车窗玻璃，尽快从车窗爬出。

在保证人身安全的情况下，用随车灭火器正面喷射着火部位的火焰。如果火情无法控制，驾驶员应在第一时间拨打119报警。

5. 车辆落水应急处理

当车辆落水后，驾驶员应保持冷静，不要使劲设法打开车门，因为车外部水压较大很难立刻开启车门。此时，车窗是最易逃生的途径，可设法砸破车窗，或者做好深呼吸，待水快浸满车厢时，再开启车门或摇开车窗逃生。若仍无法打开车门和车窗，则只能砸破车窗逃生。

6. 高速遇横风应急处理

汽车在行至高速公路隧道出口或凿开的山谷出口处时，容易遭遇横风。横风使驾驶员感到车辆行驶方向偏移，此时应双手稳握转向盘，适当减速。如果已引起车辆偏离行驶路线，应握稳转向盘，缓慢进行方向调整。

7. 发生交通事故应急处理

发生交通事故后，驾驶员应马上停车保持现场，并打开警告灯，树立警示标志。如果有人受伤较重，应立即拨打120急救，并尽可能就地施救。随后，拨打122电话报警并报保险公司前来处理。疏散过往车辆和行人，避免造成交通堵塞和二次交通事故。

7.2　汽车维护

汽车在使用过程中，必然存在零件磨损、调整参数变化或螺钉松动等问题，如果不及时维护，将可能造成不应有的经济损失和安全事故。汽车维护可使汽车的维修费用降到最低，“三分修、七分养”说明了汽车维护的重要性。我国现行汽车维护制度的具体分级见表7-1。

表7-1　我国现行汽车维护制度的具体分级

<table>
<tr><th colspan="3">分　类</th><th>作业重点</th></tr>
<tr><td rowspan="3">定期维护</td><td colspan="2">日常维护</td><td>清洁、补给、安全检视。由驾驶员负责</td></tr>
<tr><td colspan="2">一级维护</td><td>清洁、润滑、紧固。由维修工负责</td></tr>
<tr><td colspan="2">二级维护</td><td>检测、调整、附加修理作业。由维修工负责</td></tr>
<tr><td rowspan="5">非定期维护</td><td rowspan="2">换季维护</td><td>进入夏季维护</td><td rowspan="2">正反各8项作业内容</td></tr>
<tr><td>进入冬季维护</td></tr>
<tr><td rowspan="3">磨合期维护</td><td>磨合前维护</td><td rowspan="3">重点是对新车或大修后的车辆运行初期进行磨合维护</td></tr>
<tr><td>磨合中维护</td></tr>
<tr><td>磨合后维护</td></tr>
<tr><td colspan="3">封存和启用维护</td><td>保持车辆性能，防止锈蚀和老化</td></tr>
</table>

7.2.1 定期维护

1. 日常维护

汽车日常维护是以清洁、补给和安全检视为作业中心内容，由驾驶员负责执行的车辆维护作业。日常维护是发挥车辆效率，减少行车事故，节约维修成本，降低能源消耗和延长车辆使用寿命的重要环节。从日常维护的定义可以明确两点：一是汽车日常维护是日常性的作业；二是日常维护工作的责任人是驾驶员。

汽车日常维护的目的是保证车辆各部分清洁和润滑，各总成、部件工作正常，尤其是要掌握车辆安全部件的技术状况。具体要求做到：车容整洁，工作介质（燃油、润滑油、动力传动液、冷却液、制动液及蓄电池电解液等）充足，密封良好，水、电、油、气无泄漏，附件齐全无松动，制动可靠，转向灵敏，灯光、喇叭等工作正常。

驾驶员作为日常维护的负责人，在对汽车进行日常维护工作中，要把握好出车前、行车中、收车后这三个重要环节。

① 出车前的日常维护主要是指对车身、装载、轮胎及轴向松旷量、灯光、喇叭、各种工作液的容量及是否泄漏、转向、制动效能等重点部位进行查验。

② 行车中驾驶员要充分运用视觉、听觉、嗅觉和触觉等感官，及时发现行车中的异常情况或故障先兆，并利用中途休息间隔，环绕车辆，查验是否出现异常情况。

③ 收车后驾驶员不要急于离开，要耐心细致地检查全车外表，检查发动机有无“四漏”（漏油、漏水、漏气、漏电），工作介质是否需要添加。冬季时还应注意防冻保温，最后应关闭总电源，拉紧驻车制动，关闭车窗，锁好车门。

2. 一级维护

汽车一级维护是指除完成日常维护作业外，以清洁、润滑、紧固为作业中心内容，并检查有关制动、操作等安全部件，由汽车维修企业负责执行的车辆维护作业。

随着汽车行驶里程的增加，有些零部件可能会出现松脱，润滑部位出现缺油、漏油等不良现象，对汽车的操作安全性会造成一定的隐患。汽车的一级维护就是为了及时消除这些隐患而实施的一项运行性维护作业。

汽车一级维护作业的检查项目主要包括影响排放性能的发动机点火系统和排气净化装置的工作状况检查、全车各部分密封性能的检查、油液液面检查、发电机等传动带外观检查等。

3. 二级维护

汽车二级维护是指除完成一级维护作业外，以检查、调整转向节、转向摇臂和悬架等经过一定时间使用后容易磨损或变形的安全部件为主，并拆检轮胎，进行轮胎换位；检查调整发动机工况和排气污染控制装置等，由维修企业负责执行的车辆维护作业。

汽车二级维护是一次以消除隐患为目的的性能恢复性作业，尤其是恢复达标的排放性能和恢复安全性能。

4. 汽车维护周期

汽车日常维护的周期为出车前、行车中和收车后。

汽车一、二级维护周期的确定，应以汽车行驶里程为基本依据，对于不便于用行驶里程统计、考核的汽车，可用时间间隔确定一、二级维护的周期。也即，一、二级定期维护的间隔没有统一的规定，主要是依据车辆使用说明书的有关规定确定，同时依据汽车使用条件的不同，由省级交通行政主管部门规定。采用时间间隔时，可依据汽车使用强度和条件的不同，参照汽车一、二级维护行驶里程周期确定。

7.2.2　非定期维护

1. 换季维护

换季维护是指为了使汽车适应季节的变化而实施的特殊的保护性维护。一般分为换入夏季时的维护和换入冬季时的维护。

冬季转入夏季时，换入夏季维护作业共有以下 8 项作业内容（夏季转入冬季时的维护作业内容与此相反）。

① 检查百叶窗的开闭功能，拆除发动机附件的保温功能与预热起动装置。

② 拆洗气缸体和散热器的放水开关，清洗发动机水套，测试节温器效能。

③ 放出发动机润滑油（单级油）、空气压缩机润滑油、机油滤清器中的冬季用油，清洗润滑系统，加入夏季润滑油。

④ 放出变速器、分动器、差速器及转向器等处的冬季齿轮油；清洗检查齿轮和轴承，校正主减速器齿轮的啮合间隙，加注夏季用齿轮油。

⑤ 清洗轮毂轴承，换用稠度较高的轴承润滑脂。

⑥ 将进、排气歧管上的预热阀置于“夏”的位置。

⑦ 调整发电机、分电器、火花塞间隙以及蓄电池电解液密度。

⑧ 打开机油、散热器开关，清通各通气道。

2. 磨合期维护

(1) 汽车磨合　汽车磨合是指新购的汽车或大修后的汽车在投入满负荷工作前，按一定的规程所进行的适应性运转。通过磨合可使相互配合零件的摩擦表面进行一次走合加工，磨去零件表面不平的部分，逐渐形成比较光滑、耐磨而可靠的工作表面，以承受正常的工作负荷。合理的磨合对减轻汽车磨损、延长汽车寿命、提高汽车功率、降低汽车油耗和减少汽车排污具有重要的意义。

汽车磨合要求发动机转速及车速由低到高，负荷由小到大，变速器各档位都进行适当时间的磨合，并及时更换润滑油，注意发现和排除异常现象。磨合期的长短随车型而变化，一般在 3000~5000km，具体按使用说明书要求进行。

处于磨合期的汽车要注意限制车速，一般车辆各档行驶速度不得超过发动机最高转速的 80%。此外，应尽量选择平坦良好的道路行驶，避免在崎岖、陡坡和泥泞等路况不良的道路上行驶，以减少行驶阻力，从而减轻发动机的负荷。

汽车的磨合期维护是确保汽车使用寿命的关键，所以在磨合期内要特别注意磨合前、磨合中、磨合后的维护。

(2) 磨合前的维护　磨合前的维护主要包括以下 7 项内容。

① 清洗全车外部。

② 检查、紧固外露的螺栓、螺母和锁销。

③ 检查冷却液、润滑油、制动液及其他工作液液面是否正常，各接合面是否有渗漏，必要时应进行添加或更换。

④ 检查变速器各档齿轮是否能正确啮合，转向机构是否灵活可靠，制动系统是否灵敏有效，不符合要求的应予以调整。

⑤ 检查轮胎气压是否符合标准。

⑥ 检查电器、灯光、仪表是否工作正常。

⑦ 检查蓄电池的放电情况、电解液密度和质量。

(3) 磨合中的维护 该项目一般是指完成磨合里程一半时进行的汽车维护，其主要维护项目如下：

① 清洗发动机润滑系统，更换润滑油和滤芯，润滑全车各个润滑工作点。

② 检查制动效能和制动时的方向稳定性，不符合要求应立即调整或更换。

③ 检查、紧固发动机缸盖和进气道螺栓、螺母及其他外露螺栓。

④ 检查轮胎的磨损、温度和气压等状况。

(4) 磨合后的维护 磨合期结束后应结合二级维护对汽车进行全面的清洗、检测、紧固、调整、补给和润滑作业。具体作业项目包括如下内容：

① 清洗润滑油底盘，更换“三滤”和机油。

② 检查调整离合器踏板和制动踏板自由行程，调整制动器间隙，更换制动蹄片。

③ 按技术要求紧固气缸盖螺栓和外露螺栓、螺母。

④ 清洗并检查变速器、差速器、轮毂、转向节等总成和部件，并更换相应的油料。

⑤ 检查、调整或更换火花塞。

⑥ 润滑汽车各个润滑点。

⑦ 拆除限速装置。

7.2.3 封存和启用维护

封存启用维护是对较长时间闲置的车辆所进行的维护。其目的是在停用期间保持车质、车况处于良好的技术状况。当车辆较长时间封存时，由于汽车各部位机件受自然条件的影响，会产生锈蚀、橡胶老化等问题，使车辆的技术状况逐渐变坏。因此，必须对所封存的车辆进行必要的维护。

1. 做好二级维护

封存前应进行一次二级维护作业，油漆脱落之处应涂以防锈漆；排出发动机曲轴箱及气缸中的废气和可燃混合气，并向发动机火花塞孔内加注脱水润滑油，以防化学腐蚀和氧化。密封各总成的孔隙，放松风扇传动带和空气压缩机传动带；对于重要的橡胶制品应涂上橡胶防老化涂料。车辆要用支架支起，使轮胎离开地面；发动机舱盖和门窗要关闭严密，并应锁紧。蓄电池应送充电车间集中保管，按时充电。电解液的密度和液面高度应符合规定，并定期检查维护。

2. 车辆露天封存

要用车衣等物遮盖，防止日晒雨淋，停车方向应尽可能使燃油箱背向阳光，并放尽燃油箱内的燃油。停放封存车辆的周围不准堆放易燃易爆物品，并应备有消防器材和消防措施。

3. 定期检查

每隔一个月摇转曲轴 20~30 转；每隔一季度要进行一次原地发动机运转和传动系统的空转试验，检查车辆各系统及总成零部件的工作情况，并给予必要的补充维护作业。每隔半年应进行短距离的空车行驶试验。空驶前的车辆应严格按照出车前的操作规程进行检查，发现故障或异常现象要及时排除。

4. 妥善保管

封存后的车辆要进行妥善的保护和管理，经常检查封存车辆的外观和技术状况，严格执行封存车辆的维护制度。要最大限度地减少自然侵蚀，保证车辆能在短时间内迅速启封使用。严禁拆卸和挪用车辆上的任何零部件，对随车附属物品或备件要登记造册，严格管理。

5. 启封使用

启封前应进行一次二级维护作业，对车辆进行全面、细致的检查和清洁工作，路试合格后，方可投入正常使用。

7.2.4 电动汽车的维护

各电动汽车企业的维护间隔不一样，多数以 1 万 km 为一个维护周期。对电动汽车，除需开展与传统汽车共性的某些零部件或总成的维护保养工作之外，还需要定期开展各用电器、电池总成、线束总成等磨损、老化状况的检查。

（1）动力电池系统检查 检查处理安全防护、绝缘、插接件装置、动力电池加热功能，并视情况对有问题部分做出处理。按规定力矩紧固固定螺栓。清洁动力电池极柱，必要时喷涂极柱防腐蚀液或涂抹润滑脂进行密封保护。此外，还要对电池外部进行清洁。

（2）电动机及电器电控系统检查 视情况处理电动机安全防护、绝缘设备、电动机和控制器，检查机舱及各部位低压线束、高压线束、充电口有无损坏或老化，检查固定元件和插接件连接状态是否正常，检查换电限位装置磨损松旷现象、密封性，并对其进行润滑。用专业诊断仪诊断高压绝缘监测系统和故障诊断系统，如存在故障，需要进一步检修。

（3）部分代表车型的维护保养周期 当前电动汽车代表车型的保养维护内容、项目及周期见表 7-2。

表 7-2 当前电动汽车代表车型的保养维护内容、项目及周期

车型	整车质保	电动机、电池质保期限	电池种类	电动机更换价格	车辆保养周期	齿轮油更换周期
北汽 EV150	3 年或 6 万 km	5 年或 10 万 km	磷酸铁锂电池	1 万元左右	10000km	20000km
长安逸动纯电动版	3 年或 6 万 km	5 年或 10 万 km	三元聚合物锂电池	1 万元左右	5000km	60000km
比亚迪 E6	4 年或 10 万 km	6 年或 15 万 km(电池电芯终身免费更换)	磷酸铁锂电池	1 万元左右	12000km	40000km
特斯拉 Model S	4 年或 8 万 km	8 年不限里程	三元聚合物锂电池	—	建议每年保养一次	免费

7.3 汽车运行材料

汽车使用的燃料（汽油、柴油、代用燃料等）、润滑剂（发动机润滑油、齿轮油、自动变速器油、润滑脂）、工作液（制动液、冷却液等）和轮胎等非金属材料统称为汽车运行材

料。汽车运行材料选择不当，会严重影响汽车的各项性能，使汽车出现早期损坏，造成环境污染和资源浪费。

7.3.1 汽车燃料

1. 汽油

(1) 主要使用性能

① 蒸发性。蒸发性是指汽油蒸发的难易程度。对发动机的起动、暖机、加速、燃料消耗量以及气阻现象等有重要影响。蒸发性好的汽油，容易与空气充分混合形成良好的可燃混合气，低温起动性好，燃烧完全，但蒸发性不能过好，蒸发性过好的汽油在高温和高原地区容易产生气阻。

② 抗爆性。抗爆性是指汽油在各种使用条件下抗爆燃的能力。车用汽油的抗爆性用辛烷值表示，辛烷值越高，汽油的抗爆性越好。

③ 氧化安定性。氧化安定性是指汽油在自然条件下，长时间放置的稳定性。安定性好的汽油，不易被氧化生成胶状物质，以免堵塞油路。

④ 腐蚀性。要求汽油腐蚀性小，不含杂质和水分。

⑤ 安全性。闪点是表示汽油蒸发性和安全性的指标。闪点低的汽油在储存、运输、使用以及发生交通事故后的安全性较差，因此国家标准严格规定的闪点值不小于55℃。

(2) 汽油的牌号与选用 汽油的牌号表示汽油的抗爆性，汽油的抗爆性用辛烷值表示，牌号数越大，辛烷值越高，抗爆性越好。

我国原来国Ⅳ的车用汽油牌号有三个，即 90 号、93 号和 97 号汽油。根据国家发改委要求，2017 年 1 月 1 日起国内全面供应国Ⅴ标准成品油，升级后的国Ⅴ汽油牌号由原来国Ⅳ的 93 号和 97 号更换为 92 号、95 号和 98 号汽油，所以目前在加油站我们看到的主要是 92 号、95 号和 98 号这三种牌号的车用汽油。

汽油牌号的选用一般应遵循以下原则：

① 根据汽车发动机压缩比选择。一般来说，压缩比高的发动机应选择高牌号汽油，压缩比低的发动机应选择低牌号汽油。目前市面上轿车发动机的压缩比一般在 9.0~12.0，其中涡轮增压发动机的压缩比一般在 9.0~10.5，自然吸气发动机的压缩比一般在 10.0~12.0。但实际上目前的自然吸气发动机的压缩比普遍都在 10.5 以上，原则上这些车都应选用 95 号汽油，但因为现代发动机上采用了许多电控新技术来控制汽油机的爆燃，所以它们仍然可以选择使用低牌号的 92 号汽油。压缩比超过 10.5 的自然吸气发动机或压缩比超过 10.0 的涡轮增压发动机建议使用 95 号汽油。对于压缩比大于 11.5 的自然吸气发动机，或者装备了压缩比大于 10.5 的涡轮增压发动机，要求选用 98 号汽油。

若发动机压缩比高，而使用低辛烷值汽油，则会引起不正常燃烧，造成爆燃，从而引发输出功率下降、机体强烈振动、零部件受损、耗油及行驶无力等现象。

② 根据使用条件选择。高原地区大气压力小，空气稀薄，可以适当降低汽油的辛烷值。经常在大负荷、低转速下工作的汽油机，应选择较高辛烷值汽油。

③ 根据使用时间调整汽油牌号。发动机使用时间较长后，由于燃烧室积炭、水套积垢等，会引起缸内燃烧压力增加，此时，若再使用原牌号汽油，将可能导致发动机爆燃，因此，这类汽车在维护后应该使用高一级的汽油。

2. 柴油

(1) 车用柴油的主要使用性能　柴油是石油提炼后的一种油质的产物，目前我国车用柴油主要是轻质柴油。轻质柴油的主要性能是着火性和流动性。

① 着火性。着火性是用来衡量柴油自燃性能的指标，一般以十六烷值作为评价柴油着火性的指标。十六烷值高的柴油，容易自燃，滞燃期短，容易起动；十六烷值低，则着火慢，滞燃期长，容易产生燃烧噪声。

② 流动性。凝点是评定柴油流动性的重要指标，它表示燃料不经加热而能流动的最低温度。柴油的凝点是指油品在规定条件下冷却至丧失流动性时的最高温度。

(2) 车用柴油的牌号与选用　柴油的牌号是按其凝点的高低分级的，轻质柴油按凝点分为 10 号、5 号、0 号、-10 号、-20 号、-35 号、-50 号七种牌号。例如，-10 号柴油表示其凝点不高于-10℃。

柴油的选用主要依据当地季节和最低气温，一般要求柴油的凝点低于环境温度 5℃左右。选用车用柴油应遵循的基本原则如下：

① 根据柴油使用地区风险率 10%的最低气温选用柴油牌号。根据 GB 19147—2009 要求，温度在 4℃以上时，选用 0 号柴油；温度在 4～-5℃时，选用-10 号柴油；温度在-5～-14℃时，选用-20 号柴油；温度在-14～-29℃时，选用-35 号柴油；温度在-29～-44℃时，选用-50 号柴油。

② 在气温允许的情况下，尽量选用高牌号柴油。

③ 注意季节气温变化对用油的影响。

车用柴油选用时应注意：不同牌号的轻质柴油可掺和使用，无须换季换油；柴油不可与汽油混合使用；应防止机械杂质混入柴油；冬季使用桶装高凝点柴油时，绝不能用明火加热，以免爆炸。

7.3.2　汽车润滑油（脂）

汽车润滑油（脂）是用于汽车各相对运动部件摩擦表面间的润滑介质，担负着减小摩擦、密封、冷却以及清洗零件的功能。汽车润滑油（脂）主要有发动机润滑油、齿轮油、液力传动油和润滑脂。

1. 发动机润滑油（图 7-1）

(1) 主要使用性能

① 黏度。黏度又称为黏性系数，表征液体在流动时，其分子之间产生的内摩擦大小。黏度大的润滑油流动性较差，会导致大量的能量损失在克服润滑油内部阻力上，但易于在零部件表面形成较厚的润滑油膜，适合在较高温度及重负荷的情况下工作。反之，黏度较小的润滑油形成的油膜较薄，但流动性好、阻力小，适合在低温、低负荷的情况下使用。

图 7-1　发动机润滑油

② 黏温性。黏温性是指润滑油黏度随温度而变化的特性。润滑油的黏度随温度变化太大，会使高温时黏度太低，而低温时黏度太高，从而影响正常润滑。

③ 氧化安定性。氧化安定性是指润滑油抵抗由于氧化作用而引起其性质发生永久性改

变的能力。氧化安定性是反映润滑油在实际使用、储存和运输中抗氧化变质和老化倾向的重要特性。油品氧化的结果是颜色变深，黏度增大，酸性物质增多，并产生沉淀，腐蚀金属，堵塞油路。

(2) 发动机润滑油的分类 我国发动机润滑油依据黏度和使用性能两种方法进行分类。

① 按黏度分类。冬季用润滑油分为六个级别：0W、5W、10W、15W、20W、25W。其中，“W”代表冬季，W 前的数字越小，其低温黏度越小，低温流动性越好，适用的最低气温越低。

夏季用润滑油分为五个级别：20、30、40、50、60。数字越大，其黏度越大，适用的最高气温越高。

全天候复合级别润滑油（也称为多级润滑油）则有 16 种，分别为 5W/20、5W/30、5W/40、5W/50、10W/20、10W/30、10W/40、10W/50、15W/20、15W/30、15W/40、15W/50、20W/20、20W/30、20W/40、20W/50，代表冬季部分的数字越小、代表夏季部分的数字越大者黏度越高，适用的气温范围越大，见表 7-3。

表 7-3 润滑油黏度等级与适宜温度对照表

黏度等级	适应温度范围/℃	黏度等级	适应温度范围/℃
5W/20	-30~20	20W/40	-15~40
5W/30	-30~30	10W	-5~15
10W/30	-25~30	20	5~25
10W/40	-25~40	30	15~35
15W/40	-20~40	40	20~40

② 按使用性能分类。发动机润滑油分为汽油机润滑油系列（即 S 系列）和柴油机润滑油系统（即 C 系列），每个系列的油品按英文字母顺序排列，分为若干级别，字母越往后级别越高，使用性能越好。

汽油机润滑油的级别有 SC、SD、SE、SF、SG 和 SH 六个级别。

柴油机润滑油的级别有 CC、CD、CD-Ⅱ、CE 和 CF-4 五个级别。

每一种级别又有若干种单一黏度等级和多黏度等级的润滑油牌号。如 CC 级润滑油有三个单一黏度等级（30、40 和 50）和六个多黏度等级（5W/30、5W/40、10W/30、10W/40、15W/40 和 20W/40）的润滑油牌号。

单一黏度等级的润滑油黏温性较差，只适应某一温度范围使用。多黏度等级的润滑油黏温性好，适应的温度范围宽。

(3) 发动机润滑油的选用 发动机润滑油的选择应遵循一定的原则，即应兼顾使用性能级别和黏度级别两个方面。首先应根据发动机结构特点和要求，确定其合适的使用性能级别，然后根据发动机使用的外部环境温度，选择该质量等级中的黏度等级。

在选择发动机润滑油使用性能级别时，对于汽油机，应注意汽油发动机工况的苛刻程度和进、排气系统中的附加装置及生产年代；对于柴油机，主要依据发动机润滑油的平均有效压力、活塞平均速度、润滑油负荷、使用条件和柴油含硫量等因素来选择。一般来说，使用性能级别高的润滑油，可代替低级别的润滑油，但经济上不合算。因此，应按说明书的规定进行合理选用。但低级别的润滑油绝不能代替高级别的润滑油。

发动机润滑油的黏度级别选择主要根据气温、工况和发动机润滑油的技术状况，一般要遵循以下原则：

① 应根据工作地区的环境温度、发动机负荷、转速选用适宜黏度等级的发动机润滑油，以保证零件正常润滑。

② 应尽量选用黏温特性好、黏度指数高的多级润滑油。多级润滑油使用温度范围比单级润滑油宽，具有低温黏度油和高温黏度油的双重特性。

2. 汽车齿轮油

汽车齿轮油（图 7-2）用于汽车转向器、手动变速器以及驱动桥等齿轮传动机构中，由于齿轮传动时表面压力高，所以齿轮油对齿轮的润滑、抗磨、冷却、散热、防腐防锈、洗涤和降低齿面冲击与噪声起着重要的作用。

图 7-2　汽车齿轮油

（1）主要使用性能

① 抗磨性（也称为油性），是指齿轮油在运动部件之间抵抗摩擦，保持油膜的能力。

② 极压性，是指齿轮油抗摩擦、磨损、烧结和耐冲击负荷的能力。

③ 热氧化安定性，是指齿轮油抵抗热和氧化作用的能力。

④ 抗泡沫性，是指齿轮油迅速消除泡沫的能力。因为齿轮转动时会产生泡沫，泡沫会影响油膜生成，加速齿轮磨损，因此必须迅速予以消除。

（2）齿轮油的分类与选用　目前我国车辆齿轮油按黏度为 150Pa・s 时的最高温度和 100℃时的运动黏度分为七个黏度牌号，其中包括四个低温黏度牌号（冬季用油）和三个高温黏度牌号（春、夏、秋季用油），其使用性能只分为 CLC、CLD、CLE 三类，其中 CLC 相当于普通车辆齿轮油（GL-3），CLD 相当于中负荷车辆齿轮油（GL-4），CLE 相当于重负荷车辆齿轮油（GL-5）。

车辆齿轮油的使用级别，要严格按照汽车使用说明书中规定的齿轮油使用级别，或根据传动机构工作条件的苛刻程度来选择。工作条件主要是指齿面压力、滑动速度和油温等。而这些工作条件又取决于传动装置的齿轮类型。所以，车辆齿轮油使用级别一般按齿轮类型和传动装置的功能来选择。

一般来说，对于准双曲面齿轮式主减速器或工作条件苛刻的其他齿轮式主减速器，一定要选择 GL-4 以上的齿轮油。手动变速器和后桥可以选用同一级别使用性能的齿轮油。汽车转向机构多为齿轮齿条式、蜗轮蜗杆式或滚珠螺母式，齿轮传动部分一般和手动变速器使用同一种润滑油。

车辆齿轮油的最低黏度级别，主要根据最低气温和最高油温，并同时考虑车辆齿轮油换油周期较长等因素来加以选择。

3. 润滑脂

润滑脂俗称黄油，是介于液体与固体之间的半流动的塑性物质，它是在润滑油中加入稠化剂制成的，主要应用于水泵轴承、发电机轴承、轮毂轴承、万向节轴承以及主销轴瓦等闭开或密封不良及受压较大的摩擦部位，具有润滑、保护和密封等作用。

（1）主要使用性能

① 稠度，是指润滑脂在受力作用时抵抗变形的程度，一般用锥入度指标衡量。锥入度

越小，润滑脂越硬，越不易进入和充满摩擦面，同时润滑脂的内摩擦阻力也大。在选用润滑脂时，冬季应选用锥入度大一些的润滑脂，夏季应选用锥入度小一些的润滑脂。

② 低温性能，是指润滑脂在低温条件下仍能保持良好润滑的性能，它取决于润滑脂低温条件下的相似黏度和低温转矩。

③ 高温性能，是指润滑脂在高温条件下仍能保持良好润滑的性能，可用滴点、蒸发量和轴承漏失量等指标进行评定。温度对于润滑脂的流动性具有很大影响，温度升高，润滑脂变软易于流失。而且在较高温度下，润滑脂蒸发损失增大，氧化变质与凝缩分油现象严重，将会引起润滑脂失效。

(2) 润滑脂的分类与选用 润滑脂按应用时的操作条件分类。每一种润滑脂用一组（5个）大写英文字母组成的代号来表示。例如：L-XBEGB-00 表示极压型润滑脂，稠度等级为锥入度 400~430。其使用条件是，最低操作温度-20℃，最高操作温度 160℃，可以经受水洗。

润滑脂的选用按汽车使用说明书要求进行。目前普遍推荐使用的是通用锂基润滑脂（图 7-3）。

图 7-3 润滑脂

7.3.3 汽车工作液

汽车工作液是指汽车工作时必需的液料，主要有液力传动油、制动液、助力转向油、冷却液、电解液等。

1. 液力传动油

液力传动油（图 7-4），又称作自动变速器油（ATF）或自动传动油，用于有液力变矩器、液力耦合器和机械变速器构成的车辆。液力耦合器和液力变矩器都是依据流体动力学原理实现动力传递的，统称为液力传动装置，其工作介质就是液力传动油。

图 7-4 液力传动油

(1) 主要使用性能 液力传动油的主要使用性能有黏温性、抗泡沫性、氧化安定性和抗磨性等，其含义与前述的润滑油类似，在此不再赘述。

(2) 液力传动油的牌号及选用 我国液力传动油按 100℃时的运动黏度分为6号和8号两个牌号。6号液力传动油主要用于内燃机车、载重车、履带车、越野车等大型车辆，还可用于工程机械的液力传动系统。8号液力传动油主要用于各种小轿车和轻型货车。

进口轿车最好采用其要求的牌号，如果无进口油，也可用8号油替代。不同国家的液力传动油不可混用。不同牌号、不同品种的液力传动油不能混用，同牌号不同厂家生产的也不宜混用。

2. 制动液

制动液（图 7-5）是汽车液压制动系统中传递制动压力的液态介质，使用在采用液压制动系统的车辆中。

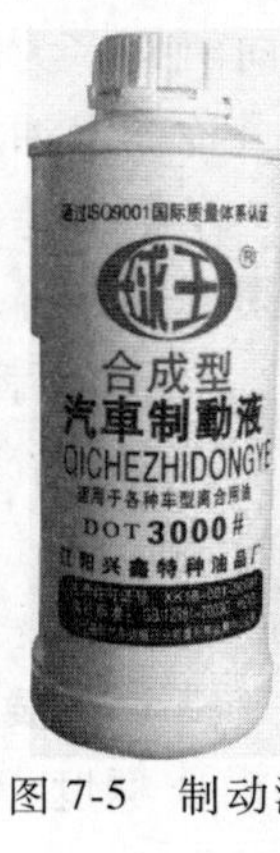

图 7-5 制动液

(1) 主要使用性能 制动液应具有高沸点、低蒸发性，以防产生气阻影响制动性能；优良的低温流动性，以利于正常使用；良好的金属适应性和橡胶配伍性，以使制动管路中的金属、橡胶密封圈不易被腐蚀、老化。此外，制动液还应具有良好的润滑性，适宜的黏度和稳定性等。

（2）制动液的分类与选用 我国制动液分 JG0～JG5 六个质量等级，每个等级又分若干牌号。质量等级序号越大，沸点越高，高温抗气阻性能越好，行车制动安全性越好。

制动液的选用应按使用说明书要求进行。但当该产品不易获得需要重新选择制动液时，一般应遵循以下原则：

① 选用的制动液产品质量等级应等于或高于车辆制造厂家规定的制动液质量等级。

② 所选用的制动液产品类型应与车辆制造厂家规定的制动液产品类型相同。

③ 尽量选择正规厂家生产的、性能稳定、质量有保证的制动液产品。

④ 选择合成制动液。

3. 助力转向油

助力转向油（图 7-6），也称为动力转向油，是汽车助力转向泵里面用的一种特殊液体。助力转向系统通过液压作用，可以使转向操作非常轻巧。

图 7-6 助力转向油

助力转向油要求具有良好的抗磨性、低温性、抗剪切能力、空气释放性和抗泡沫性。空气释放性反映油品分离雾沫空气的能力。

助力转向油在使用时应注意，其含有致癌物质，如果沾到皮肤上，应及时清洗干净；助力转向油有腐蚀性，可能导致油漆失去光泽，也会导致橡胶配件老化，如有沾染，应及时清洗。装有液压助力转向系统的汽车，在使用过程中应避免将方向打死，长时间打死方向会烧蚀助力转向油泵。

7.3.4 汽车轮胎

1. 轮胎基本术语

（1）轮胎尺寸 轮胎的主要尺寸包括轮胎外径 D、轮胎内径 d、轮胎断面高度 H、轮胎断面宽度 B 等，如图 7-7 所示。

轮胎外径 D 是指轮胎按规定压力充足气后，在无任何负荷状态下胎面最外表的直径。

轮胎内径 d 是指轮胎按规定压力充足气后，在无任何负荷状态下轮胎内圈的直径。轮胎内径一般与配用轮辋的名义直径相一致。

轮胎断面高度 H 是指轮胎按规定压力充足气后，轮胎外径与轮胎内径之差的一半，即 $H=(D-d)/2$。

轮胎断面宽度 B 是指轮胎按规定压力充足气后，轮胎两侧面间的距离。

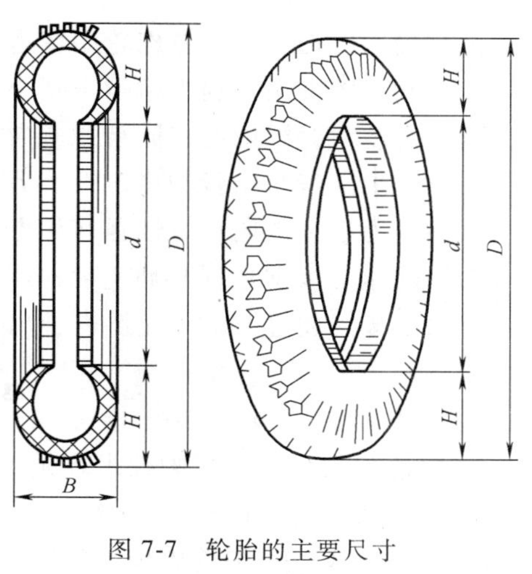

图 7-7 轮胎的主要尺寸

（2）扁平率 轮胎的扁平率，又称为高宽比，是指轮胎断面高度 H 与轮胎断面宽度 B 的比值，即 H/B，以百分数形式表示，百分号一般省略。

轮胎通常根据扁平率划分系列。目前汽车轮胎常见扁平率为 80、75、70、65、60、55、50、45 等，相应的轮胎系列分别为 80 系列、75 系列、70 系列、65 系列、60 系列、55 系列、50 系列、45 系列等。

(3) 轮胎最高速度 轮胎最高速度是指在规定的路面级别、轮辋名义直径等条件下，在规定持续行驶时间（最长时间为 1h）内，所允许的最高行驶速度。每一个轮胎速度级别符号对应着一个许可最高车速。

(4) 轮胎的层级 轮胎的层级是描述轮胎负荷能力的相对指数，用 PR 表示，主要用于区别尺寸相同但结构和承载能力不同的轮胎。

轮胎的层级数并不代表轮胎帘布层的实际层数，而是表示载质量与棉帘线相当的棉帘线的层数。如 9.00R20-14PR 的全钢子午线轮胎，其实际胎体钢丝帘线只有一层，但它的载质量却相当于 14 层棉帘线的 9.00-20 斜交轮胎，所以它的层级数为 14PR。

(5) 轮胎负荷指数 轮胎负荷指数是描述轮胎在最高速度、最大充气压等规定使用条件下负荷能力的参数，以数字表示，目前有 280 个，从 0 到 279。

2. 汽车轮胎标志

汽车轮胎根据用途可以分为载重轮胎、客车用轮胎及矿山用轮胎等。载重轮胎除了在胎壁上标有规格尺寸以外，还必须标明层级数；轻型货车或面包车用的轻型子午线载重轮胎都要在轮胎型号的后面加一个字母 C，以便和轿车用的子午线轮胎加以区分，如金杯面包车用的轮胎 185SR14C；而客车用的轮胎，要在轮胎规格前面用字母 P 加以表示，如切诺基用的 P215/75R15 轮胎。

常见的轮胎规格可描述为：

[轮胎名义断面宽度 mm]/[高宽比]R[轮辋名义直径(英寸)][负荷指数][速度级别]

[轮胎名义断面宽度 mm]/[高宽比][速度级别]R[轮辋名义直径(英寸)][负荷指数]

例如，轮胎 205/60R15 89H，表示轮胎名义断面宽度为 205mm，高宽比为 60%，子午线轮胎，轮辋名义直径 15in，负荷指数为 89（最大负荷为 580kg），速度级别为 H（最高车速 210km/h）。

3. 轮胎的选用

汽车轮胎的选用除要考虑轮胎用途外，还要注意轮胎的扁平率、速度级别和负荷指数。

轮胎发展的方向是扁平率越来越小，即扁平化。轮胎的扁平率小，说明轮胎的断面高度小、断面宽度大，因而在相同承载能力下，宽断面轮胎较普通轮胎的直径减小，从而可降低整车质心，提高汽车的行驶稳定性。另外，宽断面轮胎还有接地面积大、接地比压小、磨损小、滚动阻力小、侧向稳定性强等优点，因此宽断面轮胎在高速轿车上得到了广泛的应用。

轮胎的速度级别根据车辆速度的最大值进行选择，轮胎的负荷指数根据单胎可以承载的最大重量选择，超过此范围轮胎就会出现爆胎等危险状态。

复习思考题

1. 简述雨天行车的驾驶技术要领。
2. 简述夜间行车的特点及行车注意事项。
3. 简述行车过程中轮胎爆裂的应急处理措施。

4. 简述行车过程中制动失效的应急处理措施。
5. 简述行车过程中方向失控的应急处理措施。
6. 简述行车过程中车辆着火的应急处理措施。
7. 简述行车过程中车辆落水的应急处理措施。
8. 简述行车过程中发生交通事故的应急处理措施。
9. 定期维护可分为哪三类？谁来负责这三类维护？定期维护周期如何确定？
10. 在对汽车进行日常维护时，要把握好哪三个重要环节？
11. 何为汽车磨合？汽车磨合的总体原则是什么？
12. 对磨合中的汽车主要执行哪些维护项目？
13. 我国车用汽油和柴油的牌号各有哪几种？各自牌号的选用原则是什么？
14. 何为轮胎的扁平率？试分析轮胎扁平率对汽车行驶稳定性的影响。
15. 试说出规格为 195/65R14 88H 的轮胎，各数字和字母代表的意义。

第8章 汽车的报废与回收再利用

内容提要：本章主要介绍汽车的使用寿命、机动车报废的相关规定、报废汽车上各种材料的回收再利用概况。

8.1 汽车的使用寿命与报废

8.1.1 汽车的使用寿命

汽车从开始使用到不能使用的整个时期称为汽车的使用寿命。汽车使用寿命的长短直接影响汽车的使用效益。如果采用维修的方法无限制地延长汽车的使用寿命，则会由于车辆陈旧、车辆的完好率下降等导致汽车的动力性、经济性大幅下降，排气污染和噪声严重，运输成本增高。

汽车使用寿命研究的意义在于保持在用车辆具有良好的使用性能，减少环境污染，节约能源，提高运力以及车辆的社会效益和经济效益。

汽车使用寿命可细分为技术使用寿命、经济使用寿命和合理使用寿命三种。

1. 汽车技术使用寿命

汽车技术使用寿命是指汽车已达到技术极限状态而不能用修理的方法恢复其主要使用性能的使用期限。这种极限的标志在结构上是零部件的工作尺寸、工作间隙极度超标；在性能上通常表现为车辆总体的动力状况或燃料、润滑油料等的极度超耗。

汽车技术使用寿命主要取决于各部分总成的设计水平、制造质量和合理使用与维修。汽车到达技术使用寿命时，应对车辆进行报废处理，其零部件也不能再作备件使用。汽车维修工作越好，汽车的技术使用寿命越长，但一般随着汽车使用时间的延长，汽车维修费用也会日益增加。

2. 汽车经济使用寿命

汽车经济使用寿命是指汽车使用到相当里程后，考虑车辆的各种消耗，用最佳经济效果的观点进行全面的经济分析，保证车辆总使用成本最低时的使用期限。

所谓全面的经济分析，就是从汽车运输成本出发，分析汽车制造成本、使用与维修费用、企业管理开支、车辆当前的折旧以及市场价格变化等一系列因素，把分析结果作为综合的经济评定指标，并确定其经济是否合理，能否继续使用。

3. 汽车合理使用寿命

汽车合理使用寿命是以汽车经济使用寿命为基础，在考虑整个国民经济发展和能源节约的实际情况后，制定出符合实际情况的使用期限。也就是说，汽车已经到达了经济寿命，但是否需要更新，还要视具体情况而定，如更新汽车的来源、更新汽车的资金等。为此，国家根据上述情况制定出汽车更新的技术政策，规定了车辆更新期限。

汽车的技术使用寿命、经济使用寿命和合理使用寿命三者的关系如下：技术使用寿命>合理使用寿命≥经济使用寿命。

8.1.2　汽车的报废

汽车的使用寿命可用累计使用年数或累计行驶里程数来表示。《机动车强制报废标准规定》指出，已注册机动车有下列情形之一的应当强制报废，其所有人应当将机动车交售给报废机动车回收拆解企业，由报废机动车回收拆解企业按规定进行登记、拆解、销毁等处理，并将报废机动车登记证书、号牌、行驶证交公安机关交通管理部门注销：

① 达到一定使用年限和行驶里程的车辆。

② 经修理和调整仍不符合机动车安全技术国家标准对在用车有关要求的。

③ 经修理和调整或者采用控制技术后，向大气排放污染物或者噪声仍不符合国家标准对在用车有关要求的。

④ 在检验有效期届满后连续 3 个机动车检验周期内未取得机动车检验合格标志的。

新规定指出，全国将强制实行国Ⅳ排放标准，所有排放不达标的国Ⅱ、国Ⅲ车型，将不允许上牌和过户。已经上牌的车辆，不达标的将引导报废或强制报废。附录 B 从累计行驶里程数和使用年限两个方面对各类汽车报废年限（里程）做了具体的规定。附录 B 中非营运载客汽车是指不以获取运输利润为目的的自用载客汽车；旅游载客汽车是指旅行社专门运载游客的自用载客汽车。如果对汽车的使用期限规定了累计行驶里程数，也规定了使用年限，那么当其中的一个指标达到报废标准时，即认为该车辆已达到报废年限。

如果想延长车辆使用年限，需办理延缓汽车报废年限手续，车主需要携带相关申请材料到车管所办理，所需材料主要有机动车所有人的身份证明、机动车行驶证、机动车登记证书、机动车第三者责任强制保险凭证、机动车检测表。车主提交申请后，车管所会根据申请材料对车主和申请延缓汽车报废年限的车辆进行审核检测，如果情况符合要求，车管所会出具批准延缓汽车报废年限的证明。

机动车使用年限起始日期按照注册登记日期计算，但自出厂之日起超过 2 年未办理注册登记手续的，按照出厂日期计算。

变更使用性质或者转移登记的机动车，应当按照下列有关要求确定使用年限和报废：

① 营运载客汽车与非营运载客汽车相互转换的，按照营运载客汽车的规定报废，但小、微型非营运载客汽车和大型非营运轿车转为营运载客汽车的，应按照规定的相关公式核算累计使用年限，且不得超过 15 年。

② 不同类型的营运载客汽车相互转换，按照使用年限较严的规定报废。

③ 小、微型出租客运汽车和摩托车需要转出登记所属地省、自治区、直辖市范围的，按照使用年限较严的规定报废。

④ 危险品运输载货汽车、半挂车与其他载货汽车、半挂车相互转换的，按照危险品运输载货车、半挂车的规定报废。

8.2 报废汽车的回收再利用

长期使用后或交通肇事后的报废汽车并不等于是废品，通过对其零部件采取相应的技术措施，回收再利用，完全可以变废为宝，使其在钢铁、冶金、建材、能源等诸多领域发挥作用。

2001年，国务院颁布实施的《报废汽车回收管理办法》对我国报废汽车的回收、拆解和管理工作做出了明确规定。国家对报废汽车回收业实行特种行业管理，对报废汽车回收企业实行资格认定制度。若没有取得报废汽车回收企业资格认证，任何单位和个人不得从事报废汽车回收活动。

8.2.1 金属材料的回收再利用

金属材料可分为黑色金属材料和有色金属材料两大类。黑色金属材料又称为钢铁材料，包括含铁90%（质量分数）以上的工业纯铁、含碳2%~4%（质量分数）的铸铁、含碳小于2%（质量分数）的碳素钢以及各种用途的结构钢、不锈钢、耐热钢、高温合金、精密合金等。广义的黑色金属还包括铬、锰及其合金。有色金属材料即指铁、铬、锰三种金属以外的所有金属。

汽车上的金属材料以黑色金属材料为主。近年来，随着对汽车轻量化设计要求的提高，有色金属材料在汽车上的应用比例在不断提高。

报废汽车金属材料回收利用率的高低直接影响汽车回收价值的大小。

1. 黑色金属的回收再利用

报废汽车经拆卸、分类后作为材料回收，必须经机械处理，然后将钢材送钢厂冶炼、铸铁送铸造厂、有色金属送相应的冶炼炉。当前机械处理的方法主要有剪切、打包、压扁和粉碎等。

对黑色金属材料的机械处理有如下三种可供选择的方案：

方案1：对汽车壳体，采用金属打包机打包；对汽车大梁，采用废钢剪断机剪断；对变速器、发动机缸体，采用铸铁破碎机破碎。该方案的特点是投资小，处理灵活，占地面积小，适合于私人或较小企业使用。

方案2：对汽车壳体和大梁，采用门式废钢剪断机预压剪断；对变速器、发动机壳体等铸铁件，用铸铁破碎机破碎。方案2与方案1的主要区别在于对钢件的处理设备不同，投资较多，处理后废钢质量好，所选用的机器寿命长，生产效率高，适合于中型企业使用。

方案3：采用报废汽车处理专用生产线整车处理。报废汽车黑色金属材料的机械处理工艺路线为：送料→压扁→剪断→小型粉碎机粉碎→风选→磁选→出料或送料→大型粉碎机粉碎→风选或水选→出料。该方案的特点是可以将整车一次性处理，可将黑色金属和非金属材料分类回收，所回收的金属纯度高，是优质的炼钢原料，适合于大型企业报废大量废旧汽车处理使用。

2. 有色金属的回收再利用

一般认为，最理想的有色金属回收方法是原零件的重用，这是一种以人工为主的回收方法，即人工分解汽车，然后将各种材料和零部件分类放置。这样，铝、镁、铜等合金零部件可按变形合金或铸造合金，或者按不同合金系进行回收再利用。但是，目前用人工拆卸报废汽车的方法在工业发达国家正在逐年减少。原因有三方面：

① 人工拆卸报废汽车的成本高。

② 拆卸下来的零部件直接利用的可能性不大，特别是轿车更新换代很快，拆卸下来的零部件互换性很小。

③ 市场上对零部件的需求量很小。这样，经人工拆卸下来的汽车零部件还需重熔回收，而人工拆卸成本加重熔回收成本就促使总成本很高。

目前回收报废汽车上的材料，已从回收零部件的旧模式转向回收原材料的新模式，即从人工拆卸零部件转向机械化、半自动化回收原材料。现在已较多采用切碎机切碎报废车主体后再分别回收不同的原材料，方法如下：

① 将报废汽车内残留的各种液体彻底清除后用水冲洗干净。

② 先局部地将易拆卸下来的大件（如车身板件、车轮、底盘等）拆卸下来。

③ 将拆卸下的大件和未拆卸的报废车剩余体，分别进入切碎机系统流水线，先压扁，然后在多刃旋转切碎装置上切成碎块。

④ 流水线对碎块进一步处理，其顺序是，全部碎块通过空气吸道，利用空气吸力吸走轻质塑料碎片；通过磁选机，吸走钢、铁碎块；通过悬浮装置，利用不同浓度的浮选介质分别选走密度不同的镁合金和铝合金；由于铅、锌和铜密度大，浮选方法不太适用，利用熔点不同分别熔化分离出铅和锌，最终剩下来的是高熔点的铜。

这种回收方法流程合理，成本相对不高，但对回收铝、镁合金来说，并非完美无缺，最大的缺点是轿车上用的铝、镁合金属于不同的合金系，既有变形合金，又有铸造合金，经破碎和浮选后，不能再进一步分离，成为不同合金的混合物，这就给随后重熔再生合金的化学成分和杂质元素控制带来相当大的困难，大多数情况下只能当作重熔铸造合金使用，降低了其使用价值和广泛性。

为了解决铝、镁合金重熔回收后成分混杂、使用价值低的问题，汽车设计师和材料工程师分别在车上主要部件设计及材料选用方面做了精心设计。此外，新的分离方法也在不断被开发出来，如铝废料激光分离法、液化分离法等。

8.2.2　废旧轮胎的回收再利用

废旧轮胎被称为“黑色污染”，其回收和处理技术一直是世界性难题，也是环境保护的难题。废旧轮胎的回收再利用有直接利用和间接利用两种方式。

1. 废旧轮胎的直接利用

废旧轮胎的直接利用是指轮胎以原有形状或近似原形使用。轮胎翻新被公认为是最有效、最直接且最经济的方法。在使用保养良好的情况下，一条轮胎可多次翻新。此外，废旧轮胎还可直接用于防撞缓冲装置、路墙隔离屏障和漂浮阻波物等方面。

(1) 废旧轮胎翻新　轮胎翻新即是将已经磨损的废旧轮胎的外层削去，粘贴上胶料，再进行硫化，重新使用。

翻新是发达国家处理废旧轮胎的主要方式。目前世界翻新轮胎（翻胎）年产量约 8000 万条，为新胎产量的 7%。美国年产轮胎 2.8 亿条，居世界之冠，年翻修轮胎约 3000 万条，约为新胎产量的 10%。目前，世界新胎与翻新胎的比例约为 10∶1，而我国仅为 26∶1。

实践证明，翻新胎可以按照新胎同样的合法速度行驶，在安全、性能和舒适程度上不亚于新胎。因此，在美国，政府和军事用车都使用翻新轮胎。校车、公交用车、邮政车辆使用翻新轮胎；出租车、赛车和工厂用车也使用翻新轮胎；几乎百分之百的工程车、载重车使用翻新轮胎；就连警车、消防车及其他急救车辆、运输机和高性能的战斗机都使用翻新轮胎。欧盟在轿车轮胎维修厂销售的翻新胎约占18.8%，而我国翻新轿车轮胎数量几乎为零。

传统的轮胎翻新方式是将混合胶粘在经磨锉的轮胎胎体上，然后放入固定尺寸的钢质模型内，再经过温度高达150℃以上的硫化，这种翻新方式俗称“热翻新”或“热硫化”。该方法目前仍是中国翻胎行业的主导工艺，但在美国、法国、日本等发达国家已逐渐被淘汰。

目前，发达国家轮胎翻新采用的是所谓的“预硫化翻新”技术，俗称“冷翻新”，即采用预先模制硫化的胎条或胎环贴在磨光的旧胎体上，在低温下硫化。该技术在节能的同时减轻了胎体因二次硫化产生的老化现象，可更好地保护胎体质量，延长轮胎使用寿命，使翻新轮胎的行驶里程可与新胎媲美，甚至超过新胎。

(2) 废旧轮胎用于建筑材料 近年来，废旧轮胎在土木（岩土）工程中的应用逐步增加，常用的做法是将整条轮胎切成50~300mm的碎片。在岩土工程中使用碎轮胎的好处在于，碎轮胎比重小，只有常用回填土的1/3，因而用其作填料所产生的上覆压力要比采用泥土回填材料小得多。这对软弱的地基而言，会明显地减少沉降，增强整体稳定性。此外，碎轮胎填料施加在挡土结构上的水平应力不到泥土回填材料的一半，这为大幅降低挡土结构的造价创造了条件。

(3) 原形改制 原形改制是通过捆绑、裁剪、冲切等方式，将废旧轮胎改造成有利用价值的物品。最常见的是用作码头和船舶的护舷（绑船帮）、用作汽车赛道围挡、沉入海底充当人工渔礁、用作航标灯的漂浮灯塔等。

原形改制是一种非常有价值的回收利用方法，但该方法消耗的废旧轮胎量不大，所以只能当作一种辅助途径。

2. 废旧轮胎的间接利用

废旧轮胎的间接利用是指轮胎经过化学或物理加工后制得系列产品的利用。废旧轮胎间接利用主要有生产再生胶、制胶粉、热能利用和热裂解回收化学品等方式。

(1) 再生胶 再生胶是将废旧轮胎碾磨成橡胶颗粒，加水和其他化学物质等，在加压、加温条件下使其“反硬化”，再通过机械挤压恢复原始状态。再生橡胶是综合利用废旧轮胎最古老的方法。再生胶的主要用途是在橡胶制品生产中，按一定比例掺入胶料，这样一方面可取代小部分生胶，以降低产品成本，另一方面可改善胶料加工性能。但是再生胶工艺复杂、耗费能源多，生产过程污染环境，造成二次污染等引起公众关注。在国外，由废旧轮胎再生胶的生产已被淘汰。但在我国，由于历史原因，再生胶仍以废旧轮胎回收利用为主要途径。

(2) 制胶粉 制胶粉是指通过机械方式将废旧轮胎粉碎成粉末状物质（即胶粉），其生产工艺有常温粉碎法、低温冷冻粉碎法、化学法等。与再生胶相比，制胶粉无须脱硫，所以生产过程耗费能源较少，工艺较再生胶简单得多，降低了环境污染，而且胶粉性能优异，用途极其广泛。

胶粉可掺入胶料中代替部分生胶，降低产品成本；活化胶粉或改性胶粉可用来制造各种橡胶制品；胶粉与沥青或水泥混合，可用于公路建设和房屋建筑；胶粉与塑料并用可制作防水卷材、消音板和地板、水管和油管等；胶粉可制作涂料、油漆和黏合剂；胶粉还可生产活性炭等。

(3) 热能利用　热能利用就是将废旧轮胎当燃料使用。废旧轮胎是一种高热值材料，每千克的发热量比木材高 69%，比烟煤高 10%，比焦炭高 4%。直接燃烧回收热能污染比较严重，所以不宜提倡。有效地利用废旧轮胎进行热能利用的方法是，将废旧轮胎破碎，然后按一定比例与各种可燃废旧物混合，配制成固体垃圾燃料，供高炉喷吹，代替煤、油和焦炭供水泥回转窑用作燃料或用于火力发电。

将废旧轮胎当燃料使用时会产生副产品炭黑，炭黑经活化后可作为补强剂再次用于橡胶制品。

在综合利用中，热能利用是目前能够最大量消耗废旧轮胎的唯一途径，不仅方便、简洁，而且设备投资最少。

(4) 热裂解　废旧轮胎的热裂解是将轮胎在无氧或惰性气体保护的状态下进行热分解，可产生固体残渣、气体和油品。其中，固体残渣可用来做炭黑或活性炭，气体直接作为燃料气燃烧使用，油品可作为燃料油燃烧或者从中提取化学化工物质，从而实现能源的最大回收和废旧轮胎的充分再利用。

8.2.3　玻璃的回收再利用

报废汽车的玻璃主要来自车灯、后视镜和驾驶室。在意大利，每年从报废车上大约要回收 6 万 t 这样的玻璃。由于用这些玻璃制造二次产品的技术性能低于一次产品，所以它们主要用于制造各种玻璃瓶或其他非汽车用玻璃制品。

除传统玻璃外，汽车玻璃现在广泛采用一种为提高强度而制造的夹层玻璃。所谓夹层玻璃即在两层普通玻璃中间夹有一层高分子聚合物层，以增加玻璃的安全性。

夹层玻璃回收时，可将其加热到中间聚合物的软化温度，从而将玻璃和聚合物分开，再分别回收。夹层玻璃也可用于制砖工业。因为玻璃可替代砖中的石英砂，聚合物可替代锯末、纸浆或其他可燃材料，在砖上形成空洞以达到隔热的效果。实验表明，如果加入适量的玻璃和聚合物，可以降低制砖生产过程的能耗，改善砖的微结构，使砖的密度降低、强度提高，从而改善砖的性能。

总体来看，报废汽车玻璃的回收和再利用与汽车上其他非金属材料一样，虽然在技术上可行，但实际操作却比较困难。因为这些材料的回收一般都是采用手工拆卸，故成本较高；另外，回收过程中容易混入其他杂质，造成回收材料的纯度不够，不仅增加了回收难度，而且影响了再利用的效果；再者，目前进行材料回收的基础设施还不够，以致回收工作难以进行。

近年来，随着人们对汽车主动安全性和美观要求的提高，车用玻璃材料在不断变化。因此，报废汽车玻璃的回收难度也在不断加大。汽车设计人员如何从汽车设计之初就考虑到回收再利用问题，变目前的被动回收为将来的主动再利用，将是汽车制造工业面临的一个重要而现实的问题。

8.2.4　塑料的回收再利用

塑料是一种难以自燃、分解的物质，有些改性后的塑料使用寿命更长。若是通过焚烧的方式处理塑料会造成严重的大气污染。

报废汽车的塑料最理想的出路是回收再利用，但其回收处理工艺十分复杂，即使在一些回收处理技术较先进的国家，对于塑料件的回收和再生利用技术也还不是很成熟。

目前，国外仍主要是采用燃烧利用热能的方式来处理汽车废旧塑料件，并通过一定的清洁装置，将不能利用的废气和废渣进行无害化处理。

但日本及欧洲各国已分别提出了对汽车废旧塑料件的利用要求，并规定了具体的年限。由于汽车工业发达国家政府的高度重视，促进了包括塑料和橡胶在内的废旧材料的回收利用，汽车废塑料制品的实际利用率在2000年已达85%左右，并正在逐步提升。

总之，我国报废汽车回收再利用工作目前还处于初级阶段，作为汽车产业链中的最后一个环节，报废汽车的回收再利用与汽车产业的发展具有密切的关系。如何促进汽车从设计、生产制造、使用和回收再利用成为一个真正的绿色循环链，推动循环经济，进一步促进汽车工业的发展，将是汽车工程界必须面对的一个重要课题。

复习思考题

1. 汽车的使用寿命具体可分为哪三种使用寿命？三者的关系如何？
2. 简述已注册机动车具有哪些情形时应当强制报废。
3. 简述有色金属的回收再利用方法。
4. 简述废旧轮胎的直接利用途径。
5. 简述废旧轮胎的间接利用途径。
6. 简述报废汽车玻璃的回收再利用方法。

第9章 国内外主要汽车公司及车标文化

内容提要：本章主要介绍美国、欧洲、亚洲主要汽车集团公司的发展概况，各集团公司及其主要品牌的商标与商标文化。

9.1 美国主要汽车公司及其车标

9.1.1 通用汽车公司

通用汽车公司（General Motors）成立于1908年，最早由威廉·杜兰特（William Crapo Durant）创立，是在别克汽车公司的基础上发展起来的，现总部设在美国底特律。其公司商标（图9-1）GM取自其英文名称（General Motors Corporation）的前两个单词的首字母。通用汽车公司各车型商标都采用了公司下属分部的标志。

图9-1 通用汽车公司商标

通用的核心汽车业务及子公司遍及全球，迄今在全球30多个国家建立了汽车制造业务。目前，通用汽车公司的主要汽车品牌商标如图9-2所示。

凯迪拉克　别克　雪佛兰　GMC

宝骏　霍顿　五菱　解放

图9-2 通用汽车公司的主要汽车品牌商标

以下介绍通用汽车公司几个主要的汽车品牌及其车标文化。

（1）凯迪拉克（Cadillac） 1902年，美国人亨利·利兰德（Henry Leland）在底特律创立了凯迪拉克汽车品牌。100多年来，凯迪拉克在汽车行业创造了无数个第一，缔造了无数个豪华车的行业标准，可以说凯迪拉克的历史代表了美国豪华车的历史。图9-3所示为凯迪拉克的商标及其代表车型。凯迪拉克商标是一个花冠盾形徽章，象征着凯迪拉克在汽车行业中的领导地位。金黄与纯黑相映，象征智慧与财富；红色，象征行动果敢；银白色，代表着纯洁、仁慈、美德与富足；蓝色，代表着骑士般侠义的精神。

图 9-3 凯迪拉克的商标及其代表车型

（2）别克（BUICK） 1903 年，美国人大卫·别克（David Dunbar Buick）在布里斯科兄弟的帮助下创建了别克汽车公司，但不久公司就陷入了困境。1904 年下半年，马车制造商威廉·杜兰特看准了别克未来的巨大潜力，毅然买下了这家公司，并在 1908 年成立了通用汽车公司，沿用别克品牌作为开拓新公司的基石。此后，别克公司开始迅速发展起来，并创造出汽车年产量居美国第一位的业绩。

图 9-4 所示为别克的商标及其代表车型。别克以并列的三颗子弹作为车标，三颗颜色不同（从左到右为红、白、蓝）并依次排列在不同高度位置上的子弹，给人一种积极进取、不断攀登的感觉，也分别代表了别克公司的高端人才、顶级技术和创新设计。

图 9-4 别克的商标及其代表车型

（3）雪佛兰（CHEVROLET） 雪佛兰汽车公司由美国人威廉·杜兰特与瑞士赛车手、工程师路易斯·雪佛兰（Louis Chevrolet）于 1911 年在美国底特律创立，美国人常昵称雪佛兰为 Chevy。图 9-5 所示为雪佛兰的商标及其代表车型。雪佛兰商标是图案化了的蝴蝶结，象征雪佛兰车的大方、气派和风度，文字“Chevrolet”是路易斯·雪佛兰的名字。雪佛兰的车型品种非常广泛，涉及小型轿车、大型 4 门轿车、厢式车、大型皮卡、越野车、跑车等。

图 9-5 雪佛兰的商标及其代表车型

（4）GMC GMC 是通用旗下的多用途汽车（MPV）部门，其商标 GMC 取自其英文名称 General Motors Corporation 三个单词的第一个字母。GMC 是由威廉·杜兰特于 1908 年 9 月在别克汽车公司的基础上发展起来的，成立于美国的汽车城底特律。GMC 车型主要是由雪佛兰派生出来的，图 9-6 所示即 GMC 的商标及其代表车型。

图 9-6　GMC 的商标及其代表车型

9.1.2　福特汽车公司

1903 年，亨利·福特（Henry Ford）在美国底特律创立福特汽车公司。1908 年福特汽车公司生产出世界上第一辆属于普通百姓的汽车——T 型车，世界汽车工业革命就此开始。1913 年，福特汽车公司又开发出了世界上第一条流水线。经过 100 多年的发展，现在的福特汽车公司是世界上超级跨国公司。福特汽车公司商标如图 9-7 所示，采用蓝底白字的英文“Ford”字样，被艺术化了的 Ford 形似活泼可爱、充满活力、美观大方的小白兔。“Ford”犹如在温馨的大自然中，一只可爱、温顺的小白兔正在向前飞奔，象征福特汽车奔驰在世界各地，令人爱不释手。

图 9-7　福特汽车公司商标

2007 年前，福特公司旗下拥有福特（Ford）、林肯（Lincoln）、马自达（Mazda）、水星（Mercury）、阿斯顿马丁（Aston Martin）、路虎（Land Rover）、捷豹（Jaguar）、沃尔沃（Volvo）等八大知名汽车品牌。2007 年，福特将阿斯顿马丁出售；2008 年，路虎和捷豹被印度的塔塔汽车（Tata motor）收购；2010 年，中国吉利公司收购沃尔沃；2011 年，福特汽车终止了水星品牌的生产。目前，福特汽车公司仅剩下两种品牌，分别是福特和林肯。

图 9-8　福特的代表车型 Focus

（1）福特（Ford）　福特是福特汽车公司的重要品牌，其商标与福特汽车公司的商标相同。福特涉及的车型主要有家庭轿车、越野车、货车、商用车等，典型产品有福克斯（Focus）（图 9-8）、嘉年华（Fiesta）、Fusion、野马（Mustang）、全顺（Transit）、伊普拉（Explorer）等。

（2）林肯（Lincoln）　林肯汽车公司于 1907 年由亨利·利兰德（Henry Leland）创立，1922 年被福特汽车公司收购。目前，林肯已成为福特旗下的豪华汽车品牌。由于林肯车杰出的性能、高雅的造型和无与伦比的舒适性，自 1939 年以来，林肯车一直被白宫选作总统专车。其产品主要有大陆（Continental）、马克八世（MarkⅧ）、城市（Town Car）和领航员（Navigator）等。目前，在中国使用的林肯轿车多为“城市”系列。

林肯车以美国第 16 任总统亚伯拉罕·林肯的名字命名，借助林肯总统的名字树立公司形象，以显示该公司生产的是顶级轿车。林肯的商标及其代表车型如图 9-9 所示，矩形中含有的一颗闪闪放光的星辰表示林肯总统是美国联邦统一和废除奴隶制的启明星，也喻示林肯品牌光辉灿烂的历史。

图 9-9　林肯的商标及其代表车型

9.2　欧洲主要汽车集团公司及其车标

9.2.1　戴姆勒集团

戴姆勒集团是德国汽车制造业大垄断组织之一，世界商用汽车的最大跨国制造企业之一，目前公司总部设于德国斯图加特。1894 年，奔驰公司生产出世界上第一辆汽油机公共汽车；1896 年，戴姆勒公司制造出第一辆汽油载货汽车；1926 年，两家公司合并为戴姆勒-奔驰汽车公司，产品统一命名为梅塞德斯-奔驰。

戴姆勒-奔驰汽车商标经历了图 9-10 所示的演变过程。图 9-10a 所示为戴姆勒汽车公司成立之初所用的三叉星标志，象征着陆上、水上和空中的机械化。图 9-10b 所示为 1916 年戴姆勒公司所用商标，它在三叉星的四周加上了一个圆圈，在圆的上方镶嵌了 4 个小星，下面有梅赛德斯 “MERCEDES” 字样。“梅赛德斯” 在西班牙语中有幸运、幸福之意，意为戴姆勒生产的汽车将为车主们带来幸运和幸福。图 9-10c 所示为奔驰公司成立之初所用商标，其用月桂枝包围 “BENZ” 字样。1926 年，两公司合并后，采用图 9-10d 所示的商标，中间是三叉星，上面是 “MERCEDES” 字样，下面是 “BENZ” 字样，两家用月桂枝连接。图 9-10e 所示为简化后的公司商标，形似转向盘的三叉星表示公司产品在陆海空领域全方位的机动性，环形图显示其营销全球的发展势头。

a)　b)　c)　d)　e)

图 9-10　戴姆勒-奔驰汽车商标的演变过程

以下介绍戴姆勒集团的几个主要轿车品牌及其车标文化。

(1) 梅赛德斯-奔驰 (Mercedes-Benz)　梅赛德斯-奔驰是戴姆勒-奔驰汽车公司的起家品牌，该品牌涉及的车型主要有高档豪华轿车、大客车和重型载货汽车。在国外，梅赛德斯-奔驰通常被简称为梅赛德斯 (Mercedes)，而中国内地称其为 “奔驰”，台湾译为 “宾士”，香港译为 “平治”。图 9-11 所示为梅赛德斯-奔驰的商标及其代表车型。

图 9-11　梅赛德斯-奔驰的商标及其代表车型

（2）梅赛德斯-迈巴赫（Mercedes-Maybach）　迈巴赫品牌首创于 20 世纪 20 年代。被誉为“设计之王”的威廉·迈巴赫不但是戴姆勒-奔驰公司的三位主要创始人之一，更是世界首辆梅赛德斯-奔驰汽车的发明者之一。1919 年，难舍汽车梦想的威廉·迈巴赫与其子卡尔·迈巴赫共同缔造了“迈巴赫”这一传奇品牌，一个象征着完美和昂贵的轿车。但由于市场业绩不佳，迈巴赫系列轿车已于 2012 年 7 月全面停产。2014 年 11 月，梅赛德斯-奔驰在广州正式发布全新子品牌梅赛德斯-迈巴赫，同时，该品牌首款车型梅赛德斯-迈巴赫 S 级也正式全球首发亮相（图 9-12）。

图 9-12　梅赛德斯-迈巴赫 S 级轿车全球首发及其代表车型

（3）精灵（Smart）　精灵是由奔驰汽车公司和瑞士钟表巨子斯沃奇（Swatch）公司创意合作的产物。Smart 车的外形活像个大玩具车，有人称之为“卡通车”。

图 9-13 所示为精灵 Smart 的商标及其代表车型。Smart 中的 S 代表了斯沃奇（Swatch），m 代表了戴姆勒集团（Mercedes-Benz），而 art 则是英文中“艺术”的意思，合起来可以理解为“这部车代表了斯沃奇和戴姆勒合作的艺术”，而 Smart 车名本身在英文中也有聪明伶俐之意，这也契合了 Smart 公司的设计理念。

图 9-13　精灵 Smart 的商标及其代表车型

9.2.2 宝马汽车集团

宝马汽车集团（BMW），全称为巴伐利亚机械制造厂股份公司（Bavarian Motor Works AG），是世界知名的高档汽车和摩托车制造商，成立于1917年，总部位于德国慕尼黑。宝马汽车公司的前身是巴依尔飞机制造厂，以制造侦察机闻名于世，其创始人是吉斯坦·奥托（Gustan Otto），其父亲是鼎鼎有名的四冲程内燃机发明家奥托。

图9-14 宝马汽车集团的商标

宝马汽车集团的商标如图9-14所示，采用了内外双圆圈的图形，并在双圆圈环的上方标有“BMW”字样，BMW是公司全称的缩写。整个商标就像蓝天、白云和运转不停的螺旋桨，寓含宝马公司渊源悠久的历史，又象征公司的一贯宗旨和目标：在广阔的时空中，以最新的科学技术、最先进的观念满足顾客的最大愿望，反映了公司蓬勃向上的精神和日新月异的新面貌。

2003年，宝马汽车集团收购了劳斯莱斯。目前，宝马集团的汽车品牌主要有宝马、MINI、劳斯莱斯。

图9-15 BMW 730Li领先型轿车

(1) 宝马（BMW） 宝马是宝马汽车集团的起家品牌，当前有多个系列车型。图9-15所示为新BMW 7系2018款BMW 730Li领先型轿车。

(2) 劳斯莱斯（ROLLS-ROYCE） 劳斯莱斯汽车公司于1906年成立，创始人是劳斯（ROLLS，法国汽车商）和莱斯（ROYCE，英国汽车工程师），由劳斯负责投资营销，莱斯提供发明专利，给汽车起名劳斯莱斯。

1998年6月，德国大众收购了劳斯莱斯汽车公司；同年7月，劳斯莱斯品牌被授权给BMW。自1999开始，Rolls-Royce Motor Cars成为劳斯莱斯汽车的制造商，归属于BMW旗下。

图9-16所示为劳斯莱斯的商标及其代表车型。劳斯莱斯商标采用两个“R”重叠在一起，象征着你中有我，我中有你，体现了两人融洽及和谐的关系。而著名的“飞翔女神”标志出现于1911年，由艺术家查理斯·萨科斯设计。据说其灵感来自巴黎罗浮宫艺术品走廊的一尊古希腊女神雕像。身披轻纱的“飞翔女神”，体态轻盈、风姿绰约。当时的总经理约翰逊撰文称：“这是一位优雅无比的女神，她代表着人类的崇高理想和生活的欣狂之魂，她将旅途视为至高无上的享受。”

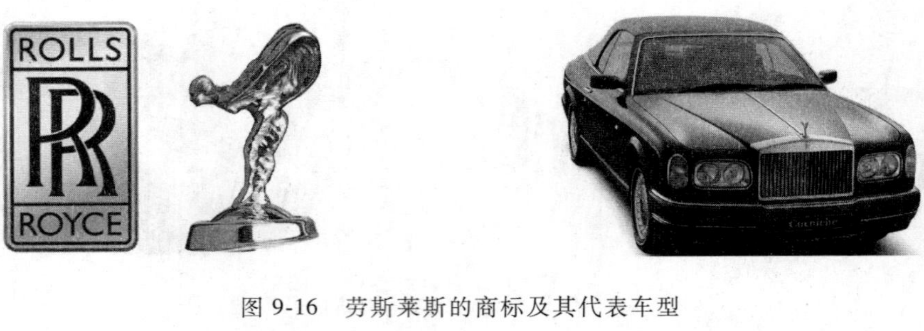

图9-16 劳斯莱斯的商标及其代表车型

(3) 迷你（MINI）　迷你（MINI）是一款风靡全球、个性十足的小型两厢车，1959 年由英国汽车公司（BMC）推出。1969 年，BMC 公司与路虎汽车公司合并，重新命名为英国利兰汽车公司（British Leyland Motor Corporation），简称 BLMC。1975 年，利兰公司由政府接管，并改名为路虎集团（Rover Group）。1994 年，宝马收购英国路虎集团。2000 年，宝马全面出售路虎资产，只留下 Mini 一个品牌。

2001 年，宝马设计出新 MINI（全大写）。图 9-17 所示为宝马 MINI 的商标及其代表车型。

图 9-17　宝马 MINI 的商标及其代表车型

9.2.3　大众汽车集团

大众汽车公司成立于 1937 年，创始人是著名的汽车设计大师费迪南德·波尔舍，公司总部位于德国沃尔夫斯堡，是欧洲最大的汽车生产集团。

大众汽车集团商标如图 9-18 所示。商标采用德文“Volkswagen Werk（大众公司）”中的“V”在上，“W”在下，又像三个“V”，表示大众产品“必胜-必胜-必胜”。

图 9-18　大众汽车集团商标

目前，大众汽车的品牌主要包括大众（Volkswagen）、斯柯达（Skoda）、宾利（Bentley）、布加迪（Bugatti）、保时捷（Porsche）、斯堪尼亚（SCANIA）、奥迪（Audi）、SEAT（西亚特）和兰博基尼（Lamborghini）共九大品牌。

以下介绍大众汽车公司几个主要的汽车品牌及其车标文化。

(1) 大众（Volkswagen）　大众汽车是最早和中国开展合作的外资企业。从 1984 年起，大众汽车就开始进入中国市场。大众汽车目前的车型主要有宝来（Bora）、高尔夫（Golf）、捷达（Jetta）、帕萨特（Passat）、新甲壳虫（New Beetles）、速腾（Sagitar）、迈腾（Magotan）等。在中国，大众汽车市场占有率极高，多款车型已成为中国街车。

(2) 保时捷（PORSCHE）　保时捷公司的创始人是费迪南德·保时捷（Porsche），又译作费迪南德·波尔舍。保时捷的商标如图 9-19 所示。整个商标采用了公司所在地斯图加特市的盾形市徽，表明该商标为保时捷设计公司所拥有；英文“PORSCHE”是创始人费迪南德·保时捷（Porsche）的姓氏，在商标的最上方；商标中间是一匹骏马，表示斯图加特这个地方盛产一种名贵种马；商标中的“STUTTGART”字样在马的上方，说明公司总部在斯图加特市；商标的左上方和右下方是鹿角的图案，表示斯图加特曾经是狩猎的好地方；商标右上方和左下方采用了德国国旗黑红黄三色，其中黄色条纹代表成熟的麦子，黑色代表肥沃的土地，红色象征人们的智慧与对大自然的钟爱。由此组成一幅精湛意深、秀气美丽的田园风景画，展现了保时捷公司辉煌的过去，并预示了其美好的未来。

图 9-19　保时捷的商标及其代表车型

(3) 奥迪（Audi）　1909 年，奥古斯特·霍希在德国的茨维考创立了奥迪公司。奥迪的商标（图 9-20）为四个依次相连的圆环，每个圆环代表一家奥迪汽车联盟的汽车公司，四环相连表示奥迪汽车联盟由四家公司合并而成，并寓意着四家公司手挽手、相互团结、平等互利、共创大业。

图 9-20　奥迪的商标及其代表车型

(4) 斯柯达（Skoda）　斯柯达成立于 1899 年，是一家总部位于捷克的汽车公司，也是世界上历史最悠久的四家汽车生产商之一。1991 年大众集团购买了斯柯达公司 70%的股份，其余 30%股份在 2000 年收购，斯柯达进而成为大众旗下继大众、奥迪、西雅特后的第四大品牌。目前，斯柯达拥有晶锐（Fabia）、昕锐（Rapid）、明锐（Octavia）、全新速派（New Superb）等车型。

斯柯达的老商标（图 9-21a）为一圆环包围着鸟翼，巨大的圆环象征着斯柯达品牌汽车是全世界无可挑剔的产品；鸟翼象征着技术进步的产品行销全世界；向右飞行着的箭头象征着先进的工艺；外环中朱黑的颜色象征着斯柯达公司 100 余年的传统；中央铺着的绿色表达了斯柯达人对资源再生和环境保护的重视，也象征着企业的无限生命力，喻示这家百年老厂将焕发青春。

在 2011 年的日内瓦车展上，斯柯达品牌正式发布新的品牌标志（图 9-21b）。新标志虽

a)　　b)　　c)

图 9-21　斯柯达的商标及其代表车型

a）老商标　b）新商标　c）代表车型

然整体造型仍为带有三根羽毛的箭头，但羽毛的翅膀更细窄，整个商标更突出，同时商标颜色以“斯柯达绿”替代原来的“自然绿”，边框也采用镀铬装饰，突出了科技感。

（5）兰博基尼（LAMBORGHINI）　1963 年，兰博基尼汽车公司由费鲁吉欧 · 兰博基尼在意大利的圣亚加塔-波隆尼（Sant'Agata Bolognese）创建，是一家超级跑车制造商。由于经营不善，于 1980 年破产。在数次易主之后，于 1998 年被奥迪收购，现为大众集团旗下品牌之一。

兰博基尼的商标（图 9-22）是一头充满力量、正向对方攻击的斗牛，与大马力高性能跑车的特性相契合，同时彰显了创始人斗牛般不甘示弱的个性。

图 9-22　兰博基尼的商标及其代表车型

（6）宾利（Bentley）　宾利（又译作“本特利”）汽车公司（Bentley Motors Limited）由沃尔特 · 欧文 · 本特利于 1919 年创建，是著名的豪华汽车制造商，总部位于英国的克鲁郡。1931 年，宾利被劳斯莱斯收购；1998 年同劳斯莱斯一起被大众集团买下。宾利汽车的显著特点是手工打造。

宾利的商标以公司名的第一个字母“B”为主体，生出一对翅膀，似凌空翱翔的雄鹰，象征宾利的事业永远飞跃发展。图 9-23 所示为宾利的商标及其代表车型。

图 9-23　宾利的商标及其代表车型

（7）布加迪（BUGATTI）　布加迪是法国最具有特色的超级跑车、豪华轿车生产厂商之一，于 1909 年由意大利埃多尔 · 布加迪（Ettore Bugatti）在法国的阿尔萨斯省创建，于 1998 年被大众收购。布加迪商标中的“BUGATTI”为公司创始人布加迪的英文名字，“EB”是 Ettore Bugatti 的缩写，周围的红色小圆点象征着滚珠轴承，整个标志的底色为红色。图 9-24所示为布加迪的商标及其代表车型。

（8）西雅特（SEAT）　西雅特是西班牙最大的汽车公司，1950 年成立于巴塞罗那。西雅特汽车公司成立之初，以生产菲亚特汽车公司的车型为主。1983 年大众汽车公司买下了西雅特的大部分股份，并与另一合资者——西班牙政府共同经营西雅特汽车公司。1990 年，大众集团买下了西雅特公司的全部股份。

图 9-24　布加迪的商标及其代表车型

SEAT 是公司全称的缩写，商标以大红色作底色，“S”字母中空状态，看似一只欲展翅腾飞的火凤凰，喻示西雅特汽车的灵活和动力，能适应时代发展，随时把握时代动向，永不落伍。图 9-25 所示为西雅特的商标及其代表车型。

图 9-25　西雅特商标及其代表车型

(9) 斯堪尼亚（SCANIA）　斯堪尼亚（SCANIA）是瑞典的货车及巴士制造厂商之一，于 1891 年在瑞典建立。2008 年，大众集团收购了斯堪尼亚 37.7%的股份，并拥有 68.6%的投票权。斯堪尼亚的主要产品分为重型货车和大型巴士两大类。斯堪尼亚的商标如图 9-26 所示，它是狮身鹰面兽，象征着力量、速度、敏捷和勇气，喻示着公司汽车的优越性能。

图 9-26　斯堪尼亚的商标及其代表车型

9.2.4　雷诺日产三菱联盟

雷诺于 1898 年成立于法国，日产于 1933 年成立于日本。1999 年，雷诺成为日产汽车公司的大股东，组建了雷诺日产联盟。三菱汽车公司是日本第五大汽车制造商，主要生产私家车及轻型商用车，总部位于日本东京。三菱汽车公司于 1970 年从三菱重工业公司独立出来，是日本汽车行业中最年轻的汽车制造公司，也是三菱集团的核心企业之一。2016 年 10 月，雷诺日产与三菱汽车公司结盟，成立了雷诺日产三菱联盟，联盟图标如图 9-27 所示。

RENAULT NISSAN MITSUBISHI

图 9-27　联盟图标

雷诺日产三菱联盟在 2017 年的汽车销量达到了 1060 万台，仅次于大众集团的 1074 万台。在整个 2017 年，雷诺日产三菱联盟的电动车累计销量为 9.1 万台，比 2016 年上升 11%。日产聆风成为目前全球范围内产销量最高的新能源车型。

目前雷诺日产三菱联盟的汽车产品主要涉及以下品牌：雷诺（Renault）、日产（NISSAN）、三菱（Mitsubishi）、英菲尼迪（Infiniti）、雷诺三星汽车（Renault Samsung Motors）、达契亚（Dacia）和拉达（Lada），其品牌的商标如图 9-28 所示。

图 9-28　雷诺日产三菱联盟各汽车品牌的商标

（1）雷诺（Renault）　1898 年，雷诺公司由路易斯 · 雷诺三兄弟创建，是世界上最悠久的汽车公司和十大汽车公司之一。雷诺的商标是四个菱形拼成的图案，象征雷诺三兄弟与汽车工业融为一体，表示“雷诺”能在无限的（四维）空间中竞争、生存、发展。图 9-29 所示为雷诺的商标及其代表车型。

图 9-29　雷诺的商标及其代表车型

（2）日产（NISSAN）　日产汽车公司创立于 1933 年，曾是日本三大汽车制造商之一，也是世界十大汽车公司之一。日产公司的汽车产品包括实用型（即货车、小型客货车和四轮驱动车）、豪华型轿车和普通型轿车。日产的商标如图 9-30 所示，商标中的“NISSAN”是日语“日产”的拼音，其含义是“以人和汽车的明天为目标”。

图 9-30　日产的商标及其代表车型

（3）三菱（Mitsubishi）　三菱的标志是岩崎家族的家族标志“三段菱”和土佐藩家族的家族标志“三柏菱”的结合，后来逐渐演变成今天的三菱标志，如图 9-31 所示。三菱汽车以三枚菱形钻石为标志，突显其蕴含在雅致的单纯性中的深邃灿烂光华——菱钻式的造车艺术。

（4）英菲尼迪（Infiniti）　英菲尼迪作为日产旗下的豪华车品牌诞生于 1989 年。自诞生之日起，英菲尼迪便以独特前卫的设计、出色的操控表现和顶级的客户服务著称。如今英菲

图 9-31　三菱的商标及其代表车型

尼迪已拥有双门跑车、轿车、越野车和 SUV 等全系列车型。

英菲尼迪的商标如图 9-32 所示，为一椭圆加锥形尖角，椭圆曲线代表无限扩张之意，也象征着“全世界”，两条直线代表通往巅峰的道路，象征无尽的发展。

图 9-32　英菲尼迪的商标及其代表车型

9.2.5　标致雪铁龙集团

标致雪铁龙集团（PSA 集团）成立于 1976 年，是一家法国私营汽车制造公司，也是欧洲第一大轻型商用车生产厂商，总部设在巴黎。标致雪铁龙集团是仅次于德国大众汽车的欧洲第二大汽车制造商，其市场分布于北美、南亚以外的其他国家和地区。目前，标致雪铁龙集团旗下拥有标致（Peugeot）、雪铁龙（Citroen）、欧宝（Opel）、沃克斯豪尔（Vauxhall）等汽车品牌。

(1) 标致（Peugeot）　1896 年，阿尔芒·标致（Armand Peugeot）在法国的蒙贝利亚尔创建了标致汽车公司。现在标致已经发展成为欧洲主流汽车制造商，其车型种类繁多。标致的商标（图 9-33）是一头站立的狮子。狮子历来是凶悍、英武和高贵的象征，以狮子作为商标来衬托标致汽车的力量和节奏感，同时也表示标致汽车公司是一个追求高质量无止境的企业。

图 9-33　标致的商标及其代表车型

(2) 雪铁龙（CITROEN）　雪铁龙汽车公司是法国第三大汽车公司，由安德烈·雪铁龙在 1915 年创立，公司总部设在法国巴黎，主要产品是小客车和轻型载货汽车。

1900 年，年仅 22 岁的安德烈·雪铁龙发明了一种人字形齿轮并获得了专利。雪铁龙以人字形齿轮为商标，一方面宣扬企业的创新精神，另一方面显示法国人的开朗、爱时髦、追求新颖和漂亮的性格。图 9-34 所示为雪铁龙的商标及其代表车型。

图 9-34　雪铁龙的商标及其代表车型

(3) 欧宝（Opel）　1862 年，德国人亚当·欧宝（Adam Opel）在德国吕塞尔海姆创建了欧宝公司，公司最初生产缝纫机、自行车。1899 年，老欧宝的两个儿子弗里茨和威廉开始进行汽车和摩托车制造，并以父亲的名字“亚当·欧宝”命名工厂，使欧宝的名字一直沿用至今。1914 年，欧宝成为德国最大的汽车生产厂家。1929 年，欧宝被通用公司并购。2017 年欧宝加入法国标志雪铁龙集团（PSA 集团）。

欧宝的商标及其代表车型如图 9-35 所示。欧宝商标的“闪电”代表公司的技术进步和发展，像闪电一样划破长空，震撼世界，喻示汽车如风驰电掣，同时也炫耀它在空气动力学方面的研究成就。

图 9-35　欧宝的商标及其代表车型

(4) 沃克斯豪尔（Vauxhall）　1857 年，苏格兰工程师亚历山大·威尔逊（Alexander Wilson）在英国沃克斯豪尔地区建立了一家生产蒸汽机的工厂，最初的业务是制造船用发动机和铸件，这就是沃克斯豪尔车厂的前身。1903 年该公司开始生产汽车。1925 年，被美国通用汽车公司收购。在通用旗下虽然沃克斯豪尔各种车型的销量不断增加，但在通用全球汽车战略调整下，沃克斯豪尔逐渐变成了欧宝在英国的制造工厂。2017 年沃克斯豪尔和欧宝一起加入法国标志雪铁龙集团（PSA 集团）。

沃克斯豪尔选用了 13 世纪沃克斯豪尔土地的领主 Fulkle Breant 使用的怪兽 Griffin 徽标作为其商标，如图 9-36 所示。Griffin 是一只即将腾飞的狮身鹫首怪兽，它的上半身是只鹰

图 9-36　沃克斯豪尔的商标及其代表车型

雕，下半身是只雄狮，而且已展开矫健的翅膀，显露出锋利的前颚，完全体现了英国文化理念中的传统、征服与霸气。

9.2.6 菲亚特克莱斯勒汽车公司

菲亚特集团是世界上第一个生产微型车的汽车生产厂家，公司全称是意大利都灵汽车制造厂，由乔瓦尼·阿涅利在1899年创建，公司总部设在意大利都灵市。

克莱斯勒汽车公司由瓦尔特·克莱斯勒（Walter P. Chrysler）于1925年创建，是美国三大汽车公司之一，总部设在美国汽车城底特律，是全球著名的高端汽车生产厂商。克莱斯勒的公司商标如图9-37所示，像一枚五角星勋章，体现了克莱斯勒家族和公司员工们的远大理想和抱负，以及永远无止境的追求和在竞争中获胜的奋斗精神。五角星的五个部分，分别表示五大洲都在使用克莱斯勒公司的汽车，克莱斯勒汽车公司的汽车遍及全世界。

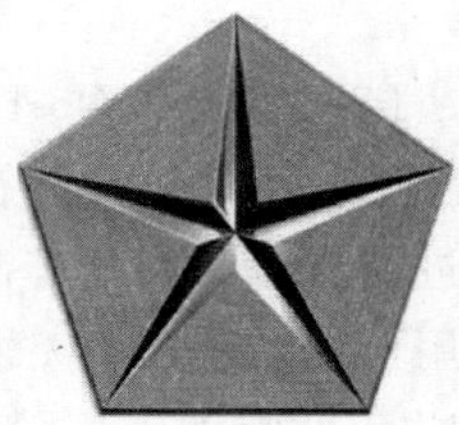

图9-37 克莱斯勒的公司商标

2009年4月，克莱斯勒和菲亚特宣布建立战略联盟，用以交换技术、共享合同及经销网。

菲亚特克莱斯勒汽车公司旗下的著名品牌包括菲亚特（Fiat）、蓝旗亚（LANCIA）、阿尔法·罗密欧（Alfa Romeo）、玛莎拉蒂（Maserati）、依维柯（Iveco）、克莱斯勒（Chrysler）、道奇（Dodge）、吉普（Jeep）等。法拉利（Ferrari）也是菲亚特的下属公司，但它是独立运作的。

以下介绍菲亚特克莱斯勒汽车公司几个主要的汽车品牌及其车标文化。

(1) 菲亚特（FIAT） 菲亚特公司商标几经变迁，如图9-38所示。1899年，公司新成立时采用盾型商标；1906年，开始采用公司的全称四个单词的第一个大写字母“F. I. A. T”为商标。“FIAT”在英语中具有“法令”“许可”的含义，因此在客户心目中，菲亚特轿车具有较高的合法性与可靠性，深得用户的信赖。1918年，公司决定不用大写字母或在字母间不加标点。1921年，曾经使用过圆形商标；1931年，开始使用在方形中含有“FIAT”字样的商标。1980年开始使用五根短柱斜置平行排列的新商标。菲亚特目前使用的商标如图9-38j所示。

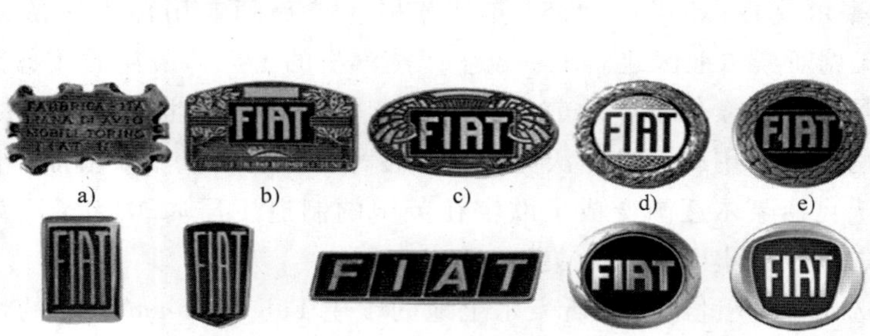

a) b) c) d) e) f) g) h) i) j)

图9-38 菲亚特公司商标的演变

(2) 法拉利（Ferrari） 法拉利由恩佐·法拉利（Enzo Ferrari）于1929年创办，主要制造一级方程式赛车、赛车及高性能跑车，目前公司总部在意大利的摩德纳（Modena）。1969年，法拉利被菲亚特收购，目前菲亚特公司拥有法拉利90%的股权，但该公司却能独立于菲亚特公司运营。法拉利汽车大部分采用手工制造，因而产量很低。

法拉利的商标（图9-39）是“跃马”形象标记，该商标有一段感人的故事。一位在第

图 9-39　法拉利的商标及其代表车型

二次世界大战中捐躯的意大利空军英雄的双亲，看见法拉利赛车所向无敌的神采，正是爱子英灵依托的堡垒，于是恳请法拉利将原来标绘在其爱子座机上的“跃马”标志，镶嵌在法拉利车系上，以尽爱子巡曳地平线的壮志。法拉利欣然接受了这个建议，并在“跃马”的顶端，加上意大利的国徽为“天”，再以“法拉利”横写字体串连成“地”，最后以自己故乡蒙达那市的代表颜色——黄色，渲染全幅而组合成“天地之间，任我驰骋”的豪迈图腾。

（3）阿尔法·罗密欧（Alfa Romeo）　阿尔法·罗密欧是意大利著名的轿车和跑车制造商，创建于 1910 年，总部设在米兰。1916 年，出身那不勒斯的尼古拉·罗密欧（Nicola Romeo）入主该车厂，并将自己的家族姓氏融入车厂名称中，从而成为今日的阿尔法·罗密欧。1986 年公司被菲亚特收购。

阿尔法·罗密欧的商标是创立者综合两种米兰市的标志而创造的。红色的十字是米兰城盾形徽章的一部分，用来纪念古代东征的十字军骑士；吃人的龙形蛇（biscoine）图案则来自当地一个古老贵族家族（Visconti 家族）的家徽，象征着中世纪米兰领主维斯康泰公爵的祖先击退使城市人民遭受苦难的“龙蛇”的传说。两个代表米兰传统并且在意义上没有关联的标志组合成为一体，成了汽车界最著名的标志之一。图 9-40 所示为阿尔法·罗密欧的商标及其代表车型。

图 9-40　阿尔法·罗密欧的商标及其代表车型

（4）玛莎拉蒂（MASERATI）　玛莎拉蒂是一家意大利豪华汽车制造商，在 1914 年由玛莎拉蒂家族四兄弟在博洛尼亚（Bologna）创立，公司总部现设于意大利的摩德纳（Modena）。1993 年菲亚特收购玛莎拉蒂，但品牌得以保留。

玛莎拉蒂的商标是在树叶形的底座上放置了一件三叉戟，这是公司所在地意大利博洛尼亚市的市徽。“玛莎拉蒂”这个名字来源于意大利瓦格纳（Voghera）一个普通家庭，火车驾驶员罗德夫·玛莎拉蒂（Rodolfo Maserati）和妻子共同养育了六个男孩，六个孩子都参与了促进玛莎拉蒂这个世界著名跑车品牌的建设与发展。意大利汽车有“二王一后”，二王分别指“法拉利”“兰博基尼”；一后就是“玛莎拉蒂”。图 9-41 所示为玛莎拉蒂的商标及其代表车型。

图 9-41　玛莎拉蒂的商标及其代表车型

(5) 克莱斯勒（CHRYSLER）　克莱斯勒是克莱斯勒汽车公司的起家品牌，目前其产品涉及家庭轿车、商务轿车、越野车、SUV 等车型。克莱斯勒的捷龙（Voyager）是现代 MPV 车型的鼻祖，后来发展为大捷龙。

图 9-42 所示为克莱斯勒的商标及其代表车型。克莱斯勒车标为融合在一起的银色的飞翔标志和金色的徽章，象征着克莱斯勒产品发展欣欣向荣。

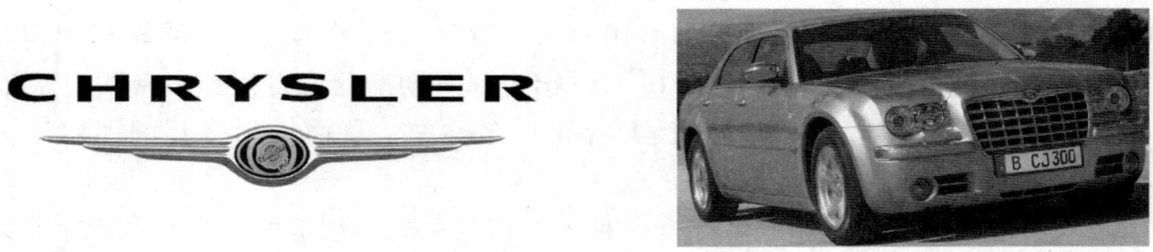

图 9-42　克莱斯勒的商标及其代表车型

(6) 道奇（DODGE）　1914 年，道奇兄弟在美国底特律创立了道奇汽车公司。1923 年，首次推出了全钢制封闭车身的轿车。1925 年，首次采用了汽车外表面光亮喷漆工艺。1928 年，道奇兄弟公司被克莱斯勒公司收购。道奇轿车素以价廉质优闻名，颇受普通市民喜欢。

道奇商标（图 9-43）中的文字采用道奇兄弟的姓氏“Dodge”，图形商标是在一个五边形中有一羊头形象，象征着“道奇”车强壮剽悍，善于决斗，也代表道奇产品的朴实无华、美观大方。

图 9-43　道奇的商标及其代表车型

(7) 吉普（Jeep）　世界上第一辆吉普车是 1941 年在第二次世界大战中为满足美军军需生产的。1987 年，以生产轻型四轮驱动汽车著称的美国汽车公司（AMC）被克莱斯勒公司收购，成为鹰 · 吉普部。

克莱斯勒公司作为吉普的鼻祖，单独拥有吉普的注册商标。吉普的商标即英文“Jeep”，如图 9-44 所示。有关 Jeep 商标的含义说法并不统一，目前存在以下两种说法。第一种说法可以追溯到 19 世纪 30 年代连环画中的小动物漫画形象，那是个相当顽皮的细长小动物，取名“尤金尼吉普”，尤金尼吉普喜欢到处乱跑，机智勇敢并善于应付各种突如其来的险境且屡屡化险为夷，正如一辆吉普车；第二种说法是，“吉普”的发音源于一种 0.25t 重美国军队侦察车的名字——GP，GP 即 General Purpose，中文意思为“通用功能”，所以就按 GP 的谐音取名为 Jeep。

Jeep

图 9-44 吉普的商标及其代表车型

9.2.7 欧洲其他汽车公司

1. 阿斯顿·马丁汽车公司

阿斯顿·马丁（Aston Martin）原是英国豪华轿车、跑车生产厂，建于 1913 年，创始人是莱昂内尔·马丁和罗伯特·班福德，公司设在英国新港市，以生产敞篷旅行车、赛车和限量生产的跑车而闻名世界。1987 年被福特公司收购。2007 年，Prodrive 老板大卫·理查兹从福特手中购得阿斯顿·马丁。

阿斯顿·马丁的商标（图 9-45）为一只展翅飞翔的大鹏，喻示该公司像大鹏一样，具有从天而降的冲刺速度和远大的志向。

ASTON MARTIN
ASTON MARTIN

图 9-45 阿斯顿·马丁的商标及其代表车型

2. 俄罗斯高尔基汽车集团

1930 年，苏联与美国福特汽车公司合作在 Nizhny Novgorod 成立了高尔基汽车厂。该厂曾因生产伏尔加汽车而闻名遐迩，是俄罗斯最重要的汽车制造商之一。在中国又被称为“嘎斯（GAZ）”厂，1956 年以前称为“莫洛托夫”汽车厂或“吉姆”汽车厂，是苏联汽车工业的支柱。2005 年俄罗斯工业汽车股份公司进行资产重组，成立了由高尔基汽车厂及其一系列子公司组成的高尔基汽车集团。2006 年高尔基汽车集团购买了位于美国密歇根州的斯特林高地汽车厂（Sterling Heights AutomotivePlant）的生产性资产和生产许可证，用于生产克莱斯勒赛百灵和道奇层云汽车。

高尔基汽车的商标（图 9-46）是一张盾牌，在盾牌上方是一只梅花鹿，下方是 GAZ 三个字母的俄语拼写。盾牌预示着汽车像盾牌一样坚固，梅花鹿象征着汽车善于奔跑。

图 9-46　高尔基汽车的商标及其代表车型

3. 荷兰世爵汽车公司

世爵汽车诞生于 1880 年，由马车制造商雅克布斯和亨德里克·让·世派克创建。1898 年，世派克兄弟在阿姆斯特丹成立了一家公司，结合自己的车厢制造经验，将进口的奔驰汽车加以改型，创造出一个新的产品“世爵·奔驰”车型。

世爵公司早在 1915 年就推出了公司商标，由一个水平的飞机螺旋桨穿越镌刻公司座右铭的辐轮。商标上之所以有一副螺旋桨，主要是因为有制造飞机的这样一段历史。商标一方面体现了企业箴言“执着、强悍、畅行无阻”传达的理念，另一方面也体现了世爵企业的哲学，公司希望为世爵的车主制造出全球最先进、设计最独特的跑车。图 9-47 所示为世爵公司的商标及其代表车型。

图 9-47　世爵公司的商标及其代表车型

9.3　亚洲主要汽车集团公司及其车标

9.3.1　日本主要汽车公司

1. 丰田汽车公司

丰田汽车公司（Toyota Motor Corporation）的创始人为丰田喜一郎（Kiichiro Toyota），公司总部设在日本爱知县，早期是织布机厂，1933 年成立汽车部，1937 年成立汽车工业公司，目前是日本最大的汽车公司。

丰田公司的商标如图 9-48 所示。标志中的大椭圆代表地球，中间由两个椭圆垂直组合成一个 T 字，代表丰田公司。它象征丰田公司立足于未来，对未来充满信心和雄心，还象征着丰田公司立足于顾客，对顾客的保证，象征着用户的心和汽车厂家的心是连在一起的，具有相互信赖感，同时喻示着丰田的高超技术和革新潜力。

TOYOTA

图 9-48　丰田公司的商标

目前丰田旗下主要有丰田（TOYOTA）和雷克萨斯（Lexus）两大品牌。丰田品牌是丰田集团的核心汽车品牌，涵盖从最低端的民用经济小汽车，到最高级的豪华轿车和 SUV。雷克萨斯是丰田集团旗下的豪华车品牌，于 1983 年创立。早期 Lexus 在国内的中文译名是凌志。2004 年，丰田公司在北京宣布将 Lexus 的中文译名由“凌志”改为“雷克萨斯”，并开始在中国建立特许经销店，开始全面进军中国豪华车市场。

雷克萨斯的商标是一个椭圆环绕字母，椭圆的弧度依照精确的数学公式修饰，字母取自车名的英文第一个字母，即 LEXUS 的第一个字母“L”，如图 9-49 所示。据丰田公司介绍，该图标动用了三个以上的设计商和广告商，花了半年多的时间才完成。“L”字母也像一个风帆，寓意公司乘风破浪，奋勇向前。

图 9-49 雷克萨斯的商标及其代表车型

2. 本田汽车公司

本田（Honda）汽车公司全称为“本田技研工业股份有限公司”，其前身是本田技术研究所，创立于 1948 年，创始人是本田宗一郎，公司总部设在日本东京。本田公司是一个跨国的汽车、摩托车生产销售集团，产品除主营的汽车、摩托车外，还有发电机、农机等。“本田”车名源自 1948 年本田宗一郎先生创立的本田摩托车公司。本田于 1962 年开始涉足汽车生产。他们利用在摩托车开发、经营中获得的丰富经验及大量资金，不顾一切地投入汽车开发，结果获得极大成功。

本田公司的商标如图 9-50 所示，是三弦音箱式，也即带框的“H”。“H”是“本田”拼音 Honda 的第一个字母。该标志体现出本田技术创新、产品完美和经营坚实的特点。

HONDA

图 9-50 本田公司的商标

目前，本田公司的主要汽车品牌有本田（Honda）和阿库拉（Acura）两种。阿库拉（有时也称“讴歌”）是本田汽车公司旗下的高端子品牌，于 1986 年在美国创立，其名称 Acura 源于拉丁语 Accuracy（精确）。阿库拉品牌于 2006 年 9 月正式登陆中国市场。阿库拉商标为一个用于工程测量的卡钳形象，如图 9-51 所示。在卡钳的两个钳把之间由本田创始人本田宗一郎加入了一个小横杠，由此用象形的大写字母“A”来代表这一品牌。不论是拉丁语原意还是作为标志原型的卡钳，都寓意着阿库拉这一代表着最高

图 9-51 阿库拉的商标及其代表车型

造车水平品牌的核心价值：精确、精密、精致。

3. 铃木汽车公司（SUZUKI）

铃木汽车公司（即铃木株式会社）成立于1920年，1952年开始生产摩托车，1954年铃木汽车公司正式成立。铃木也是丰田集团成员，同时通用集团也持有铃木10%的股权。铃木汽车公司是日本第四大汽车制造商，公司以生产微型轿车为主，同时还生产摩托车、舷外机、摩托艇等。

铃木的商标如图9-52所示，图案中的“S”是“SUZUKI”的第一个大写字母，给人以无穷力量的感觉，象征无限发展的铃木汽车公司。

SUZUKI

图9-52　铃木的商标及其代表车型

4. 斯巴鲁汽车公司（SUBARU）

斯巴鲁是富士重工业株式会社旗下专业从事汽车制造的一家分公司，成立于1953年，主要生产汽车，同时也制造飞机和各种发动机，是一家多类型、多用途运输设备制造商。斯巴鲁汽车在水平对置发动机和全时四轮驱动方面拥有独特的技术。

斯巴鲁的商标为天蓝的底色下闪烁的六颗星星，如图9-53所示。SUBARU的原意就是金牛星座中的一个星团，在它的群星之中，有六颗星星是用肉眼可以看到的，六颗星星寓意富士重工有限公司是由六个公司合并组建而成。

SUBARU

图9-53　斯巴鲁的商标及其代表车型

5. 五十铃汽车公司（ISUZU）

五十铃汽车公司的前身是1916年在东京成立的东京石川岛造船所。1922年，公司开始生产A9型轿车。1937年，公司与东京煤气电力工业公司、京都国产公司合并为东京汽车工业公司。1949年改称为五十铃汽车公司。1971年，五十铃汽车公司与美国通用合作供给美国货车底盘和相关零部件。1975年成立了美国ISUZU公司，五十铃正式纳入通用版图。

五十铃汽车公司生产的汽车品种很多，主力产品是重型、轻型商用货车，轿车品牌包括双子星座和御马。目前，五十铃商用车及柴油发动机的产量位居世界前列。

自1974年以来，五十铃汽车公司一直使用双柱商标（图9-54）。商标图案中左边的柱子象征着和用户并肩前进的五十铃公司，右边的柱子象征着与世界各国合作发展的五十铃公司。

图 9-54　五十铃的商标及其代表车型

9.3.2　现代汽车集团

现代汽车公司是韩国最大的汽车企业，创立于 1967 年，创始人郑周永，公司总部设在韩国汉城（现改称首尔）。1998 年，现代汽车公司收购了韩国起亚（KIA）汽车公司，目前已发展成现代汽车集团，其经营范围由汽车扩展到建筑、造船和机械等领域。

与全球其他领先的汽车公司相比，现代汽车历史虽短，却浓缩了汽车产业的发展史，它从建厂到能够独立自主开发车型仅用了 18 年的时间，并且发展成了韩国最大的汽车集团。如今，现代汽车集团在北美、亚洲、非洲和欧洲等地都建立了汽车生产基地。

2011 年初，现代汽车集团宣布使用新的集团商标，如图 9-55 所示。新商标蕴含着集团的经营哲学——通过创意性思维和不断的挑战开创新的未来，实现人类社会的梦想。在一望无垠的大海，穿过水平线徐徐上升的英文“HYUNDAI”，象征着现代汽车集团不断挑战和创新的全新形象。作为主色调的“现代蓝”象征着无限希望、可能、可信。水平的直线代表着现代汽车集团在任何情况下积极向上，并把一线可能性变为现实的意志，同时也体现人类之爱。

图 9-55　现代汽车集团的商标

现代汽车集团目前有现代（HYUNDAI）和起亚（KIA）两个主要汽车品牌。

现代汽车的商标是在椭圆中采用斜体字“H”，如图 9-56 所示。“H”是现代汽车公司英文名“HYUNDAI”的第一个大写字母。“现代”首先体现了“21 世纪在世界上腾飞的现代汽车公司”这一概念；其次还象征现代汽车公司在和谐与稳定中发展。商标中的椭圆既代表汽车的转向盘，又可以看作是地球，与其中的 H 结合在一起寓意现代汽车遍布全世界。

图 9-56　现代汽车的商标及其代表车型

起亚是韩国最早的汽车制造商，现在隶属于现代汽车集团。起亚拥有完善的乘用车和商用车生产流水线，具有年产 100 万辆汽车的生产力，在 180 多个国家和地区均建有销售网络。起亚的商标为公司名英文首字母，如图 9-57 所示。起亚的名字源自汉语，“起”代表起来，“亚”代表在亚洲，因此，起亚的意思就是“起于东方”或“起于亚洲”，反映了起亚

图 9-57　起亚的商标及其代表车型

的胸襟——崛起亚洲、走向世界。

9.3.3　印度塔塔汽车公司

塔塔汽车公司（Tata Motors）是印度最大的综合性汽车公司、商用车生产商。塔塔汽车是隶属于塔塔集团的子公司，成立于 1945 年，总部在孟买。塔塔汽车公司的主要产品包括小型汽车、四驱越野车、公共汽车、中型及重型货车等。从 20 世纪 60 年代起，塔塔汽车已出口到欧洲、非洲和亚洲等一些国家和地区。2008 年，塔塔汽车集团从福特收购了捷豹和路虎。

塔塔汽车公司的商标如图 9-58 所示。在象征着地球的椭圆形正中耸立着的一把铁锤，它既是“TATA”的第一个大写字母，又象征着塔塔集团在印度工业中举足轻重的地位。

TATA

图 9-58　塔塔汽车公司的商标

塔塔汽车公司的主要汽车品牌有捷豹、路虎和塔塔（如轻型商用车塔塔 Ace、SUV 车塔塔 Safari、乘用车塔塔 Indica 和小轿车 Nano 等）。

捷豹的商标为一只正在跳跃前扑的“美洲豹”雕塑，矫健勇猛，形神兼备，具有时代感与视觉冲击力，如图 9-59 所示。该商标既代表了公司的名称，又表现出向前奔驰的力量与速度，象征该车如美洲豹一样驰骋于世界各地。

图 9-59　捷豹的商标及其代表车型

路虎原属于英国罗孚（Rover）公司，以生产设计四驱越野车而举世闻名。在四驱车领域中，路虎公司不仅拥有先进的核心技术，而且充满了对四驱车的热情，是举世公认的权威四驱车革新者。路虎商标为一个绿色椭圆里镶嵌品牌名称“Land Rover”，简洁明了，如图 9-60 所示。路虎的品牌价值观包括纯正、胆识、探险和超凡四个方面。

图 9-60　路虎的商标及其代表车型

9.3.4　宝腾汽车公司

宝腾（Proton）汽车公司是一家马来西亚国有企业。20世纪80年代初期，时任马来西亚首相的马哈蒂尔在一片反对声中开始大力发展民族汽车工业。1983年，马来西亚国家汽车工业公司即宝腾汽车公司诞生。公司成立2年后，曾先后与日本三菱汽车公司和法国雪铁龙公司合作研发汽车。1996年成功地收购了英国莲花LOTUS国际公司，进一步加强了公司的实力。之后又收购了底特律汽车设计中心，使宝腾公司具有独立完成从轿车开发到生产的能力。在马来西亚，宝腾是个家喻户晓的名字，也是该国国民的骄傲。

宝腾汽车公司的商标如图9-61所示，在盾牌上镶嵌一个设计的马来西亚虎侧面图案，以突显宝腾汽车的强劲与威风；PROTON是马来西亚文Perusahaan Otomobil Nasional（国家轿车项目）的简写。

图9-61　宝腾汽车公司的商标

1951年，英国杰出的工程师柯林·查普曼创建了莲花汽车公司，公司总部设于英国诺里奇市。莲花汽车公司是世界上著名的运动汽车生产厂家，与法拉利、保时捷一起并称为世界三大跑车制造商。莲花的商标如图9-62所示。它是在圆形底板上镶嵌着抽象了的莲花造型，上面除了有“莲花”（LOTUS）字样外，还以创始人柯林·查普曼姓名全称（Colin Anthony Bruce Chapman）的四个首写英文字母“C、A、B、C”叠加在一起而成。

图9-62　莲花的商标及其代表车型

9.3.5　我国主要汽车公司

1. 上海汽车集团股份有限公司

上海汽车集团股份有限公司的前身是上海汽车股份有限公司。上海汽车股份有限公司成立于1978年，于1997年上市。2007年9月，上海汽车股份有限公司更名为上海汽车集团股份有限公司（简称“上海汽车”）。目前，上海汽车集团股份有限公司的控股股东仍为上海汽车工业（集团）总公司（简称“上汽集团”）。

上汽集团的主要业务涵盖整车（包括乘用车、商用车）、零部件（包括发动机、变速器、动力传动、底盘、内外饰、电子电器等）的研发、生产、销售，物流、车载信息、二手车等汽车服务贸易业务，以及汽车金融业务。2017年9月，上汽集团在2017中国企业500强中排名第9位。2018年5月，“2018中国品牌价值百强榜”发布，上汽集团位列第34位。

上汽集团的商标如图9-63所示。SAIC既是上汽集团的简称，也是上汽集团的价值观：S代表Satisfaction from customer（满足用户需求）；A代表Advantage through innovation（提高

图9-63　上汽集团的商标

创新能力）；I 代表 Internationalization in operating（集成全球资源）；C 代表 Concentration on people（崇尚人本管理）。

上汽集团所属主要整车企业包括乘用车公司、商用车公司、上海大众、上海通用、上汽通用五菱、南京依维柯、上汽依维柯红岩、上海申沃等。

以下介绍上汽集团几个主要的汽车品牌及其车标文化。

(1) 荣威（Roewe） 荣威（Roewe）是上汽集团于 2006 年自主开发的汽车品牌。“荣威”二字中“荣”有“荣誉、殊荣”之意；“威”含“威望、威仪及尊贵地位”之意。荣威合一，体现了创新殊荣，威仪四海的价值观。英文命名“Roewe”，源自德语字根 Loewe（狮子），并综合了多种寓意融汇而成，以“R”为首，意在传达创新与尊贵之意。

荣威汽车在过去的几年时间里发展迅速，其产品已经覆盖中级车与中高级车市场。荣威目前在产车型主要有荣威 950（图 9-64）、荣威 i6、荣威 RX8、荣威 RX5 与荣威 RX3。

荣威商标以两只站立的东方雄狮护卫着的华表为主题，如图 9-64 所示。狮子是百兽之王，在中国文化中代表着吉祥、威严、庄重，同时在西方文化中狮子也是王者与勇敢精神的象征，其昂然站立的姿态传递出一种崛起与爆发的力量感。双狮图案以直观的艺术化手法，展现出尊贵、威仪、睿智的强者气度。商标中的华表是中华文化中的经典图腾符号，不仅蕴含了民族的威仪，同时具有高瞻远瞩、祈福社稷繁荣、和谐发展的寓意。商标下方用现代手法绘成的符号是字母“RW”的融合，是品牌名称的缩写，同时“RW”在古埃及语中也代表狮子。此外，商标的背景为对称分割的四个红黑色块，代表了求新求变、不断创新与超越的企业意志。

图 9-64 荣威的商标及其代表车型荣威 950

(2) 名爵（MG） MG（Morris Garages）品牌诞生于 1924 年，是英国汽车工业的开创者，原归属于英国 MG ROVER（罗孚）公司。2005 年，MG ROVER（罗孚）公司因经营困难而宣告破产。同年 7 月，南汽集团收购了 MG ROVER（罗孚）及动力总成公司的全部资产。收购后，在充分利用国外企业先进的研发及生产设备的基础上，借助高水平的产品平台，南汽集团通过消化、吸收、再创新，打造出自主品牌名爵（MG）。名爵的“名”是“受肯定的，被欢迎的”意思，体现了品牌的目标消费群体。“爵”是所有渴望成功的人希望的一种状态，是“有品位，有成就，有修养”之意，反映了目标市场定位。

2007 年，上汽集团收购了南汽集团的全部汽车业务。南汽集团加入上汽集团后，名爵品牌得到继续保留，并与荣威形成差异化的品牌定位，名爵偏向“运动时尚”，而荣威则主打“尊贵稳重”。名爵目前的在产车型主要有名爵 6（图 9-65）、名爵 GS、名爵 GT。

1923 年，英国人塞西·金伯尔以八角形形状作为 MG 的商标主体，如图 9-65 所示。八角形象征着稳固、忠诚、可信赖，蕴含着四面八方、君临天下的王者之气。

图 9-65　名爵的商标及其代表车型名爵 6

（3）MAXUS 大通　2009 年，上汽集团全面收购英国商用车公司 MAXUS 品牌知识产权及技术平台，将 MAXUS 引入中国并命名为“MAXUS 大通”。上汽集团的全资子公司——上海汽车商用车有限公司打造出 MAXUS 大通 G10（图 9-66）、D90 与 V80 等系列产品。

图 9-66　MAXUS 大通的商标及其代表车型大通 G10

MAXUS 大通的商标整体结构由三个银色三角形组合而成，如图 9-66 所示，造型简洁、大气，极具现代设计感和品质感。三个三角形分别代表技术、信赖、进取，是 MAXUS 大通品牌的核心价值。所组成的向上箭头形状，既喻示着上海汽车商用车积极向上、突破进取、开拓创新的企业精神，更体现了 MAXUS 大通品牌“始终以消费者需求为导向”的品牌宗旨，以及“以超越消费者期望为目标”的品牌追求。

（4）上汽通用五菱　上汽通用五菱汽车股份有限公司（简称“上汽通用五菱”，英文缩写为 SGMW）于 2002 年由上海汽车集团股份有限公司、通用汽车（中国）公司、柳州五菱汽车有限责任公司三方共同组建。公司目前在国内拥有柳州河西总部、柳州宝骏基地、青岛分公司和重庆分公司四大制造基地，形成了南北联动、东西呼应的发展新格局。

上汽通用五菱目前拥有五菱与宝骏两大整车品牌，五菱的在产车型有五菱宏光（图 9-67）、五菱荣光、五菱之光等；宝骏的在产车型有宝骏 730（图 9-68）、宝骏 530 和宝骏 510 等。

五菱汽车的商标如图 9-67 所示，标志图案由五个正菱形组成“W”状，与“五”的首个拼音字母吻合，图案整体简洁大方，给人以强烈的“起飞、奋飞”的印象，既富有动感，符合产品的特质，又具有丰富的文化内涵。

图 9-67　五菱汽车的商标及其代表车型五菱宏光

宝骏汽车的商标如图 9-68 所示，以“马首”作为主元素，经典盾形徽标和银色金属线条，暗寓其产品的可靠性和品质感，充分体现了“乐观进取、精明自信、稳健可靠”的品牌内涵。

图 9-68　宝骏汽车的商标及其代表车型宝骏 730

（5）上汽依维柯红岩　上汽依维柯红岩商用车有限公司（简称“上汽依维柯红岩”）是由上汽依维柯商用车投资有限公司与重庆机电控股（集团）公司共同投资成立的重型车生产企业，在继承了红岩汽车 40 多年专业研发、制造基础上，引进了具有国际先进水平的意大利依维柯重型汽车技术。上汽依维柯红岩的车型系列主要有红岩杰狮（图 9-69）、红岩金刚、红岩杰豹和红岩杰卡四大系列。

红岩的商标如图 9-69 所示，以红岩的汉语拼音首字母“hy”构成标识图案。

图 9-69　红岩的商标及其代表车型红岩杰狮

（6）南京依维柯　南京依维柯汽车有限公司（简称“南京依维柯”）成立于 1995 年 12 月，由中国南京汽车集团有限公司（上汽通用全资子公司）和意大利菲亚特集团依维柯公司共同出资建立。

2007 年 12 月，上汽集团收购南汽集团后，南京依维柯成为上海汽车商用车板块的重要组成部分。目前，南京依维柯已发展成中国一流的商用车企业，拥有依维柯和跃进两大产品平台，产品线横跨客车、货车、越野车、底盘和专用车等。依维柯目前在产车型主要有欧胜、得意、欧霸、褒迪等。图 9-70 所示为依维柯汽车的商标及其代表车型得意。依维柯商标由“IVECO”构成标志图案，“依维柯”为音译，寓意通过自己的品质，打造出品牌的声音。

图 9-70　依维柯汽车的商标及其代表车型得意

2. 中国长安汽车集团股份有限公司

中国长安汽车集团股份有限公司（简称“中国长安”，英文简称 CCAG）成立于 2005 年，总部设在北京，是中国四大汽车集团之一。其集团商标是艺术化书写的企业英文简称“CCAG”，如图 9-71 所示。字体采用厚重的红色，既富有视觉冲击力和感染力，又体现了“激情创新、科学理性、勇于奉献、不断改进”的企业精神。

图 9-71　中国长安汽车集团商标

2011 年，在国际汽车制造商协会（OICA）发布的全球汽车产销排名中，中国长安自主品牌产量达到 168 万辆，位居世界第 13 位、中国第 1 位，成为对中国自主品牌贡献最大的汽车企业。

以下介绍中国长安目前的主要汽车生产企业、汽车品牌及其车标文化。

长安汽车源于 1862 年，是中国近代工业的先驱。经过多年发展，现已形成轿车、微型车、客车、货车、SUV、MPV 等低中高档、宽系列、多品种的产品谱系。

2010 年 10 月，长安汽车全新品牌战略在北京正式发布，长安汽车将采用包括企业品牌标志在内的四大品牌新标志。图 9-72 所示为其主流乘用车商标及其代表车型睿骋 CC。新商标以动感的“V”型为核心，表达了 Victory 和 Value 之意，寓意长安汽车致力于打造世界一流汽车企业，为消费者和股东创造价值。蓝色主背景配合内圈的小方圆寓意我们生存的地球。大方圆围绕蓝色的地球，寓意长安汽车行天下。蓝色主背景表达了长安汽车科技、绿色的发展观念。长安汽车在产车型有 CS75、睿骋 CC（图 9-72）、逸动等。

图 9-72　长安主流乘用车商标及其代表车型睿骋 CC

3. 东风汽车公司

东风汽车公司始建于 1969 年，是中央直管企业之一。东风汽车公司的主要业务分布在十堰、襄阳、武汉、广州四大基地，形成了“立足湖北，辐射全国，面向世界”的事业布局。公司总部设在武汉，主营业务涵盖全系列商用车、乘用车、发动机及汽车零部件等。

东风汽车公司的商标如图 9-73 所示，以艺术变形手法，取燕子凌空飞翔时的剪形尾羽作为图案基础，主要含义是“双燕舞东风”。它格调新颖，寓意深远，使人自然联想到东风送暖，春光明媚，神州大地生机盎然，给人以启迪和力量。二汽的“二”字寓意于“双燕”之中，同时还象征着东风汽车车轮滚滚向前永不停息，冲出亚洲，走向世界。

图 9-73　东风汽车公司的商标

以下介绍东风汽车公司几个主要的汽车品牌及其车标文化。

(1) 东风汽车　20 世纪 50 年代，毛泽东主席对国际形势曾有一个著名论断“东风压倒西风”，东风汽车据此得名。东风汽车常用于指东风商用车。东风商用车公司的前身是第二汽车制造厂的中重型商用车制造业务部。

东风商用车的在产车型主要有东风天龙系列、东风天锦系列、东风大力神系列、东风风圣系列、东风多利卡系列、东风康霸系列、东风之星系列、东风小霸王系列等。图 9-74 所示为东风天龙。

(2) 东风风神 东风风神是东风乘用车公司的自主品牌。东风乘用车公司的总部设在湖北武汉，由东风汽车公司于 2006 年开始筹建。自 2007 年成立以来，东风乘用车公司已投产并上市东风风神 S30/H30/H30 CROSS/A60/A30/AX7/L60/AX3/AX5/AX4 和东风 A9（图 9-75）等系列车型，以及新能源车型东风风神 E30/E30L、东风风神 A60EV、东风风神 E70，产品布局实现了“SUV+轿车+新能源”三线并进。

图 9-74 东风天龙

图 9-75 东风风神 A9

(3) 东风风行 东风风行是东风乘用车公司的自主品牌。东风柳州汽车有限公司是东风汽车集团有限公司的控股子公司拥有“风行”“乘龙”等自主品牌。东风柳州汽车有限公司是广西第一家汽车生产企业，中国第一家中型柴油载货汽车生产企业，东风集团第一款自主品牌家用车生产企业，中国首批“国家整车出口基地企业”。

东风风行目前在产的车型有景逸 S50（图 9-76）、景逸 X3、景逸 X6、风行 SX6 与风行 S500 等。

图 9-76 景逸 S50

4. 浙江吉利控股集团

浙江吉利控股集团始建于 1986 年，总部设在杭州，1997 年进入汽车行业。图 9-77 所示为吉利控股集团的商标。2010 年 3 月 28 日，吉利控股集团以 18 亿美元成功收购瑞典沃尔沃汽车，成为中国汽车企业海外并购发展的成功案例。但吉利集团董事长李书福先生在签署收购协议现场强调，沃尔沃将仍是一家独立的公司，继续保留在瑞典的管理团队和一个新的董事会。2018 年 2 月 24 日，吉利约 90 亿美元收购戴姆勒 9.7%股份，成了戴姆勒最大的股东。

以下介绍吉利控股集团几个主要的汽车品牌及其车标文化。

GEELY

吉利控股集团
GEELY HOLDING GROUP

图 9-77 吉利控股集团的商标

(1) 吉利汽车 图 9-78 所示为吉利汽车的商标，它的含义颇为丰富：椭圆象征地球，表示吉利面向世界、走向国际化；椭圆在动态中是最稳定的，喻示及祝愿吉利的事业稳如磐石，在风雨中屹立不倒，其中内圈蔚蓝象征广阔的天空，外圈深蓝象征无垠的宇宙；六个六取“六六大顺”的意思，祝愿吉利如意、吉祥，一步一个台阶，不断超越，也表明中华优秀传统文化的底蕴才是吉利不断发展超越的精神源泉。

吉利汽车旗下车型主要有博瑞、博越、帝豪与远景等。博瑞（图 9-78）为吉利汽车旗下最为热门的车型。2014 年 10 月 30 日，尚未正式上市的吉利博瑞便被外交部外交人员服务局选为外事礼宾指定用车及驻华使节用车。2015 年 3 月 20 日，首批 20 辆吉利博瑞外事礼宾用车正式交付，外交用车首次刮起了“中国风”。这一具有里程碑意义的时刻，对推动中国品牌发展和公务车改革起到了积极示范的作用，激发了全体国民对民族品牌的自尊心和自豪感。同时，博瑞还多次被选定为中国-中东欧博览会、G20 杭州峰会等国际盛会、高峰论坛的官方指定用车，成为世界看东方的一张“中国制造新名片”。

图 9-78　吉利汽车的商标及其代表车型博瑞

（2）领克　LYNK&CO（中文名：领克）是由吉利控股集团、吉利汽车集团与沃尔沃汽车合资成立的新时代高端品牌，于 2016 年 10 月 20 日在柏林发布；由坐落于哥德堡的吉利汽车欧洲研发中心（CEVT）和哥德堡设计团队负责研发与设计，并将与沃尔沃汽车在中国共享制造基地；按照与沃尔沃同样的质量标准、制造工艺生产具有世界领先品质的汽车产品。

图 9-79 所示为领克的商标及其代表车型领克 01。Lynk 代表连接智能互联：以先进的智能互联技术，实现人、车、世界的无间连接。领克是全球首个具备汽车分享技术架构的汽车品牌，CO 代表互联网时代开放与协作的精神。领克 01 是领克为都市年轻族群打造的新时代高端 SUV，于 2017 年 11 月 28 日正式上市，是首款基于 CMA 中级车基础模块架构开发的车型。

图 9-79　领克的商标及其代表车型领克 01

（3）沃尔沃　沃尔沃是瑞典著名豪华汽车品牌，于 1927 年在瑞典哥德堡创建。1999 年，沃尔沃集团将旗下的沃尔沃轿车业务出售给美国福特汽车公司。2010 年，浙江吉利控股集团从福特手中购得沃尔沃轿车业务，并获得沃尔沃轿车品牌的拥有权，总部设在上海，分别在成都和大庆两地建有工厂。

“VOLVO”一词，本来为拉丁文，原意是“滚滚向前”。VOLVO 车标由三部分图形组成：第一部分的圆圈代表古罗马战神玛尔斯；第二部分是对角线，在散热器上设置的从左上方向右下方倾斜的一条对角线彩带；第三部分是 VOLVO 公司的注册商标，是采用古埃及字体书写的 VOLVO 字样。图 9-80 所示为沃尔沃的商标及其代表车型 XC40。

图 9-80 沃尔沃的商标及其代表车型 XC40

5. 北京汽车集团有限公司

北京汽车集团有限公司（简称“北汽集团”），原名北京汽车工业控股有限责任公司，其前身可追溯到 1958 年成立的“北京汽车制造厂”。

北汽集团的商标如图 9-81 所示。外圆内方的标志图案是中国“天圆地方”传统思想的形象化。商标以“北”字作为设计的出发点，“北”既象征着中国北京，又代表了北汽集团，体现出企业的地域属性与身份象征。同时，“北”字又好似一个欢呼雀跃的人形，表明了“以人为本”是北汽集团永远不变的核心。此外，“北”字还像两扇打开的大门，它是北京之门、北汽之门、开放之门、未来之门，表达了北汽集团立足北京，放眼全球的远大目标。

图 9-81 北汽集团的商标

目前，北汽集团旗下拥有北京汽车、昌河汽车、北汽新能源、北汽福田、北京现代、北京奔驰、北京通航、北汽研究总院等知名企业与研发机构。

（1）福田汽车 北汽福田汽车股份有限公司是中国品种最全、规模最大的商用车企业。福田汽车成立于 1996 年，1998 年 6 月在上海证券交易所上市。2012 年，福田商用车产销量全球排名第一。

福田汽车是我国汽车行业自主品牌和自主创新的中坚力量。自成立以来，其以令业界称奇的“福田速度”实现了快速发展，累计产销汽车超 500 万辆，曾连续两年位居世界商用车销量第一。

图 9-82 所示为福田汽车于 2010 年起用的新商标及其代表车型欧曼 GTL。福田汽车商标以钻石图形为基础，寓意企业在产品质量上追求完美；钻石图案给人以透明、纯净感，体现企业诚信的价值观；三条边象征福田所涉及的出行、居住和金融产业；围绕钻石的圆形寓意福田汽车追求完美、圆满目标的品牌精神，也蕴含了福田汽车对顾客 360°的关怀呵护。

图 9-82 福田汽车于 2010 年起用的新商标及其代表车型欧曼 GTL

（2）北汽制造 北京汽车制造厂有限公司产品资源丰富，拥有三大产品型谱、五个产品平台、十二个产品系列。三大产品型谱即越野车型谱系列，以及在越野车平台上衍生的越野皮卡系列、货车型谱系列、轻型乘用车型谱系列。图 9-83 所示为北汽制造的商标及其代表车型域胜 007。北汽制造的图形标志是一个立体的、艺术化后的“北”字，寓意简单而清晰。

图 9-83 北汽制造的商标及其代表车型域胜 007

（3）北京汽车 北京汽车股份有限公司成立于 2010 年，致力于发展高端制造业，加快北京汽车工业优化升级，全面推进北京汽车自主品牌的发展战略。北京汽车的品牌图形标志与北汽集团相同。

北京 BJ80（图 9-84），是北京汽车于 2016 年推出的一款硬派越野车，已在第十届中国（广州）国际汽车展览会上亮相。

图 9-84 北京 BJ80

6. 长城汽车股份有限公司

长城汽车成立于 1984 年，总部位于河北省保定市，主要生产皮卡、SUV、轿车等车型。公司具备发动机和前、后桥等核心零部件自主配套能力。目前，旗下拥有哈弗、长城、WEY 和欧拉四个品牌，产品涵盖 SUV、轿车、皮卡三大品类，拥有四个整车生产基地，具备发动机、变速器等核心零部件的自主配套能力，下属控股子公司 40 余家，员工 7 万余人。

图 9-85 所示为长城汽车公司的商标，商标内涵是椭圆外形代表立足世界，走向中国；烽火台形象是中国传统文化象征；剑锋箭头意味着充满活力，蒸蒸日上，敢于亮剑，无坚不摧；立体“1”表示快速反应，永争第一。

图 9-85 长城汽车公司的商标

（1）哈弗 哈弗（HAVAL）是长城汽车于 2013 年 3 月创立的汽车品牌，主要生产 M1、M2、M4、H1、H2、H3、H4、H5、H6、H7、H8、H9 车型，哈弗的英文“HAVAL”是“自由翱翔”的意思。

图 9-86 所示为哈弗商标及其代表车型哈弗 H6。哈弗 H6 定位于城市 SUV，有两驱和四

图 9-86 哈弗商标及其代表车型哈弗 H6

驱两种模式。哈弗H6采用承载式车身设计，前悬架采用麦弗逊式独立悬架，后悬架为双横臂式独立悬架。

(2) WEY WEY为长城汽车豪华SUV品牌，成立于2016年，源自于长城汽车创始人魏建军（Jack Wey）的英文姓氏，图9-87所示为WEY商标及其代表车型VV7。WEY的商标源自于长城汽车发源地、创始人魏建军的故乡中国保定的标志性建筑——保定总督府大旗杆，底下则是英文的POATING（保定），寓意打造中国豪华SUV的标杆。WEY目前在产的车型有VV5、VV7和P8。

WEY

图9-87 WEY商标及其代表车型VV7

7. 奇瑞汽车股份有限公司

奇瑞汽车股份有限公司成立于1997年，以打造“国际品牌”为战略目标。奇瑞的“奇”有“特别地”之意，“瑞”有“吉祥如意”之意，合起来是特别地吉祥如意，其公司的商标如图9-88所示。商标的图形标志以一个循环椭圆为主题，由“A”“C”“A”三个字母组成，是Chery Automobile Company的缩写，中间镶有钻石状立体三角。主色调银色代表着质感、科技和未来。新商标升级成循环椭圆，喻示奇瑞从初期的快速发展，到专注技术、注重品质、依靠科学体系和国际标准流程的战略转型，正在走上追求品牌、品质和效益的理性发展之路。中间的钻石形构图，代表了奇瑞汽车对品质的苛求，并以打造钻石般的品质为企业坚持的目标。蓬勃向上的人字形支撑，则代表了奇瑞汽车执着创新、积极乐观、乐于分享的向上能量，支撑起品质、技术、国际化的奇瑞汽车不断前行，同时人字形代表字母A，喻示奇瑞汽车追求卓越。

CHERY

图9-88 奇瑞汽车公司的商标

(1) 奇瑞汽车 奇瑞品牌的图形标志与其公司商标图形标志相同。该品牌的车型目前主要分为两个系列，一个是瑞虎，另一个是艾瑞泽，其中瑞虎系列有瑞虎8、瑞虎7、瑞虎5X和瑞虎3；艾瑞泽系列有艾瑞泽5和艾瑞泽7等。瑞虎系列定位为SUV，艾瑞泽为轿车系列。

图9-89所示为奇瑞艾瑞泽5。艾瑞泽5是奇瑞汽车面向中国主流消费群体自主研发的一款全新产品，艾瑞泽5采用奇瑞全新的设计语言，在颜值、互联、操控和安全、动力上进行了全面突破。

图9-89 奇瑞艾瑞泽5

(2) 开瑞汽车 开瑞为奇瑞公司于2009年1月推出的全新高性能微型车品牌。“开瑞”英文名“Karry”，与英语中“搬运、运送”的单词“Carry”同音，给人以力量、稳妥、安心之感。而汉字中的“开”取“宏业骏开”“旗开得胜”之意，“瑞”给人“吉祥发展”之感。“开瑞”二字既可与“奇瑞”集团在名称识别上产生清晰区隔，又以“瑞”字暗含与奇瑞集团同源的信息。

图 9-90 所示为开瑞汽车的商标及其代表车型优优。开瑞的图形标志由椭圆形蓝底银环背景及品牌英文名“Karry”构成，立体银环给人以浓厚的现代感，蓝色的背景映衬着银色的罗马体“Karry”，显得沉稳大气又不乏灵动。整个标志以蓝、银为主色调，配以刚劲有力的罗马字体，既符合微型车行业的本身属性，又放眼未来，寄予未来。

Karry
开瑞汽车

图 9-90　开瑞汽车的商标及其代表车型优优

8. 中国第一汽车集团公司

中国第一汽车集团公司（原第一汽车制造厂）简称“中国一汽”或“一汽”，是国有特大型汽车生产企业，总部位于长春市。一汽 1953 年奠基兴建，1956 年建成并投产。一汽的建成，开创了中国汽车工业新的历史。

中国一汽公司的商标如图 9-91 所示。取阿拉伯数字“1”和汉字“汽”巧妙布置，构成一只“雄鹰”的视觉景象；外围椭圆代表全球。寓意中国第一汽车集团公司搏击长空、展翅翱翔、走向世界。一汽货车在车前标示的“FAW”为第一汽车制造厂的英文表达“First Automobile Workshop”三个单词首字母的组合。

中国一汽

图 9-91　中国一汽公司的商标

（1）红旗　红旗是一汽的自主品牌、自有商标，诞生于 1958 年。在国人心里，“红旗”二字已经远远超出了一个轿车品牌的含义，它有其他品牌所不能代替的位置。2009 年，一汽开发了红旗检阅车，成功用于国庆 60 周年阅兵，展示了一汽自主研发的最高水平。2017 年 9 月，新红旗 H7 正式上市。新红旗 H7 是红旗为消费者打造的一款 C 级新商务座驾。2018 年 4 月 25 日，红旗 H5（图 9-92）作为红旗全力打造的战略车型正式上市，其也是新红旗战略发布后第一款上市车型。

红旗汽车的商标，如图 9-92 所示，包括前标志和后标志。前标志是一面红旗，它代表毛泽东思想，一般立在发动机舱盖的前端；后标志是“红旗”两个汉字，是借用的毛泽东为 1958 年 5 月创刊的《红旗》杂志的封面题字，一般标注在车尾。现在的部分红旗轿车在前格栅上还标有一汽的“1”字标志，将代表全球的椭圆与“1”字形有机结合起来，强调

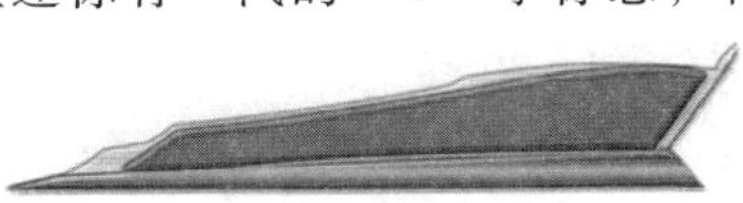

红旗

图 9-92　红旗汽车的商标及其代表车型红旗 H5

了“第一”的品牌名称及其意义。

(2) 奔腾 一汽奔腾 B70 是国内第一款高起点、高品质、高性能的自主品牌中高级轿车，被市场和消费者誉为自主品牌轿车的“安全典范”“节油冠军”“中高级轿车价值典范”等，成为国内中高级轿车市场的性价比标杆。奔腾目前在产的车型有 B 系列轿车和 X 系列的 SUV。

2011 年，一汽将奔腾的“1”字图标，换成了一汽的“飞鹰”图标，如图 9-93 所示。

a) b) c)

图 9-93 奔腾汽车的商标及其代表车型奔腾 X80

a）老商标 b）新商标 c）代表车型奔腾 X80

(3) 夏利 夏利系列轿车是天津汽车集团引进的日本大发汽车公司 Charade 系列轿车技术而开发的产品。当时的天津市长李瑞环同志建议“Charade”的中文名字叫夏利，寓意“华夏得利”。第一辆夏利轿车于 1986 年下线。夏利轿车的突出特点是经济性好、适合大众需求，是中国最早进入家庭的轿车。

夏利汽车的商标如图 9-94a 所示。图案中“横”为立交桥连接东西方向，“纵”为两高速公路贯通南北方向，象征着夏利轿车驰骋在祖国大地上。

2009 年 11 月，在新一代国民车夏利 N5 下线并宣布上市之际，夏利轿车也被换上了一汽集团的“飞鹰”图标（图 9-94b），放弃使用了 23 年的夏利商标。2013 年 3 月，天津一汽首款 Mini SUV 夏利 N7（图 9-94c）在天津一汽第三工厂正式上市。

a) b) c)

图 9-94 夏利汽车的商标及其代表车型夏利 N7

a）老商标 b）新商标 c）代表车型夏利 N7

9. 广州汽车集团股份有限公司

广州汽车集团股份有限公司（简称“广汽集团”）成立于 2005 年，其前身是成立于 1997 年的广州汽车集团有限公司。广汽集团主要业务包括汽车整车及零部件设计与制造，汽车销售与物流，汽车金融、保险及相关服务。

图 9-95 所示为广汽集团的商标，其图形标志是艺术化了的“广汽”中“广”字的汉语拼音首字母“G”。

(1) 广汽传祺　广汽传祺寓意“传承世界品质，祺福品质生活”，其品牌标志图案与广汽集团的图形标志相同。

广汽传祺是广汽集团中高级系列轿车之一，该系列车型传承了欧洲高端品牌在操控性、舒适性和主动安全性等方面的优秀基因，采用了世界先进的成熟底盘平台和动力总成技术。2010 年 9 月 13 日，广汽集团迎来了“传祺”的正式下线。2010 年广州亚运会期间，传祺成为唯一指定专用车。传祺现有车型有传祺 GS8（图 9-96）、传祺 GS7、传祺 GA5、传祺 GA4 等。

广汽集团
GAC GROUP

图 9-95　广汽集团的商标

图 9-96　广汽传祺 GS8

(2) 广汽吉奥　广汽吉奥汽车有限公司成立于 2010 年，其前身是成立于 2003 年的总部位于浙江台州的吉奥集团有限公司。目前，广汽吉奥已发展成一家集汽车整车生产及零部件制造于一体的综合性集团企业。

图 9-97 所示为广汽吉奥的商标及其代表车型财运 500。吉奥的图形标志是圆环内一个吉奥拼音首字母“G”构成的天体运行轨迹，其寓意是“永恒的天体运行是吉奥人永不停息的创业轨迹，给我一个支点，我将把地球撬起。”商标中英文“gonow”即“let's go now!”，意为“让我们立即行动”。只有立即行动，才能掌握发展的命运，才能与时俱进，才能与世界同步。

广汽吉奥
GAC GONOW

图 9-97　广汽吉奥的商标及其代表车型财运 500

10. 安徽江淮汽车集团股份有限公司

安徽江淮汽车集团股份有限公司（简称“江淮汽车”或“JAC”），是一家集全系列商用车、乘用车及动力总成等研产销和服务于一体，“先进节能汽车、新能源汽车、智能网联汽车”并举的综合型汽车企业集团。公司现有的主导产品包括：重、中、轻、微型货车，多功能商用车、MPV、SUV、轿车、客车，专用底盘及变速箱、发动机、车桥等核心零部件。现拥有瑞风、江淮 iEV、帅铃、骏铃、康铃、格尔发、和悦、星锐、锐捷特等知名品牌。

JAC
江淮汽车

图 9-98　江淮汽车集团的商标

在国际知名品牌咨询公司 Brand Finance 发布的“2018 全球最具价值汽车品牌 100 强”排行榜中，江淮汽车排名第 50 位。图 9-98 所示为江淮汽车集团的商标。

瑞风秉承“空间成就自由”的品牌理念，主要面对公商务和城市个性化市场，提供MPV、中型和公商务轿车为主导的系列化产品，满足公商务市场对操控、空间等要素的追求，旗下产品按“品牌+字母+数字”的方式命名，其中A系列为轿车，S系列为SUV，M系列为MPV。目前MPV系列车型有M4、M5（图9-99）与M6，其代表车型为M5。SUV系列主要代表车型为S7（图9-100），其定位于中型SUV，也是江淮汽车旗下全新的“旗舰”SUV车型。

图9-99　江淮瑞风M5

图9-100　江淮瑞风S7

复习思考题

1. 美国有哪些著名的汽车公司？
2. 欧洲有哪些著名的汽车公司？
3. 日本有哪些著名的汽车公司？
4. 大众汽车集团有哪些主要的汽车品牌？
5. 菲亚特克莱斯勒汽车公司有哪些主要的汽车品牌？
6. 简述保时捷商标的意义。
7. 简述林肯商标的意义。
8. 简述福特商标的意义。
9. 简述上海汽车集团股份有限公司的主要汽车品牌。
10. 简述雷诺日产三菱联盟的主要汽车品牌。
11. 简述北京汽车集团有限公司的主要汽车品牌。

第10章 汽车竞赛与汽车展览

内容提要： 本章主要介绍汽车竞赛的概念与分类，国内外开展的主要汽车竞赛、国内外举办的主要汽车展览及车展文化等相关内容。

10.1 汽车竞赛

10.1.1 汽车竞赛与分类

汽车竞赛，又称为赛车运动，是指汽车在封闭场地、道路或野外，比赛速度、驾驶技术和汽车性能的一种体育运动项目。汽车竞赛与汽车具有同样长的历史，其既为汽车厂家提供了一个苛刻的产品质量试验场，也为汽车爱好者和车迷带来了一种刺激和美的享受。

国际汽车运动联合会（FIA）是汽车竞赛的国际管理组织，其会徽如图10-1所示。FIA制定有关汽车竞赛路线、车辆、车手以及竞赛方法的相应规定，对竞赛和记录进行认可，并对举行的竞赛做必要的调整或协调。

图10-1　国际汽车运动联合会会徽

汽车竞赛的种类很多，比较著名、影响力较大的项目大致可分为以下几类：

（1）场地赛　用特制的专用赛车，在固定的赛场中进行的比赛，如方程式汽车赛。此类比赛车速高，赛程约为300km，用时不超过2h，比赛较为激烈。

（2）道路赛　用成批生产的汽车在现有道路上进行的比赛，如拉力赛、越野赛。此类比赛车速较低，路况复杂，赛程较长。

（3）耐力赛　用成批生产的汽车或特制的运动原型车，在固定赛场或圈围好的现有道路上进行的长时间连续比赛，如法国勒芒24小时耐力赛。此类比赛车速高，比赛过程较为艰苦。

（4）其他汽车竞赛　有世界房车锦标赛、世界太阳能汽车挑战赛等。

10.1.2 方程式汽车赛

1. 概述

20世纪30年代，为了规范汽车比赛的胜负不再由发动机的功率决定，而是由车手的技术决定，人们开始对发动机的类型和排量做出规定，于是便有了方程式赛车的概念。所谓方程式赛车就是按照 FIA 规定标准制造的赛车。这些标准对方程式赛车的车长、车宽、轮距、车重、发动机的功率和排量、是否用增压器以及轮胎的尺寸等技术参数都做了严格的规定。生产方程式赛车的厂家必须先通过 FIA 的认可，在确信有足够的技术实力后才能够生产方程式赛车。

方程式赛车的级别有多种，主要有一级方程式（简称 F1）、二级方程式（又称为 F3000 或 GP2）、三级方程式（简称 F3）、亚洲方程式、自由方程式、福特方程式、雷诺方程式、卡丁车方程式等。

F3 是方程式汽车赛中低级别的比赛，有兴趣就可以参加，年轻的车手在这里锻炼受益，几乎全部的一级方程式赛车手都是从这里走向世界。

F3000 是赛车手进军一级方程式赛车世界的前哨战。从 2005 年起，F3000 改为 GP2 系列赛。GP2 主要是为 F1 输送新人，因此要求所有参赛队使用同一种赛车底盘、发动机和轮胎。

F1 汽车赛是世界汽车场地赛项目中级别最高的，也是最引人注目的体育比赛项目之一。由于它每年要在世界各地的 16~19 个站比赛，通常可以吸引 200 多万观众到场观战，全球 200 多个国家 5 万多家电视台对其进行电视转播。

2. F1 赛车

在 FIA 的 F1 赛车技术规则里，F1 赛车被定义为“一种专门设计用于环形或封闭道路比赛速度的汽车，这种汽车至少有四个不在一条线上的轮子，其中至少有两个轮子用于转向，至少有两个轮子用于驱动”。

由于赛车是比赛的专用车，速度极高，这就决定了 F1 赛车（图 10-2）的外形与普通汽车有很大的差别。FIA 对 F1 赛车的车身主要尺寸和质量、发动机的主要技术和尺寸都做出了严格的要求。FIA 还规定，F1 赛车的变速器应有不超过 7 个前进档和 1 个倒档，不得采用自动变速器。半自动变速器是现今赛车必不可少的装置。F1 赛车采用盘式制动器，每个车轮只允许用一个制动盘和一个制动钳。所有赛车只能安装一个双回路制动系统，一个回路作用于两前轮，另一个回路作用于两后轮。禁止使用防抱死制动系统和增压助力装置。禁止制动时使用液体冷却，制动冷却风道应符合规定的要求。

图 10-2　F1 赛车

对一般汽车而言，转向盘的作用是控制车辆转向，但是 F1 赛车的转向盘（图 10-3）除了转向功能外，还具有换档、控制发动机、通信等功能。不同的车队，赛车转向盘上的控制按钮布局不同。一般赛车转向盘上布置以下控制按钮：

① 起动控制：发动机从静止状态起到调整到最佳工作状态。

② 发动机控制：用于改变发动机从一种点火或喷油

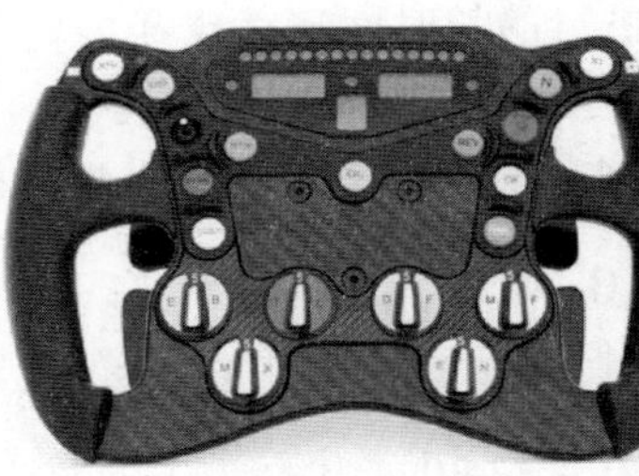
图 10-3　F1 赛车转向盘

的模式转到另一种模式。

③ 差速器：可随时使用车载电脑预编程序进行差速调节。

④ 进站速度限制：确保赛车进站过程中，车速在 FIA 规定的 80km/h 范围内。

⑤ 无线电通信：通过无线电通信系统与修理站取得联系。

⑥ 空档：赛车停下来时，发动机能处于不熄火的状态。

⑦ 无线电指示灯：使用无线电通信时，指示灯就会亮起。

⑧ 牵引力控制：使车手能够开关牵引力控制程序，以便于控制车轮打滑。

⑨ 数据记录仪：记录赛车不正常情况，有利于工程师进行有针对性的诊断。

⑩ 接收留言：接收来自维修站工作人员的留言。

⑪ 轮胎：比赛中若遇雨天需换湿胎，扳动该开关就能从干胎参数设置转换为湿胎参数设置。

⑫ 饮料：喝从头盔上的软管里流淌下来的饮料，以维持在比赛中消耗的水分。

⑬ 备用：用来满足车手和赛车意想不到的要求。

F1 赛车的燃油箱和所有燃油管破裂后都会自动封口，防止燃油漏出。燃油管路不可经过驾驶舱。

F1 赛车轮胎分为干地轮胎和雨地轮胎两种类型（图 10-4）。干地轮胎表面有四个纵向凹槽，目的是减少轮胎与地面的接触面积，减弱抓地力。雨地轮胎表面设计成能够充分适应湿滑路面的高性能复合排水纹路，以迅速排出进入胎纹与地面间的雨水，使轮胎表面更有效地接触地面。

图 10-4　F1 赛车干地轮胎与雨地轮胎

3. F1 赛道

F1 车赛必须在专用赛车场进行，对专用赛车场的长度和宽度、路面情况、安全措施等均有极为严格的要求。一般来说，专用赛车场为环形，每圈长 3~7km；比赛总长度为 305~320km。为安全起见，赛道两旁一般铺设宽阔的草地或沙地，以将观众与赛道隔开。FIA 规定赛车场不允许有过多、过长的直道，目的在于限制高速，以免发生危险。

F1 赛道大体可以分为四种类型：街道赛道、高速赛道、中速赛道和低速赛道。F1 比赛用的 16~19 个赛道分布在不同的国家和地区。我国的 F1 赛道——上海国际赛车场位于上海嘉定区安亭镇，于 2004 年建成，并与 FIA 签订了 2004~2010 年 F1 大奖赛中国站的举办权。

上海 F1 赛道（图 10-5）具有 7 处左转弯道和 7 处右转弯道，平均时速为 205km，最长的直道为 1175m，位于弯道 T13 和 T14 之间。赛道的宽度为 13~15m，在弯道处加宽到最大 20m。

4. F1 车队和车手

（1）F1 车队　要想参加 F1 车赛，就必须先注册成立一支专业赛车队。成立和运作一支 F1 赛车队所需的费用非常高，用“花钱如流水”来形容 F1 赛车队的开支是最恰当不过了。一些实力雄厚的赛车队都拥有自己的 F1 赛车设计制造中心。那些规模较小的车队主要负责汽车比赛的一些事项，赛车和发动机则由实力雄厚的汽车或发动机厂商负责提供。

F1 车队的人员编制很庞大，以总部位于英国伦敦近郊的迈凯伦-梅赛德斯车队为例，车

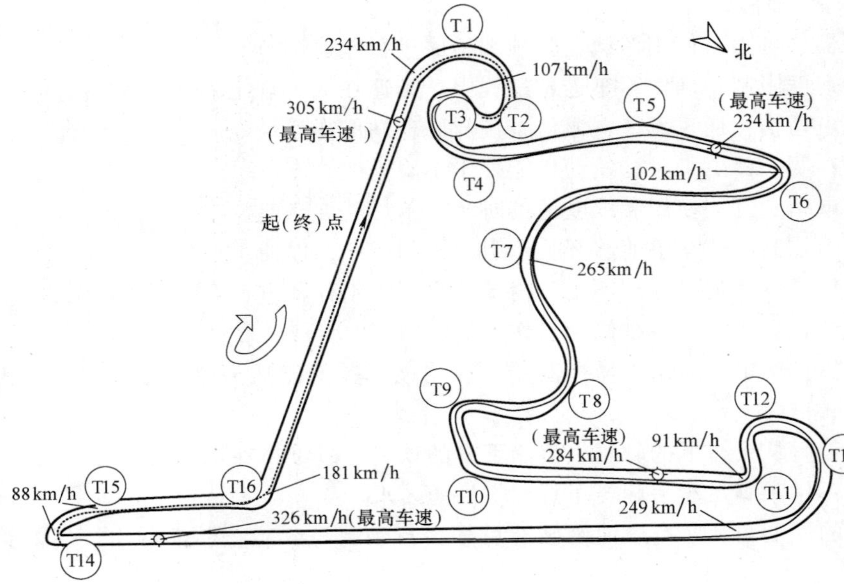

图 10-5 上海 F1 赛道

队的工作人员就超过 500 人，这还不包括在斯图加特奔驰总部发动机研发部门的员工及其他技术伙伴的员工。每站比赛车队需要动员 60~100 名工作人员到比赛现场负责比赛的运作。

(2) F1 车手 在 F1 比赛中，车手起着举足轻重的作用。在赛车性能基本相同的条件下，车手往往起着决定成败的关键作用。在比赛过程中，车手要消耗大量的体力，承受因加速、减速和转弯引起的巨大惯性作用力。例如，在高速转弯时，其离心力常常高达车手体重的 4~5 倍。

F1 比赛是一项很危险的汽车运动，比赛时不可避免地会发生翻车、起火等事故，因此，为保护车手的人身安全，FIA 规定车手在比赛时必须穿戴经其批准的专用服饰。头盔必须是戴面罩的全脸头盔；衣服和手套必须是用特殊耐燃材料缝制而成的；比赛用鞋的 T 面必须衬以泡沫塑料，表面覆盖一层防火材料。按照 FIA 的标准，一个装备齐全的车手必须在 700℃的火焰中待 12s 而不会被烧伤。此外，车手在比赛时还必须佩戴耳塞，以保护耳膜不被发动机的轰鸣声伤害。

要成为一名真正的 F1 车手并非易事。F1 车手要经过多年的磨炼，通过无数次的筛选，最后还要接受 FIA 的考核，在取得世界超级驾驶员执照后才有资格参加 F1 汽车大赛。

F1 赛车史上著名的车手主要有胡安·曼努尔·方吉奥（Juan Manuel Fangio）、埃尔顿·塞纳（Ayrton Senna）、阿兰·普罗斯特（Alain Prost）、迈克尔·舒马赫（Michael Schumacher），如图 10-6 所示。

胡安·曼努尔·方吉奥出生于阿根廷一个工厂主家庭，是从 20 世纪 30~50 年代一直活跃在赛车场上的一名伟大车手，于 1951 年、1954~1957 年五度夺得 F1 比赛的年度冠军。

埃尔顿·塞纳出生于巴西圣保罗一个富有的汽车制造商家庭，被公认为赛车史上最具天赋的车手之一，被人们称为“赛车王子”“拼命三郎”。塞纳共获得过 3 次世界冠军，如果没有 1994 年的那场意外，塞纳还会在威廉姆斯车队创造辉煌，会取得更多的世界冠军。即使他英年早逝，他取得的 65 次分站赛冠军纪录仍不能被轻易打破。

胡安·曼努尔·方吉奥　　埃尔顿·塞纳　　阿兰·普罗斯特　　迈克尔·舒马赫

图 10-6　F1 赛车史上著名的车手

阿兰·普罗斯特出生于法国中部的卢瓦尔区，也是最伟大的 F1 赛车手之一。他共夺得 4 次 F1 年度冠军，51 次 F1 分站赛冠军。

迈克尔·舒马赫则是当今 F1 成绩最辉煌的赛车手，他出生于德国中产阶级家庭，4 岁就开始参加卡丁车比赛。舒马赫 7 次荣获 F1 年度冠军，91 次获得大奖赛分站冠军，几乎打破了 F1 所有的记录，是迄今为止获胜次数最多的 F1 赛车手。

10.1.3　卡丁车赛

卡丁（Karting）车赛属于汽车场地赛。卡丁车是一种无减振装置，不能倒车，后两轮驱动和制动、前两轮转向的小型四轮单座位微型赛车（图 10-7）。卡丁车使用轻钢管结构，无车体外壳。由于其重心非常低，易于操控，所以卡丁车可算是赛车运动中最安全的一种车型。

图 10-7　卡丁车

卡丁车运动起源于 20 世纪 50 年代末，是世界方程式赛车的最初级形式。卡丁车原本是一些父母设计出来供孩子们在后花园或大型停车场玩耍的玩具，最初是用剪草机改装而成的，设备及发动机均非常简单。渐渐地，卡丁车在性能及场地安全方面不断地改良及转型，再加上可供标准比赛用的场地纷纷落成，基于其入门技术及费用要求不是很高，所以迅速发展成为一项老少皆宜的运动项目，世界各地大大小小的国际性赛事也应运而生。

由于许多著名的 F1 赛车手都是从卡丁车起步的，因此卡丁车被视为 F1 的摇篮。

10.1.4　汽车拉力赛

1. 概述

拉力赛一词取自英文“Rally”，有集结的意思。它是一种在一个国家内或者跨越数国举行的既检验车辆性能和质量，又考验驾驶技术的长途比赛。拉力赛的赛段既有各种临时封闭的普通道路，包括山区和丘陵的盘山公路、沙石路、泥泞路、冰雪路等，也有无法封闭的沙漠、戈壁、草原等地段。

拉力赛分为两种主要形式。一种为由甲地出发，到达乙地结束的直线型、长距离越野拉力赛。如巴黎-达喀尔拉力赛、555 香港-北京拉力赛和巴黎-莫斯科-乌兰巴托-北京拉力赛等，这类比赛一般每年只举办一次，每次持续五天至二十几天不等。另一种为每天行驶的方向不同但均返回同一地点、历时两三天的锦标赛系列赛事，这类比赛又称为梅花型拉力赛，每年在不同国家和地区举办数场或十几场，世界拉力锦标赛（World Rally Championship，WRC）便属于这类比赛。

国际上著名的拉力赛有世界汽车拉力锦标赛、蒙特卡罗拉力赛和达喀尔拉力赛等。

2. 世界汽车拉力锦标赛

世界汽车拉力锦标赛（WRC）被称作拉力赛里的 F1 赛，是仅次于 F1 的世界顶级赛车运动。该项赛事全年赛程规划有 14~16 个站，分别在 14~16 个不同的国家举行，分为两赛季，在上半年赛季结束之后，经过约 1 个月的休息之后再进行下半年赛季。

图 10-8 WRC 中行驶的赛车

世界汽车拉力锦标赛可以说是所有赛车项目中最严苛，也最接近真实的一种比赛，因为所有参赛车辆都以量产车为基础研制而成，并在雨淋、泥泞、雪地、沙漠及蜿蜒山路等全球各地最具代表性险恶路段的道路中进行（图 10-8）。

根据参赛车辆的不同，世界拉力锦标赛的比赛车辆分为原厂 N 组（有限制改装）及改装 A 组（无限制改装）两大组别。根据发动机排量不同，N 组与 A 组的车辆又被分作 4 小组。有限制改装是指只允许进行安全改装和有限的性能改装，发动机内部必须维持原车的标准，不允许改动。由于有限制改装费用相对较低，因此多被业余车队和个人选手使用。无限制改装是指除了保留车身外形和原厂标志外，几乎所有的部件都可改装。经过无限制改装的赛车，如同坦克般结实，但费用昂贵，一般都是汽车公司赞助的职业赛车队使用。

WRC 每一站比赛分为三个阶段，通常每天为一个阶段，赛程规划大多在 1500km，其中分为 SS（Special Stage）路段与 RS（Road Section）路段两种。SS 路段就是在封闭管制的路段上进行竞速。每个阶段通常规划有 5~10 个 SS 路段，长度通常在 10~50km 间，SS 路段的规划总长度以 400km 为限，WRC 以每位车手完成所有 SS 路段时间的总和来分胜负，计时单位是 0.1s，而规划的平均时速以 110km 为限，最高不可超过 132km。不同的 SS 路段间以 RS 路段相连接，通常 RS 路段就是一般的道路，比赛车必须遵守比赛当地的交通法规，也就是和一般道路车一样不能超速违规。因此，为了让车手有足够的时间到达下一个 SS 路段起点，组委会会提供一段时间，给车手以当地法定速度完成 RS 路段，并配合警方或军队维持交通顺畅。而 RS 路段的计时单位是 1min，若车手未能在指定时间到达，每迟到 1min，总成绩将加罚 10s。

3. 蒙特卡罗拉力赛

蒙特卡罗是法国和意大利之间的一个欧洲小国摩纳哥的首府，也是一个著名的赌城。蒙特卡罗拉力赛（Monte Carlo Rally，MCR）是一项国际著名的汽车比赛，由摩纳哥汽车协会主办。比赛时间是每年的 1 月份，赛程 4~5 天，全程约 5000km。整个赛道冰天雪地（图 10-9），条件十分恶劣，对参赛车辆和车手都是严峻的考验。

4. 达喀尔拉力赛

以非洲沙漠为舞台的达喀尔（Dakar）汽车拉力赛作为最严酷和最富有冒险精神的赛车运动，被称为魔鬼般的赛事，为全世界所知晓。其组织机构是法国传媒集团阿玛瑞运动机构（Amaury Sport Organization，ASO），创办人是法国车手泽利·萨宾（Thierry Sabine），自 1979 年起每年一届。

图 10-9　蒙特卡罗拉力赛的冰雪赛道

达喀尔拉力赛的报名者是赛车和车手，而不是汽车厂家，汽车厂家的作用只是出钱赞助并因此获得广告效应。与 WRC 不同的是，该比赛为多车种的比赛，共分为摩托车组、汽车组（包括轿车和越野车）以及货车组，赛车的号码依次以 1、2、3 开头。如 105，表示摩托车组的第 5 号赛车，208 表示轿车组的第 8 号赛车，312 则表示货车组的第 12 号赛车，而工作车则以 4 为开头数字。达喀尔拉力赛每场产生摩托车组、汽车组和货车组的冠军各一名。

达喀尔拉力赛基本没有现成的道路（图 10-10）。车手和领航员除了依靠组委会的路线图外，还要借助指南针和全球定位系统（GPS），才能到达和通过每一个集结点。比赛时，参赛车辆都由同一地点出发，用 2~3 个星期穿越非洲大地，最后到达塞内加尔首都达喀尔，全程约 10000km。至今赛程的全程跑完率不到 50%，更有“跑完全赛程者均为胜利者”一说，可见赛事的艰辛程度。

图 10-10　达喀尔拉力赛的赛车及路况

10.1.5　汽车耐力赛

汽车耐力赛是一种在规定赛道上进行长时间连续行驶的耐力性比赛，它可以考验汽车的动力性能、可靠性和驾驶员的耐力。

1. 勒芒 24 小时耐力赛

勒芒 24 小时耐力赛（Le Mans 24 Hour race）（图 10-11）是世界上历史最长且最负盛名的汽车耐力赛，自 1923 年首次举行以来，每年 6 月（除 1936 年、1940~1948 年外）举行一次。比赛一般从第 1 天的下午 4 点开始，一直持续到次日的下午 4 点，历时 24h。

图 10-11　勒芒 24 小时耐力赛

勒芒耐力赛的赛道是由当地的高速公路和街区公路封闭成的一个环行路线，单圈长13.5km。赛车在其2/3的路段上速度可达370km/h。在跑道上的一段6km长的直路上，赛车速度可达390km/h。在24h的比赛中，车手们在这段直路上行驶的时间要用6h左右，紧张得令人感到窒息，哪怕是稍有疏忽，后果都将不堪设想。当然这段路对车辆也同样是最严酷的考验，发动机在拼命地嘶叫，仿佛要从底盘上挣脱开来，而轮胎也好像是被火炉烤得要爆炸一样。

参加勒芒耐力赛的每部赛车由不超过3名赛车手分别驾驶（1980年中期以前为2名赛车手），采用换人不换车的方法，所有的加油、换胎和维修时间都包括在24h以内。最后，行驶里程最多的赛车获胜，一般一昼夜下来，成绩最好的赛车行驶的里程近5000km。

由于勒芒耐力赛是全球各种耐力赛时间最长的比赛，而且选手驾车在同一环行赛道上要不停地转上330多圈，比赛显得单调、乏味。不论车手、维修工还是观众，在下半夜都会变得疲惫不堪。因此，这场比赛被称为最辛苦、最乏味的赛事。大多数观众都是带着宿营车或帐篷前来观战的，赛场旁的30个大型停车场每次比赛时都停满了10万辆汽车。赛场周围还有设施齐备的餐饮、娱乐和休闲场所以及销售仿制的各大车队服装、帽子的铺位，车迷们在这里如同过节一样。观众可以在餐厅里一边吃着可口的食物，一边观看窗外时速达300多km的赛车飞驰而过，这种情景在赛车界里堪称独一无二。

2. 印第500英里大奖赛

印第安纳波利斯（Indianapolis，简称印第）500英里大奖赛（图10-12）既属于场地赛，又属于耐力赛。其始于1911年，每年5月的最后一个星期一（为纪念美国阵亡将士）举办，1917~1918年和1942~1945年因美国卷入世界大战而停办，是美国车坛最重要的赛事，奖金最高（总额超过1000万美元，冠军超过160万美元），现场观众最多（超过27万）。

图10-12　印第500英里大奖赛现场

印第500英里大赛的跑道属于超级椭圆形高速跑道，单圈长2.5mile（1mile=1.609km），赛车需要跑200圈完成比赛。在比赛中，每辆车的燃料总量是受限制的。每场比赛分配给每辆赛车一定的燃料，燃油箱容量限定为22gal（83.2L），这就要求车队在整个比赛过程中要采用不同的驾驶策略。

印第赛车（图10-12）与F1赛车的外形很相似，但它们的内部结构却大相径庭。印第赛车既大又重，且结构简单，但这并不意味着它比F1赛车慢，印第赛车的最高时速可达380多km。在整个印第赛车过程中，车手能充分显示出他们的操作技术、胆识、勇气和经验。

3. 世界超级跑车锦标赛

世界超级跑车锦标赛（FIA GT1 World Championship）诞生于1997年。GT（Grand Touring）字面上的意思就是“伟大的旅程”，在当时是指高性能的汽车。FIA GT1集合了“6个著名汽车生产商“阿斯顿·马丁、克尔维特、福特、兰博基尼、玛莎拉蒂及日产”，共12支车队、24辆车及全球顶尖的48名赛车手，在4大洲共10个赛车场进行竞技。关于GT1、

GT2 及 GT3 各有不同的含义，FIA GT1 世界锦标赛参赛者为独立车队和职业选手，FIA GT2 欧洲锦标赛则面向独立车队及职业选手和业余选手混合的赛车队，FIA GT3 欧洲锦标赛则欢迎独立车队和非职业选手参加。

GT 赛车必须由可在公路上行驶的跑车改装而成，一般都是双门双座或双门“2+2”座形式的车辆，如保时捷 911（图 10-13）、莲花精灵（图 10-14）、法拉利 F40（图 10-15）等。在保持外形轮廓基本不变的情况下，对这些跑车的内部进行赛车化改装，改装成 GT 赛车。

图 10-13　保时捷 911

图 10-14　莲花精灵

图 10-15　法拉利 F40

根据赛车发动机功率的大小，GT 赛车被分为两组：发动机平均功率为 600hp[⊖] 的 Grand Touring（GT）组和平均功率在 400~470hp 的 Series Grand Touring（N-GT）组。

根据 FIA 规定，GT 赛中的赛车队全都是私人车队，不能接受汽车公司的经济援助，汽车公司只能出售车和配件、提供技术和物流援助。同时汽车公司不能只向一个车队售卖跑车，每个型号的赛车在每年第一场赛事中至少要有 6 辆参赛，不过由改装厂改装并已在 FIA 登记的符合规定的赛车可不受此限制。

参加整个赛季的赛车至多 36 辆，不过每场赛事都允许 2 名当地（举办赛事的国家）车手参加。无论任何原因，参赛车辆都必须参加每场赛事，若其中一场缺席，那么该赛季接下来的几场赛事都不准参加。这样的规定可保证赛事的参赛者数量。比赛时，赛车必须在赛道上连续跑满规定的时间（2h 或 3h），圈数多者为胜。

10.1.6　中国汽车大奖赛

1975 年，中国汽车运动联合会（Federation of Automobile Sports of PRC，FASC）（图 10-16）在北京成立，1983 年加入国际汽车联合会（FIA）。其主要任务是负责全国汽车运动的业务管理，组办国内外汽车比赛和体育探险活动等。FASC 是中国境内管辖汽车运动的唯一的全国性组织。

图 10-16　中国汽车运动联合会会徽

近些年来，在中国汽车运动联合会的组织和领导下，中国的赛车运动也迅速开展起来。目前在全国范围内已逐步形成了隶属于 FASC 的 20 多个省市、自治区汽车运动协会和近 50 个地方汽车运动协会，产生了近 100 个汽车运动俱乐部、车队等参赛组织，并开展了一系列的汽车运动赛事，如中国汽车拉力锦标赛、全国汽车短道拉力锦标赛、卡丁车锦标赛、全国汽车场地越野锦标赛等。

图 10-17 所示为贵州百灵车队。该车队成立于 2002 年，是一支由贵州百灵企业集团赞助、由贵州吉源汽车运动俱乐部运作的拉力车队，多年征战中国汽车拉力锦标赛。图 10-18

⊖ 1hp = 745.700W。

所示为2012年中国汽车拉力锦标赛漠河站收车仪式现场。

图 10-17　贵州百灵车队

图 10-18　2012年中国汽车拉力锦标赛漠河站收车仪式现场

10.2　汽车展览

汽车展览既是汽车制造商展示新产品、树立企业形象、展现公司实力、争夺汽车市场的舞台，也是进行汽车技术交流、发展经贸合作的良好机会。通过车展可以看到汽车行业发展的前景和方向，因而汽车展览总是备受汽车界人士的关注。目前，国际上影响力较大的车展主要有北美车展、巴黎车展、法兰克福车展、日内瓦车展和东京车展。在国内，北京、上海、广州等地也定期举办车展。

10.2.1　国内外著名汽车展览

1. 北美车展

北美车展（图10-19）的前身是美国底特律国际汽车展览会，是世界五大车展之一，也是北美洲规模最大的国际车展。北美车展创办于1907年，1989年更名为“北美国际汽车展览”，每年一月在底特律的COBO汽车展览中心（图10-20）举办。在北美车展上展出的主要是世界各大汽车公司当年推出的新车型、概念车等。北美车展已成为欧洲和日本名车打入美国市场的前哨站。

图 10-19　北美车展图标

图 10-20　北美COBO汽车展览中心

2. 巴黎车展

巴黎车展（图10-21）起源于1898年的国际汽车沙龙。1898~1976年期间，每年举办一届。此后，每两年一届，一般在9月底至10月初举行。1962年，由于展会规模扩大需要，整个展会从巴黎大宫（Grand Palais）移师凡尔赛门展览中心（Porte de Versailles）。

巴黎车展始终围绕着“新”字做文章。与此同时，巴黎车展也是概念车云集的海洋，各款新奇古怪的概念车常常使观众眼前一亮。

3. 日内瓦车展

日内瓦车展（图 10-22）创办于 1924 年，从 1931 年起每年 3 月份举行，是欧洲唯一每年度举办的大型车展。日内瓦车展上的展车不仅是各大汽车公司最新、最前沿的作品，而且参展的车型也极为奢华。各大汽车公司总是选择日内瓦车展作为自己最新旗舰车型的首发地，因而博得了“国际汽车潮流风向标”的美誉。

图 10-21　巴黎车展

图 10-22　日内瓦车展

4. 法兰克福车展

法兰克福车展（图 10-23）的前身为柏林车展，创办于 1897 年，是世界最早办国际车展的地方，也是世界规模最大的车展，有世界汽车工业“奥运会”之称。1951 年，车展移至法兰克福举办，展览时间一般在 9 月中旬，每年一届，轿车和商用车轮流展出。图 10-24 所示为法兰克福国际会展中心。

图 10-23　法兰克福车展

图 10-24　法兰克福国际会展中心

法兰克福车展的地域色彩很浓，也许因为是名车发源地，来看车展的观众不但汽车知识丰富全面，而且消费心理也非常成熟。对他们来说，看车展就是逛街，理性实用的成分居多。

5. 东京车展

东京车展（图 10-25）创办于 1954 年，在五大国际车展中历史最短。东京车展是亚洲最大的汽车展览，被誉为“亚洲汽车风向标”。东京车展选择在深秋的 10 月举行，轿车展在单数年举办，商务车展在双数年举办。

东京车展的突出特点是车型种类繁多，这恰恰体现了日本人的细腻。由于市场竞争激烈，精明的日本车商早已将市场细分成了无数个小块，甚至以性别、年龄层次和特殊需求在同一平台上设计不同的车型。

图 10-25　东京车展

图 10-26　北京车展

6. 其他国际车展

除上述五大国际车展外，还有些规模不大的国际车展，如伦敦车展、纽约车展、芝加哥车展，我国的北京（图 10-26）、上海和广州等也相继举办国际汽车展览会。

两年一度的北京国际车展在 6 月上旬开展，参展商数目众多、成交额大，一位外商毫不隐讳地说："即使北京车展搭个棚子让人参展，跨国汽车巨头也会趋之若鹜。因为他们看中的不是车展本身，而是中国潜在的巨大汽车消费市场。"

10.2.2　车展文化

1. 概念车

概念车（图 10-27）由英文"Concept Car"意译而来，它不是将投产的车型，只是向人们展示设计人员新颖、独特和超前的构思。

a)　b)　c)

图 10-27　概念车

a）大众 XL1 概念车（1L 油耗）　b）丰田 iroad 概念车　c）奥迪电动概念车

概念车是汽车中内容最丰富、最前卫、最能代表世界汽车科技发展和设计水平的汽车。世界各大汽车公司都不惜巨资研制概念车，借以向公众显示本公司的技术水平，提升自身形象。

概念车通常分为两种，一种是能跑的真正汽车，另一种是设计概念模型。前者较接近于批量生产，其先进技术已步入试验并逐步走向实用化，因而一般在 5 年左右可成为公司投产的新产品。后者虽是更为超前的设计，但因环境、科研水平和成本等原因，只是未来发展的研究设想。

2. 艺术汽车

艺术汽车（图 10-28）是指以汽车为题材，传达主体特定的思想、观念、心理与情感活

图 10-28　艺术汽车

动的一种艺术形态，是汽车和艺术的有机结合，赋予了汽车新的内涵，形成了艺术新的领域。美国休斯敦每年举办一届艺术汽车展，每次展览都有上百辆艺术汽车参展。

3. 汽车模特

汽车模特是一种配合展示汽车的职业。汽车模特要表现的是人与车之间的关系，展示汽车的文化，其中包括汽车历史典故、市场定位、消费对象、汽车品牌及性能的推广等，表现出不同环境中人与车、人与自然的关系，达到人体美与汽车美的完美结合。

在 1993 年的北京汽车展览会上，“香车美女”的概念第一次由西方引入中国，在中国便出现了“汽车模特”这一新名词。“汽车模特”从此为中国汽车展览会增添了一道亮丽的风景。

首届汽车模特大赛于 2004 年在广州天河体育中心举行。此后，在海南、上海、北京、郑州等地都开展了汽车模特大赛。

复习思考题

1. 试分别列举三个 F1 赛车史上较有名的车队和车手。
2. 何为汽车拉力赛？试列举国际上较有影响力的汽车拉力赛。
3. 何为汽车耐力赛？试列举国际上较有影响力的汽车耐力赛。
4. 试说出国际上著名的五大汽车展览。
5. 何为概念车？
6. 何为艺术汽车？

附录

附录A 机动车驾驶证准驾车型和代号

准驾车型	代号	准驾的车型	准驾的其他车型
大型客车	A1	大型载客汽车	A3、B1、B2、C1、C2、C3、C4、M
牵引车	A2	重型、中型全挂、半挂汽车列车	B1、B2、C1、C2、C3、C4、M
城市公交车	A3	核载10人以上的城市公共汽车	C1、C2、C3、C4
中型客车	B1	中型载客汽车（含核载10人以上、19人以下的城市公共汽车）	C1、C2、C3、C4、M
大型货车	B2	重型、中型载货汽车；大、重、中型专项作业车	C1、C2、C3、C4、M
小型汽车	C1	小型、微型载客汽车以及轻型、微型载货汽车；轻、小、微型专项作业车	C2、C3、C4
小型自动档汽车	C2	小型、微型自动档载客汽车以及轻型、微型自动档载货汽车	
低速载货汽车	C3	低速载货汽车（原四轮农用运输车）	C4
三轮汽车	C4	三轮汽车（原三轮农用运输车）	
残疾人专用小型自动档载客汽车	C5	残疾人专用小型、微型自动档载客汽车（只允许右下肢或者双下肢残疾人驾驶）	
普通三轮摩托车	D	发动机排量大于50mL，或者最大设计车速大于50km/h的三轮摩托车	E、F
普通两轮摩托车	E	发动机排量大于50mL，或者最大设计车速大于50km/h的两轮摩托车	F
轻便摩托车	F	发动机排量小于或等于50mL，最大设计车速小于或等于50km/h的摩托车	
轮式自动机械车	M	轮式自行机械车	
无轨电车	N	无轨电车	
有轨电车	P	有轨电车	

附录 B　汽车报废标准分类说明

项目			各类汽车报废标准
按行驶里程计算			总质量 1.8t 以下的载货汽车（含越野型）、矿山作业专用累计行驶 30 万 km
			总质量 1.8t 以上的载货汽车累计行驶 40 万 km
			特大、中、轻、微型客车（含越野车）累计行驶 50 万 km
			装配多缸柴油机的四轮农用运输车累计行驶 25 万 km
			其他车辆累计行驶 45 万 km
按使用年限计算	不予延长使用年限	8 年	总质量 1.8t（含 1.8t）以下的微型载货汽车（含越野型）
			1998 年 7 月 6 日前使用期已满 8 年的总质量 1.8t 以上、6t 以下（含 6t）的轻型载货汽车
			带拖挂的载货汽车
			营运客车 19 座（含 19 座）以下
			矿山作业专用车
		15 年	大、中型拖拉机（转向盘式），达到报废年限后，不予延长
	可申请延长使用年限	10 年	1990 年 7 月 7 日后注册登记的总质量 1.8t 以上、6t 以下（含 6t）的轻型载货汽车，达到报废年限后，经检验合格，可延长使用年限，但最长不得超过 10 年
			总质量 6t 以上的载货汽车，达到报废年限后，经检验合格，可延长使用年限，但最长不得超过 4 年
			旅游载客汽车，达到报废年限后，经检验合格，可延长使用年限，但最长不得超过 10 年
			9 座以上的非营运载客汽车，达到报废年限后，经检验合格，可延长使用年限，但最长不得超过 10 年
			20 座以上（含 20 座）营运客车，达到报废年限后，经检验合格，可延长使用年限，但最长不得超过 4 年
			其他汽车
		15 年	9 座（含 9 座）以下非营运载客汽车（乘用车），达到报废年限后，经检验合格，可延长使用年限，超过 20 年的，每年需定期检验 4 次，对总延长年限没有强制性的规定
		6 年	三轮农用运输车、装配单缸柴油机的四轮农用运输车，达到报废年限后，经检验合格，可延长使用年限，但最长不得超过 3 年
		9 年	装配多缸柴油机的四轮农用运输车，达到报废年限后，经检验合格，可延长使用年限，但最长不得超过 3 年

参 考 文 献

[1] 赵万忠，王春燕. 汽车文化 [M]. 北京：国防工业出版社，2015.

[2] 王庆年，曾小华. 新能源汽车关键技术 [M]. 北京：化学工业出版社，2017.

[3] 陈珊，李江天. 汽车文化 [M]. 长春：吉林大学出版社，2015.

[4] 帅石金. 汽车文化 [M]. 2 版. 北京：清华大学出版社，2007.

[5] 郎全栋，曹晓光. 汽车文化 [M]. 北京：高等教育出版社，2005.

[6] 张翠平，王铁. 汽车工程概论 [M]. 北京：国防工业出版社，2011.

[7] 金国栋. 汽车概论 [M]. 2 版. 北京：机械工业出版社，2010.

[8] 蔡兴旺. 汽车概论 [M]. 2 版. 北京：机械工业出版社，2011.

[9] 刘邗，侯明月. 名车名标大本营 [M]. 北京：人民交通出版社，2010.

[10] 陈家瑞. 汽车构造 [M]. 5 版. 北京：人民交通出版社，2006.

[11] 余志生. 汽车理论 [M]. 5 版. 北京：机械工业出版社，2009.

[12] 张森林. 汽车电器设备与维修技术 [M]. 北京：化学工业出版社，2012.

[13] 刘邗，侯明月. 新能源汽车大讲堂 [M]. 北京：人民交通出版社，2011.

[14] 崔胜民. 新能源汽车技术 [M]. 北京：北京大学出版社，2009.

[15] 史文库. 现代汽车新技术 [M]. 2 版. 北京：国防工业出版社，2011.

[16] 凌永成，崔永刚. 汽车工程概论 [M]. 北京：清华大学出版社，2010.

附录 C　世界著名汽车车标

凯达拉克(通用) CADILLAC	雪佛兰(通用) CHEVROLET	福特 FORD	别克(通用) BUICK	克莱斯勒 CHRYSLER	林肯(福特) LINCOLN
吉普 JEEP	大公羊(道奇) DODGE	保时捷 PORSCHE	劳斯莱斯 ROLLS-ROYCE	梅赛德斯-奔驰 MERCEDES-BENZ	宝马 BMW
奥迪(大众) AUDI	大众 VOLKS WAGENWERK	欧宝(通用) OPEL	迈巴赫 MAYBACH	SMART(奔驰)	标致 PEUGEOT
雪铁龙 Citroën	雷诺 RENAULT	法拉利 FERRARI	兰博基尼 LAMBORGHINI	玛莎拉蒂 MASERATI	菲亚特 FIAT
阿尔法·罗密欧 ALFA ROMEO	宾利 BENTLEY	迷你(宝马) MINI	捷豹(印度塔塔) JAGUAR	路虎(印度塔塔) LAND ROVER	起亚(现代) KIA
现代 HYUNDAI	宝腾 PROTON	斯柯达 SKODA	沃尔沃 VOLVO	本田 HONDA	讴歌(本田) ACURA
丰田 TOYOTA	雷克萨斯 LEXUS	马自达 MAZDA	日产 NISSAN	斯巴鲁 SUBARU	铃木 SUZUKI

附录 D　中国汽车车标

上汽荣威	上汽名爵	上汽大通	宝骏汽车	上汽通用五菱
上汽红岩	南京依维柯	长安汽车	东风汽车	吉利汽车
吉利领克	福田汽车	北汽制造	北京汽车	长城汽车
长城WEY汽车	长城哈弗	奇瑞汽车	奇瑞开瑞	红旗汽车
奔腾汽车	广汽传祺	广汽吉奥	江淮汽车	江淮汽车
比亚迪汽车	众泰汽车	中华汽车	蔚来汽车	猎豹汽车
华泰汽车	海马汽车	观致汽车	东南汽车	纳智捷汽车